知性の罠

なぜインテリが愚行を犯すのか

デビッド・ロブソン
土方奈美=訳

nbb
日経ビジネス人文庫

両親とロバートへ

目次

※原註は日経BPのサイト「日経BOOKプラス(https://bookplus.nikkei.com/)」から無料でダウンロードできます。

はじめに

アングラなインターネットで「キャリー」という人物の言い分を目にしたことがあるだろうか。彼は、世界の秩序を変えるかもしれない、たぐいまれな知識を持っているそうだ。[*1]

カリフォルニア州のナバロ川付近で、おそらくエイリアンに誘拐されたとキャリーは言う。そこで出会ったのは「ずるがしこそうな黒い目」をして、キラキラ輝くアライグマに化けた奇妙な生命体で、「このちびのろくでなしにご丁寧な挨拶を受けたあとのことは、まったく覚えていない」という。その晩の記憶は完全に消えている。しかし地球外生命がかかわっていたのは間違いない、とキャリーは言い、「あの谷は謎に満ちている」という意味深な言葉で結んでいる。

キャリーは占星術にも入れ込んでいる。「大方の［科学者］連中は、占星術は非科学的で、まともな研究の対象にふさわしくないという誤った考えを抱いている。とんでもない間違いだ」と、長々と不満を書き連ねている。占星術はメンタルヘルスを改善するカギであり、それを否定するのは「ケツに頭を突っ込むバカ」だけだという。ETや占星術を信じているだけでなく、人間は仮想的な乗り物に乗って、仮想的な旅行をできるとも考えている。

政治の話になると、その内容は一段とヤバくなっていく。「有権者が信じている重大な事実のなかには、科学的根拠がゼロ、あるいはほとんどないものもある」と言い、その例として「エイズの原因がＨＩＶであること」「フロンガスの大気への放出がオゾン層の破壊を引き起こしたという考え」を挙げる。

言うまでもないが、いずれも科学界では広く受け入れられている事実である。しかしキャリーは、それは科学者がカネに目がくらんでいるせいだと言う。「テレビを消して、小学校の理科の教科書を読めばいい。やつらが何を企んでいるのか、知る必要がある」と。

あえて指摘するまでもないとは思うが、キャリーは間違っている。

もちろん、ネット上には根拠のない意見を書き込む人が山ほどいる。しかし占星術信奉者やエイズ否認論者が、傑出した知性の持ち主だとは誰も思わないだろう。

だがキャリーのフルネームは、キャリー・マリスという。みなさんが思い浮かべるような無知な陰謀論者ではなく、ノーベル賞を受賞した科学者だ。マリー・キュリー、アルバート・アインシュタイン、フランシス・クリックらと肩を並べる知性なのだ。

ノーベル化学賞の受賞理由はポリメラーゼ連鎖反応（ＰＣＲ）の発見で、これはＤＮＡを増幅する手法として使われている。このアイデアはカリフォルニア州メンドシーノ郡をドライブ中にひらめいたとされ、ヒトゲノム・プロジェクトをはじめここ数十年のすばらしい偉業の多くがこのひらめきに端を発している。きわめて重要な発見であり、生物学の研究を「マリス前」と「マリス後」に分ける科学者もいる。

カリフォルニア大学バークレー校で博士号を得ているマリスが、たぐいまれな知性の持ち主であることに疑問の余地はない。その発見は、細胞内のきわめて複雑なプロセスの解明に人生を捧げた者ならではの偉業である。しかしこの驚異的発見をもたらした知性が、エイリアンの存在を認め、エイズを否認する原因にもなっているのだろうか。キャリーはすばらしい知性ゆえに、とんでもなく愚かになったのだろうか。

なぜ優秀な人々が愚かな行動をとるのか、なぜときにはふつうの人よりも過ちを犯しがちなのか、が本書のテーマである。さらに、そうした過ちを防ぐために誰もが実践すべき方法を探り、この「ポスト真実」の世界で賢明かつ合理的に思考するための教訓を示そうとしている。本書の示す方法や教訓を実践するのに、ノーベル賞級の知性は要らない。本書ではマリスをはじめ、詐欺に遭って2キロのコカインを抱えてアルゼンチン国境を越えようとした著名な物理学者のポール・フランプトン、2人の少女に騙された有名作家のアーサー・コナン・ドイルなどの事例をとりあげ、人並み以上の知性を持つ人なら誰もが同じ過ちによって、道を踏み外す可能性があることを見ていく。

大方の人と同じように、私もかつては「優れた知性」は「優れた思考力」と同義であると考えていた。20世紀初頭以来、心理学者は比較的狭い範囲の抽象的思考力（事実の記憶、類推、語彙力）を測ることで、生まれつきの一般的知能を測ることができ、それがあらゆる学習、創造力、問題解決、意思決定の能力の土台になると考えてきた。教育はそんな「未開発」の知能を、芸術、人文学、科学など多くの職業に必要な専門的知識によって仕上げるためのものだと考えられていた。こうした見解によれば、知能の高い人ほど判断力も優れているということになる。

しかし心理学や神経科学を専門とする科学ジャーナリストとして活動するなかで、最新の研究でこうした前提には重大な欠陥があることが明らかになってきたと知った。一般的知能や学校教育は、私たちをさまざまな認知的過ちから守ってくれないだけではない。賢い人はある種の愚かな思考に人並み以上に陥りやすいのだ。

たとえば知能も教育水準も高い人は、自らの過ちから学ばず、他人のアドバイスを受け入れない傾向がある。しかも失敗を犯したときには、自らの判断を正当化するための小難しい主張を考えるのが得手であるため、ますます自らの見解に固執するようになる。さらにまずいことに、こうした人々は「認知の死角」が大きく、自らの論理の矛盾点に気づかないことが多い。

こうした研究結果に興味を持った私は、さらに探究の範囲を広げた。たとえば経営学者は、スポーツチーム、企業、政府組織などで、悪しき企業文化（生産性向上のみを目的とする）がどのように不合理な判断を増幅するかを明らかにしてきた。それによってすばらしく優秀な人材をそろえたチームが、とんでもなくバカげた判断を下したりする。

その弊害は深刻だ。こうした過ちは、個人レベルでは健康、幸福、職業上の成功を阻害する。裁判所では、重大な不当判決の原因となる。医療現場では診断の15％が誤りで、乳癌などの疾病よりも誤診で命を落とす人が多いという状況を招いている。企業では倒産や経営が傾く原因となっている。[*2]

こうした過ちの多くは、知識や経験の不足では説明できない。むしろ知能、教育、職業上の専門能力が高い人に特有の、悪しき思考習慣から生じているように思える。それは宇宙船の墜落、株式市場の暴落、そして世界の指導者が気候変動のような世界的危機を無視する原因にもなっている。

こうした現象は無関係のようだが、実はすべてに共通するプロセスがある、と私は思う。私が「インテリジェンス・トラップ（知性の罠）」と呼ぶパターンである。[*3]

最もわかりやすいたとえは自動車だ。エンジンの出力が大きいほど、正しい使い方を知っていれば早く目的地に着けるかもしれない。しかし単に馬力があるというだけでは、目的地に安全に着けるという保証にはならない。適切な知識や装備（ブレーキやハンドル、速度計、道しるべ、質の高い地図）がなければ、高出力のエンジンがあっても車はぐるぐる回りをするだけ、あるいは反対車線に突っ込むだけかもしれない。エンジンが強力であるほど、危険なのだ。

それとまったく同じ話で、知能は事実を学んだり思い出したり、あるいは複雑な情報を迅速に処理したりするのに役立つかもしれない。しかしその知力を適切に使いこなすには、チェック＆バランス（抑制と均衡）も必要だ。それがなければ、知能が高くなるほど、思考は偏るかもしれない。

幸い、近年の心理学研究はインテリジェンス・トラップをあぶりだすだけでなく、合理的思考に役立つ知的特性を明らかにしている。たとえば、次ページの一見簡単な問いを考えてほしい。

ジャックはアンを見ており、アンはジョージを見ている。
ジャックは既婚だが、ジョージは違う。
1人の既婚者が1人の未婚者を見ているのか。
「イエス」「ノー」「判断するのに十分な情報がない」のいずれかを選べ。

正解は「イエス」だ。しかしたいていの人は「判断するのに十分な情報がない」を選ぶ。

正解しなかったからといって、落ち込むことはない。アメリカのアイビーリーグと呼ばれる名門大学の学生の多くも間違えた。そして私が同じテストをニュー・サイエンティスト誌に掲載したところ、「解答が間違っている」という投書が殺到した(「正解がイエスである」理由がわからなければ、図を描いてみるか、426ページを参照してほしい)。

このテストは「認知反射」と呼ばれる特性(自らの思い込みや直感を疑う傾向)を測定するものだ。このテストのスコアが低い人はくだらない陰謀論や虚報、フェイクニュースに騙されやすい(この点については第6章で詳しく見ていく)。

認知反射に加えて、インテリジェンス・トラップを回避するのに重要な特性として、知的謙虚さ、積極的なオープンマインド思考、好奇心、優れた感情認識、しなやかマインドセットなどが挙げられる。これらが組み合わされれば、知性を正常な軌道にとどめ、思考が崖から転落するのを防げる。

こうした研究は、「根拠に基づく知恵（evidence-based wisdom）」と呼ばれる新たな学問分野の誕生にもつながった。かつては他の科学者から懐疑的に見られていたが、従来の知能テストよりも現実世界における判断能力を正しく予測できる思考力テストを生み出すなど、近年大いに盛り上がりを見せている。この研究を推し進めるための、新たな学術機関まで設立されるようになった。一例が2016年に開設されたシカゴ大学の「実践知センター」だ。

インテリジェンス・トラップから身を守る特性のうち、標準的な学力テストで測定できるものは1つもない。ただこうした思考や推論の能力を身につけるために、高い一般的知能を犠牲にする必要はまったくない。それは優れた知能をより賢明に活用するためのものだからだ。そして知能と違って、訓練によって身につけることができる。あなたのIQがいくつであろうと、より賢く思考する方法を身につけることは可能なのだ。

この最先端の科学は、哲学の伝統に根ざしている。インテリジェンス・トラップに関する議論は、紀元前399年に行われたソクラテスの裁判にも登場する。

プラトンによると、ソクラテスはアテネの若者に邪悪で「不信心な」考えを吹き込んだとして告発された。ソクラテスはそれを否認し、自分が賢者と言われる所以、そして告発の背後にある嫉妬について説明した。

ことのはじまりは、「アテネにはソクラテスより賢い者はない」としたデルフォイの神託だった、という。「神はいったい何を言わんとしているのか。これは謎かけだ。いったいどういう意味だろう」とソクラテスは自問した。「私は自分がいかなる意味でも賢者であるとは、まったく思っていなかった」

そこでソクラテスは街を歩き、尊敬を集める政治家、詩人、芸術家と対話し、神託が誤りであることを証明しようとしたが、そのたびに失望することになった。「彼らはみな、自らの職能において成功を収めていたために、他の事柄においても誰よりも賢明で、重要な人間だと思っていた。この誤りによって、彼らが持っていた知恵までがかすんでしまうようだった」

「名声のある者ほど実は愚かであり、劣っていると思われている人々ほど見識が優れていた」

ソクラテスの結論は一見、逆説的である。自分が賢者なのは、自らの知識の限界を認識しているからにほかならない、と。しかし結果は有罪で、ソクラテスは死刑を宣告された。[*4]

これは近年の科学的研究の成果に、驚くほど通じるところがある。ソクラテスの逸話に登場する政治家、詩人、芸術家を、今日の技術者、銀行家、医者に置き換えてみよう。すると裁判の様子は、心理学者が現在発見しつつある「死角」を完璧にとらえていることがわかる（そしてソクラテスの告発者と同じように、今日のプロフェッショナルも自らの愚かさを暴露されるのを嫌う）。

ただソクラテスの弁明は的を射ているとはいえ、新たな学術的発見を正確に映しているわけではない。今日の研究は、知能と教育が優れた思考に欠かせないことを認めている。私たちが往々にしてそうした知的能力を正しく使わないことが問題なのだ。

こうした意味で、インテリジェンス・トラップの今日的理解に最も近い洞察を示したのはデカルトだ。「秀でた知性を有するだけでは十分ではない。大切なのは、それを正しく使うことだ」と、1637年の『方法序説』に書いている。「最高の知性を有する者は、最高の美徳とともに最大の悪徳をも成しうる。拙速に進み、道を誤る者より、歩みはきわめて遅くとも常に正しい道を歩む者のほうがはるかに先まで到達できる」[*5]

最新の科学は優れた実験によって、従来の哲学的思索をはるかに超えて、知性が両刃の剣になりうる理由と、そうした知性の罠を避ける具体的方法を示してくれる。

この旅に踏み出す前に、ひとつお断りがある。知性をテーマとするすばらしい科学的研究はたくさんあり、そのなかには本書に登場しないものもある。たとえばペンシルベニア大学のアンジェラ・ダックワースは「グリット」という概念に基づく画期的な研究成果を発表している。ダックワースはグリットを「長期的な目標に対する粘り強さと情熱」と定義しており、自身が開発したグリットの測定指標のほうがIQよりも成功の予測に有効であることを何度も示している。きわめて重要な理論だが、知能によって増幅される特定の認知バイアスに対してグリットが有効かどうかは定かではない。また本書の議論の土台となっている、「根拠に基づく知恵」という広いくくりにも収まらない。

本書を執筆するうえで、私は3つの問いに集中した。「なぜ賢い人々が愚かな行動をとるのか」「こうした過ちは、どのような能力や性質が欠如しているために起こるのか」「どうすれば、過ちを防ぐために必要な資質を伸ばすことができるのか」だ。そしてこの3つの問いを、個人から巨大組織に至るまで社会のあらゆるレベルにおいて考察した。

第1部では、問題を明確に定義する。知性に対する私たちの理解のどこが間違っているのか、そして傑出した頭脳が裏目に出るケースというのはどのようなものかを見ていく。たとえばアーサー・コナン・ドイルの心霊主義への傾倒、2004年のマドリード爆破事件に対するＦＢＩの誤った捜査などの例を挙げ、知識や専門能力がこうした過ちを抑えるどころか増幅させる理由を考察する。

第2部は、「根拠に基づく知恵」という新たな学問分野を紹介し、こうした問題への解を提示する。優れた論理的思考のカギを握る思考スタイルや認知能力を説明するとともに、それらを伸ばすための具体的方法も示す。そのなかで、なぜ私たちの直感は往々にして誤っているのか、どうすればその誤りを正しく修正できるかを見ていく。さらにデマやフェイクニュースを退け、希望的観測ではなく確固たる証拠に基づいて選択ができるようにするための方法を考える。

第3部は、学習と記憶に関する科学的研究に目を向ける。優秀な人は知能が高いにもかかわらず学習が不得手で、その潜在力よりはるかに低いところで能力が頭打ちになってしまうことがある。「根拠に基づく知恵」は、この悪循環から抜け出すヒントになる、深い学習のための3つの法則を提示している。この最先端の研究分野は、私たちが個人としての目標を実現するのに役立つだけでなく、東アジアの教育システムがこの3つの法則を非常にうまく活用していること、そして西洋の教育制度がより良い学習者、賢明な思考を育むために学ぶべき教訓も示している。

最後に第4部では、個人からさらに視点を広げ、イギリスのサッカーチームの失敗から、BP、ノキア、NASAなど巨大組織の危機まで、優秀な人材の集団が愚かな行動に走る原因を分析する。

19世紀の偉大な心理学者、ウィリアム・ジェームズはこう言ったという。「たいていの人は、モノを考えているつもりで、先入観を組み換えているだけに過ぎない」。本書は私を含めて、そんな過ちに陥りたくないと願うすべての人に向けた、知恵の科学と技《わざ》を学ぶための手引きである。

第1部

知能の落とし穴

——高IQ、教育、専門知識がバカを増幅する

第1章

IQ190以上の神童の平凡なる人生

——知能の真実

ルイス・ターマンの被験者となり、不安そうにテストを受けた子供たちは誰も、その結果によって自分たちの人生が、さらには世界の歴史までが変わってしまうとは思ってもいなかった。[†] だが結果が良かった子も悪かった子も、それを背負って生きていくことになり、その人生の歩みは人間の知性に対する私たちの理解を未来永劫変えてしまった。

一番優秀だった子供の1人がサラ・アンだ。前歯の抜けた、分厚い眼鏡をかけた6歳の少女である。答えを書いてしまうと、回答用紙のあいだにグミを1粒挟んでおいた。試験官にあてたささやかな賄賂だろうか。科学者に「グミは妖精が落としたのかな？」と問われると、サラ・アンはクスクス笑った。「小さな女の子が私に2粒くれたの。でも風邪が治ったばかりだから、2粒も食べたらおなかに悪いと思ったの」とかわいらしく説明した。サラ・アンのIQは194と、被験者のなかでトップだった。[*6]

同じくトップクラスの成績を収めたのがベアトリスだ。おませな少女で、生後7カ月ですでに歩いたりしゃべったりしはじめたという。10歳になるまでに読破した本の数は1400冊。自作の詩はおよそ子供が創ったものとは思えず、地元サンフランシスコの新聞によると、「スタンフォード大学の英語の授業で学生に読ませたところ、誰もがテニソンの詩だと信じ込んだ」という。サラ・アンと同じように、ベアトリスのIQも192と群を抜いていた。*7

続いて8歳児のシェリー・スミス。「愛嬌のある子供で、誰からも愛された」。その表情は楽しくて仕方がない、というように輝いていたという。*8 そしてジェス・オッペンハイマー。「うぬぼれ屋で、自己中心的な少年」で、周囲とのコミュニケーションに苦労し、ユーモアのセンスがまるでなかった。*9 どちらのIQも140前後と、ターマンの被験者にぎりぎり含まれる水準だったが、それでも平均をはるかに上回り、将来すばらしいことをやってのけるのは間違いなかった。

当時IQテストはまだ誕生してまもなく、それまでは主に学習障害を抱える生徒を見つけるのに使われていた。だがターマンは、この限られた抽象的学力(事実の記憶、語

† これから登場する4人の子供たち、そしてターマンの被験者となった他の子供たちの人生については以下に詳しい。Shurkin, J. (1992), *Terman's Kids: The Groundbreaking Study of How the Gifted Grow Up*, Boston, MA: Little, Brown.

彙、空間的推論能力）によって、あらゆる思考力の根底にある、生まれつきの「一般的知能」を測れると確信していた。どのような育ち方、あるいは教育を受けるかにかかわらず、この生まれつきの特徴こそが本来の知力であり、どれくらい容易に学習できるか、複雑な概念を理解し、問題を解けるかはそれによって決まってしまう、というのだ。「個人にとってＩＱほど重要なものはない」と、ターマンは主張していた。[*10]「科学、芸術、政府、教育、社会福祉全般の発展を担うリーダーを育てるために、われわれが探すべきは人口のトップ25％、なかんずくトップ５％の人材である」

サラ・アン、ベアトリス、シェリー、ジェスのような「ターマンの子供たち」のその後数十年の人生を追っていくことで、自分の主張が裏づけられる、とターマンは期待した。彼らは義務教育や大学、キャリアや収入、健康や幸福といったあらゆる面で成功する、と。ＩＱによって道徳的性質まで予測できる、と考えていた。

ターマンの研究結果は、世界中で標準テストの使用を定着させることになった。今日では子供たちの選別にあからさまにターマンの試験を使わない学校も多いが、教育の大部分はターマンのテストの対象となった限られた能力を伸ばすことに重点を置いている。「なぜ、賢い人々は愚かな行動をとるのか」という疑問に答えるためには、まず「なぜ知能はこのように定義されたのか」を理解する必要がある。この定義に含まれる能力はどのようなものか、逆にそこから抜け落ちている思考力の重要な要素、独創性や現実の問題解決に重要であるにもかかわらず、教育制度では完全に無視されている要素とは何か。こうしたことを理解して初めて、インテリジェンス・トラップの起源と、それを克服する方法を考えることが可能になる。

こうした欠落の多くは、ターマンがテストを開始した時点ですでに他の研究者には明白だった。そして、サラ・アン、ベアトリス、シェリー、ジェスをはじめ多くの「ターマンの子供たち」の人生がときとして予想もつかない展開を見せ、勝利や失敗が積み重なるなかでより明白になっていった。しかしIQがしぶとく生き残ったために、私たちはその意味するところや、それが私たちの意思決定に及ぼす影響をようやく理解しはじめたばかりなのだ。

実はターマン自身の人生が、傲慢さ、偏見、そして愛情が災いして、すばらしい知性がとんでもない失敗を招くこともあるという実例になっている。

すばらしいアイデア（なかには間違っているものもあるが）が往々にしてそうであるように、ターマンに知能に対する独特の考え方が芽生えたのは、その幼少期だ。

ターマンは1880年代初頭のインディアナ州農村部で育った。教室はたった1つしかなく、教科書もない「ちっぽけな赤い校舎」で、赤毛のおとなしい少年はまわりの生徒たちをじっと観察していた。ターマン少年の軽蔑の対象となったのは、自分の姉としか遊ばないアルビノの「引っ込み思案な」少年、18歳になってもアルファベットを覚えられない「頭の弱い」青年だ。遊び仲間だった「発想力豊かな嘘つき」は、のちに連続殺人鬼として世間に名をとどろかせた、と語っているが、名前は挙げていない。[*11]

ただターマンは、自分がまわりのぼんやりした子供たちとは違うことを自覚していた。教科書もない学校に入学する前にすでに字は読めたし、1学期も終わらないうちに教師から、飛び級して3年生の内容を学ぶことを許された。その優れた知能にお墨付きを与えたのは、一家の農場を訪れた行商人だ。書物の多い家だと気づいたこの人物は、骨相学の本を売りつけようとした。本の内容をアピールするため、ターマン家の子供たちを炉辺に集め、それぞれの頭皮について説明しはじめた。この下にある骨の形によって、それぞれの美徳も悪徳もわかってしまうのだよ、と。幼いルイスのふさふさした巻毛の奥の凹凸に、行商人はことさら感銘を受けたようで、この少年は「すごいこと」をやってのけるだろう、と予測した。

「その予測を聞いて私の自信は少し膨らんだのだろう、それ以前なら抱かなかったような野心的な目標に向けて努力するようになった」とのちに書いている。[*12]

1910年にスタンフォード大学の名誉ある職位につく頃には、ターマンにも骨相学が疑似科学であることはとっくにわかっていたはずだ。頭蓋骨のこぶは能力の有無とはなんのかかわりもない、と。それでも知能は生まれつきの特性であり、それによって人生の行路は決まってしまうのだという強い思いは変わらなかった。そしてこの頃には、「頭の弱い人間」と「才能ある人間」の違いを見分ける新たな判断基準も見つけていた。

ターマンが魅了されたのは、世紀末のパリで脚光を浴びていた心理学者のアルフレッド・ビネーが開発した知能検査である。あらゆる市民の「平等」をうたったフランス共和国の精神に基づき、フランス政府は6歳から13歳までのすべての子供を対象とする義務教育を導入したばかりだった。しかし、義務教育に適応できない子供もおり、文部省はジレンマに直面した。「低能」な子供たちには、学校のなかで特別な教育を与えるべきだろうか。それとも施設に移すべきだろうか。ビネーはテオドール・シモンとともに、教師が子供の進歩を測り、それに従って教育内容を修正するための知能検査を考案した。*13

質問のなかには、今日の読者には奇異に映りそうなものもある。語彙テストのなかで、ビネーは子供たちに女性の顔の絵を見せて、どちらが「かわいいか」を判断させている（27ページの絵を参照）。しかしテストの内容の多くは、その後の人生で成功するのに不可欠な能力を反映していた。たとえば子供の短期記憶力を測るため、数字や単語をいくつか読み上げ、正しい順番で復唱できるか試している。言語能力を測る問いでは、3つの単語を使って文章を作らせている。

ビネー自身は、知能検査によって「知能」全体をとらえられるとは思っていなかった。私たちの「知能の価値」はあまりにも漠然としていて、およそ単一の尺度で測定することはできないと考えており、知能検査のスコアが低いことによってその子供の将来の可能性を否定する考えを拒絶した。スコアは生涯にわたって変化するものだと考えていた。[*14]「このような残酷な悲観主義には抵抗し、反発しなければならない」[*15]

しかしターマンをはじめ、他の心理学者は「一般的知能」という考え方を受け入れはじめていた。脳を動かす知的「エネルギー」のようなものが存在し、それによって問題解決から学習まであらゆる分野の優秀さを説明できる、というのだ。[*16]たとえば暗算が得意なら、文章を読むのも、事実を記憶するのも得意ということになる。ターマンはIQテストによって、遺伝によって決められた生まれつきの知力を測定でき、それによって人生におけるさまざまな分野での成功を予測できる、と考えていた。[*17]

そこでターマンは、ビネーの知能検査の英語版の編集に取りかかった。より年長の子供や大人も対象に含めるため、質問を追加し、試験の範囲を広げたのだ。追加したの

GUIDE FOR BINET-SIMON SCALE. 223

1

2.

3

The Psychological Clinic is indebted for the loan of these cuts and those on p. 225 to the courtesy of Dr. Oliver P. Cornman, Associate Superintendent of Schools of Philadelphia, and Chairman of Committee on Backward Children Investigation. See Report of Committee, Dec. 31, 1910, appendix.

は、次のような問いである。

・鉛筆2本が5セントであるとき、50セントで何本買えるか。
・「怠け者」と「面倒くさがり屋」の違いは何か。

質問を修正したのに加えて、ターマンは結果の算出方法も変更した。その単純な数式は現在も使われている。年長の子供は当然、幼い子供よりも点数は高くなることを踏まえて、当初は年齢ごとに平均スコアを設定した。このスコア表を使って子供の「知的年齢」を評価し、それを実年齢で割って100をかけると、「知能指数」が算出できる。15歳並みの思考力を示した10歳児のIQは150となる一方、9歳児並みの思考力の10歳児のIQは90となる。あらゆる年齢において、平均は100になるはずだ†。

ターマンの目標の多くは、高邁なものだった。教育制度に実証的基礎を与え、子供の能力に見合った教育が行われるようにしたい、と望んだのだ。しかしテストが誕生した当初から、ターマンの考えには不穏当な部分もあった。スコアに基づき、ある種のソーシャル・エンジニアリングを企んでいたのだ。たとえば幾人かのホームレスの特徴を調べたあとに、IQテストは落伍者が犯罪を犯す前に、社会から排除するのに使えるという考えを示している。[*18]「知能が幼児並みであるかぎり、道徳観が芽生え、成熟することはない」と書いている。[*19]

幸い、ターマンがこうした計画を実行に移すことはなかったが、その研究は第1次世界大戦中にアメリカ陸軍の関心をひき、175万人の兵士を評価するのにターマンのテストが使われた。最も優秀な者たちはそのまま将校の訓練へ送られた一方、最も成績の悪い者たちは入隊を認められなかったり、労働大隊に送られた。この戦略によって新兵募集のプロセスが大幅に改善したと評価する者は多かった。

この成功を追い風に、ターマンはその後の人生の中心となるプロジェクトにとりかかった。カリフォルニア州でずば抜けて優秀な生徒たちに関する大規模調査である。ターマンの研究チームは1920年からカリフォルニア州内の大都市で、とびきり優秀な子供たちを探しはじめた。各地の教師に最も優秀な教え子を推挙してもらい、ターマンの助手たちがIQテストを実施し、IQが140を超える子供たちだけを選別した（その

† 一般的知能の理論によると、すでに知能の成長が止まっている成人の場合、IQの算出方法は多少異なる。スコアは「知的年齢」ではなく、正規分布上のどこに位置するかを表す。たとえばIQ145なら、あなたは人口のトップ2％に含まれることになる。

後、基準値は135に引き下げた）。知能は遺伝性であるという仮定に基づき、研究チームは推挙された子供たちの兄弟にもテストを受けさせ、母集団を一気に広げた。その総数は1000人を超え、冒頭のサラ・アン、ベアトリス、シェリー、ジェスもそこに含まれていた。

それから数十年かけて、ターマンの研究チームはこの「ターマンの子供たち」を追跡調査した。彼らのエピソードはそれから100年近くにわたり、天才のイメージを形づくることになった。

ターマンの子供たちのなかで傑出した業績を残した者には、原子物理学者のノリス・ブラッドバリーや、刑務所付きの精神科医としてニュルンベルク裁判にかかわったダグラス・マクグラシャン・ケリー、脚本家のリリス・ジェームズなどがいる。30人以上が『アメリカ版現代紳士録』に、80人近くが科学者の紳士録『アメリカン・メン・オブ・サイエンス』にその名を刻んだ。[*20]

全員が学業的にすばらしい成功を収めたわけではないが、多くがそれぞれのキャリアで輝いたのは確かだ。「愛嬌のある子供で、誰からも愛された」シェリー・スミスは、スタンフォード大学を中退した後、ライフ誌でリサーチャーと記者を務め、そこで出会ったカメラマンのカール・マイダンスと結婚した。[*21] 2人は第2次世界大戦の直前期、ヨーロッパとアジアを旅して、政治的緊張の高まりを報じた。シェリーはのちに異国の街を走り回った日々の風景や音を思い出し、懐かしんだ。[*22]

一方、「うぬぼれ屋で、自己中心的な少年」で、「ユーモアのセンスがまるでなかった」と書かれたジェス・オッペンハイマーは、やがてフレッド・アステアのラジオ番組の脚本家となった。[*23] まもなく収入は、口にしたジェス自身が笑いをこらえきれないほど、とほうもない金額に膨れ上がった。[*24] コメディアンのルシル・ボールとめぐり合うと、ジェスの運気はますます上向いた。2人はともに人気テレビ番組『アイ・ラブ・ルーシー』をプロデュースした。脚本執筆の合間には映画撮影技術にのめり込み、現在もニュースキャスターに使われているテレプロンプターの特許を出願した。

こうした輝かしい成果は当然、一般的知能という概念を裏づけることとなった。ターマンのテストが測ったのは学力だけだったが、それは子供たちが新しい概念を学び、問題を解決し、創造的に思考するのに役立つ「地頭《じあたま》」の良さを反映し、彼らがどのような道を歩もうとも充実した成功に満ちた人生を送ることを可能にすると思われた。

ターマンの研究には、他の教育者もすぐに賛同した。1930年、ターマンはこう書いている。「知能テストは今後半世紀のうちに確立されるだろう。（中略）数十年もすれば、子供たちは幼稚園から大学までのあいだに複数回、必要に応じて試験を受けること

▪最後のマスに入る模様はどのようなものか

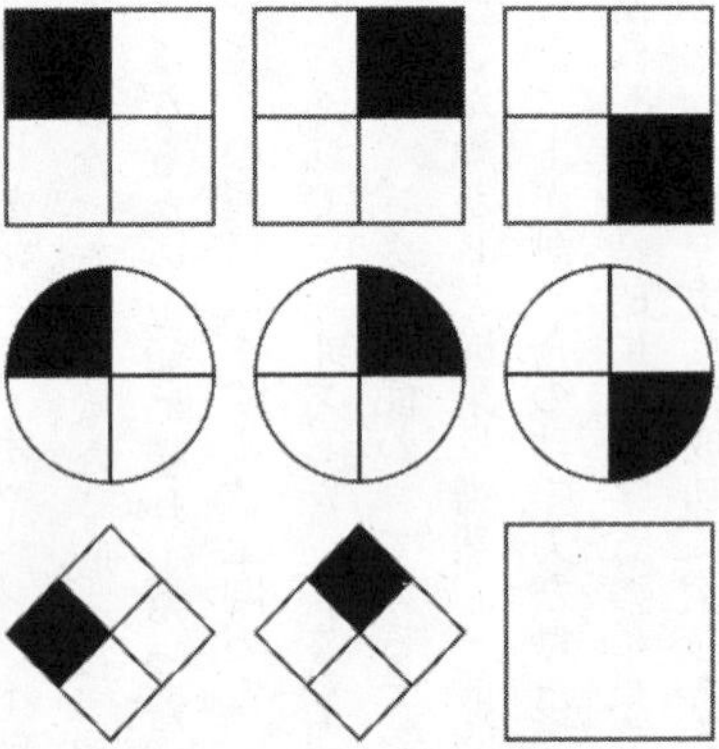

になる」[25]。見立てどおり、その後数十年にわたってターマンのテストはさまざまなかたちで実施されてきた。

語彙や数字的推論に加えて、しばらく経つと上図のような、高度な非言語的問題も含まれるようになった。

こうした問題に答えるには、さまざまな図形に共通するルールを見抜く抽象的思考力が必要で、間違いなく高度な情報処理能力を映すものと言える。一般的知能の理論によると、こうした抽象的思考の能力も、どのような教育を受けてきたかとは関係なく、あらゆる思考の土台となるある種の「地頭」を示すものと見なされる。

教育によって、さまざまな領域に役立

つ専門的知識を学ぶことはできるかもしれないが、どの教科も最終的にはこのような基礎となる抽象的思考力に依拠している。

IQテストの全盛期には、アメリカとイギリスのほとんどの生徒がその結果によってふるい分けされていた。今日、年少の子供たちの選別にIQテストを使うのは流行《はや》らなくなったが、その影響は依然として教育の現場や職場に色濃く残っている。

たとえばアメリカで、大学入試に使われる「大学進学適性試験（SAT）」は、ターマンの1920年代の研究に直接的影響を受けている。質問のスタイルは当時とは変わったかもしれないが、そこで測られるのは、事実を記憶する、抽象的ルールに従う、豊富な語彙を身につける、パターンを見抜くといった能力であり、これを姿を変えたIQテストと見る心理学者もいる。

同じことが多くの学校や大学の入試、企業の入社テストにも言える。たとえば「大学院進学適性テスト（GRE）」、企業が応募者を選別する際に使われる「ワンダリックテスト」などだ。アメリカのナショナル・フットボール・リーグ（NFL）のクオーターバックまでが、知能が高いほどフィールドでの戦略的能力が高いという理論に基づいて採用時に「ワンダリックテスト」を受けさせられることにも、ターマンの影響の大きさがうかがえる。

これは西洋諸国に限ったことではない[*26]。IQテストに基づく標準テストは、世界各地に存在する。特にインド、韓国、香港、シンガポール、台湾といった国々では、名門大学院に入るのに必要なGREのような試験に備えるための「塾」が1つの産業になっている[*27](インドではこの塾が64億ドル産業になっていることからも、その重要性がうかがえる)。

だが試験そのものに負けず劣らず重要なのが、こうした理論が長期間にわたって私たちの考え方に及ぼす影響だ。あなたがIQテストに懐疑的だとしても、それが測る抽象的思考力を基本的知能の表れだと考える人は依然として多い。抽象的思考は学業で成功するのにきわめて重要であり、仕事や家庭、資産管理や政治など人生のあらゆる領域での優れた判断や意思決定に直結する能力だと思われている。たとえば知能が高いほど、結論を導き出す前に事実をきちんと評価する能力が高い、と思われる。だからキャリー・マリスのような人物のバカげた陰謀論に注目が集まるのだ。

知能テストで測定されないタイプの判断力を評価するときには、正確に測ることが不可能な「生きる力」といった曖昧な概念を使う傾向があり、それは意識的訓練ではなく自然と身につくものだと考える。教育のなかでこうした生きる力を伸ばすために、抽象的思考や論理的思考にかけたものと同じだけの時間と労力をかける者はほとんどいない。

また学力テストのほとんどは時間が限られており、すばやく思考しなければならないため、私たちは論理的思考のスピードも知性の高さを示すものと教えられてきた。躊躇や優柔不断は好ましくない。そしてあらゆる認知的失敗は、劣っていることの表れと見なされる。私たちは概して、思考や行動がすばやい人を尊敬し、「とろい」という言葉はバカと同義で使われる。

本書で見ていくとおり、こうした認識はいずれも誤っており、インテリジェンス・トラップを避ける方法を見いだすためには、それを正すことが不可欠だ。

一般的知能理論の限界や、そこに含まれない思考スタイルや能力について考える前に、ひとつはっきりさせておこう。IQ、SAT、GRE、ワンダリックテストなどこの種のテストの結果は、たしかに複雑な情報を学習・処理する能力について、ある重要な事実を明らかにしていると大方の心理学者は認めている。

こうしたテストのスコアが、義務教育や大学でどれくらい成功するかを予測するのに非常に優れているのは、そもそも開発の目的がそこにあったことを考えれば意外ではない。ただそれに加えて、教育を終えたあとのキャリアパスを予測するのにも比較的優れている。複雑な情報を処理する能力があれば、複雑な数学的概念や科学的概念を理解し、記憶するのが容易になる。難解な概念を理解し、記憶する能力は、歴史学で説得力のある論文を書くのにも有効だろう。

法律、医学、あるいはコンピュータ・プログラミングなど、高度な学習や抽象的思考が必要とされる領域に進みたいのなら、一般的知能が高いことは間違いなく有利だ。またホワイトカラーの仕事がもたらす社会的・経済的成功のおかげで、知能テストのスコアが高い人は健康に恵まれ、寿命が長くなるかもしれない。

神経科学者は、一般的知能が高くなる原因と見られる解剖学的特徴を発見している。[*28] たとえば知能が高い人は、樹皮のような大脳皮質に厚みがあり、シワが多い。また脳のサイズ自体も大きい傾向がある。[*29] 脳の異なる領域を結ぶ、長距離の軸索（脂肪分の多い髄鞘《ずいしょう》に覆われているため「白質」と呼ばれる）のあり方にも違いが見られ、シグナルがより効率的に伝達できるネットワークを形成している。[*30] こうした違いが組み合わさった結果、情報処理は速く、短期記憶と長期記憶の能力はともに高くなり、パターン認識や複雑な情報の処理が容易になるのかもしれない。

こうしたテストの結果に意味があること、そして知能が私たちの人生において重要な役割を果たすことを否定するのはバカげている。そうではなく、テストのスコアでは説明しきれない行動やパフォーマンスの差異があることを認めず、それだけで私たちの全体的な知的能力[*31]を測れると過信することが問題なのだ。[*32]

たとえば弁護士、会計士、技術者の調査を見ると、IQの平均は125前後で、知能が高ければ有利であることを示している。しかしスコアには相当な幅があり、下は95くらい（平均以下）から上は157まで（ターマンの子供たち並み）[*33]。そしてこうした職業に就いている個人の成功度合いを比較すると、IQの違いで説明できるパフォーマンスの差（管理職による評価の差）は、せいぜい29％だという[*34]。29％というのはかなりな割合ではあるが、モチベーションなど他の要素を考慮しても、やはりパフォーマンスの違いの大部分は知能では説明できない[*35]。

どんなキャリアにおいても、IQが低い人の業績が高い人を上回るケースは多く、また知能が高くてもそれを活かしきれない人も多い。これはクリエイティビティや専門家としての優れた判断力など、IQというたった1つの数字では説明できない資質があることを裏づけている。ハーバード教育大学院のデビッド・パーキンスは「バスケットボールをプレーするうえで身長が高いというのに似ている」と語る。最低限の基準をクリアしなければ、たいした成功は望めないが、そこを超えてしまうと他の要因のほうが重要になる、という。

この点についてはビネーがすでに指摘しており、ターマンの子供たちの人生についてのデータをよく見れば、それははっきり表れている。集団としては平均的なアメリカ人よりも多少成功していたが、子供たちの大多数は自らの野心を実現できなかった。心理学者のデビッド・ヘンリー・フェルドマンは、ターマンの子供たちのなかで最も知能が高かった26人のキャリアを調べた。いずれも180以上のずば抜けたIQを持っていた。フェルドマンは全員が仲間を上回る成功を収めたものと予想していたが、実際に職業的にすばらしい成功（たとえば裁判官や有名建築家になるなど）を収めたのはわずか4人だった。集団としては、IQが30〜40ポイント低い子供たちよりわずかに成功していると言えるぐらいだった。[*36]

たとえばベアトリスとサラ・アンのケースを見てみよう。本章の冒頭に登場した、IQ192以上の早熟な2人の少女である。ベアトリスは彫刻家と作家になることを夢見ていたが、現実には夫の資金を使って不動産売買をしていた。被験者のなかではIQが低かったオッペンハイマーのキャリアとは対照的である。[*37] 一方、サラ・アンは博士号を取得したが、職業的には成功しなかったようだ。50代になる頃には、友人の家やコミューン（生活共同体）を転々とする放浪生活を送っていた。「子供時代に『ターマンの子供たち』に選ばれたことで自意識過剰になったと思う。（中略）でもこの知能を活かすために必要な知恵は、ほとんど与えられなかった」と後年書いている。[*38]

ターマンの子供たちのなかには、あえて野心的な（それゆえにストレスの多い）キャリアを追求しなかった者も幾人かいた可能性は否定できない。しかし一般的知能が本当にターマンが考えていたほど重要なものであったなら、彼らのうちもっと多くが科学、芸術、あるいは政治の分野ですばらしい成功を収めていたはずだ。[*39]「研究を始めた当初、ターマンが被験者たちの将来に寄せていた期待の大きさを思うと（中略）彼らはその人生においてもっと何かを成し得たのではないかという失望感がある」とフェルドマンは結んでいる。

一般的知能は問題解決と学習のすべてに有効な能力であるという見解には、フリン効果という難敵も現れた。フリン効果とは、過去数十年にわたりIQが上昇しつづけるという不可解な現象を指す。

私はフリンに会い、詳しく話を聞いた。[*40] 今でこそ知能の研究の権威となったフリンだが、最初はちょっとした寄り道のはずだったという。「本業は道徳哲学者だが、心理学にも手を出した。ただ手を出したと言っても、過去30年にわたって私の時間の半分以上は心理学に使ったけどね」

フリンがIQに興味を持ったきっかけは、特定の人種は生まれつき知能が低いという気がかりな主張を目にしたことだ。そしてIQスコアの違いは、環境の影響によって説明できるのではないか、と考えた。たとえば富裕で教育水準が高い家族は語彙も豊富であり、その子供は当然IQテストの言語力部門で良い成績をとるだろう。

しかしさまざまな研究を分析したところ、さらに不可解な事実を発見した。過去数十年にわたり、あらゆる人種において知能は上昇しつづけているのだ。心理学者はこうした事態に対応するため、テストのハードルを徐々に上げていた。同じIQスコアを得るのにも、より多くの問題に正解することが必要になった。しかし原データを比較すれば、IQの上昇ぶりは明らかだった。過去80年で、30ポイント近く上がっていたのだ。『なぜ心理学者はこの事態に狂喜乱舞していないのだろう。いったい何が起きているんだ』と思ったね」とフリンは語る。

知能は主に遺伝で決まると考えていた心理学者は唖然とした。兄弟と赤の他人のIQスコアを比較した結果、IQの違いの70%は遺伝で説明できると考えていたからだ。しかし遺伝的変化には時間がかかる。フリンが発見したほどのIQスコアの大幅な上昇を、遺伝的変化がもたらしたと考えるのには無理があった。

それに対してフリンは、社会の大きな変化を考慮する必要がある、と主張する。私たちはIQテストのために学校に通ったわけではないが、幼い頃からパターンを見抜いたり、記号や分類を使ってモノを考えるような教育を受けている。たとえば小学校の授業は、さまざまな種、元素、自然の力について考えさせている。子供たちがこのような「科学的視点」に触れる機会が多いほど、幅広い事柄について抽象的に考えられるようになり、次第にIQは上昇していく、とフリンは考えている。私たちの知能はターマンの理想に沿うように発展してきたのだ、と。[*41]

当初、他の心理学者は懐疑的だった。しかしフリン効果はヨーロッパ、アジア、中東、南米など、工業化と西洋的な教育制度改革を実施した地域であまねく観察されている（43ページのグラフを参照）。この結果は、一般的知能は私たちの遺伝子とそれをとりまく文化の相互作用によって決まることを示唆している。重要なのは、フリンの「科学的視点」という指摘と合致するように、IQテストのスコアはあらゆる領域で同じように上昇しているわけではないということだ。たとえば非言語的思考は、語彙力や数字的思考よりもはるかに上昇幅が大きい。一方、方向感覚などIQでは測定されていない能力のなかには、低下したものもある。私たちは抽象的思考に役立つような、いくつかの個別能力だけを磨いてきたのだ。「社会が私たちに求める内容は時とともに大きく変わり、私たちはそれに対応せざるを得ない」。フリン効果は、ある特定のタイプの思考法を訓練すれば、一般的知能がもたらすとされるあらゆる問題解決能力も向上する、とする理論が誤りであることを証明している。[*42]

身のまわりの現実を見れば、これは明らかだ。IQの上昇が本当に思考力そのものの改善を映しているのであれば、賢い80歳（フリンのような）でも平均的なミレニアル世代にかなわない。また一般的知能が本当にジェス・オッペンハイマーの得意としていた技術的イノベーションに欠かせないものであるならば、特許の数が増えているはずだが、実際にはそうなっていない。[*43] 一般的知能が真に優れた意思決定に欠かせないものなら、賢明で合理的な政治リーダーが世の中にあふれるはずだが、そんな状況にもなっていない。生前のターマンがフリン効果の存在を知っていれば、きっと予想したであろうユートピア的未来は、実現していない。[*44]

一般的知能テストが測定する能力が、知性の重要な構成要素であるのは間違いない。しかし複雑で抽象的な情報をどれだけ速く処理し、学習できるかはそれによって決まる。しかし人間の意思決定や問題解決にかかわるさまざまな能力を理解したければ、視野を広げ、他の多くの要素にも目を向けなければならない。IQとは必ずしも明確な相関のない能力や思考スタイルである。

しかし新たな知能のあり方を定義しようとする試みは、往々にして残念な結果に終わってきた。たとえば話題となった言葉の1つに「心の知能指数（EQ）」がある。[†] ソー

■世界各地のフリン効果

〈IQポイントの増分〉

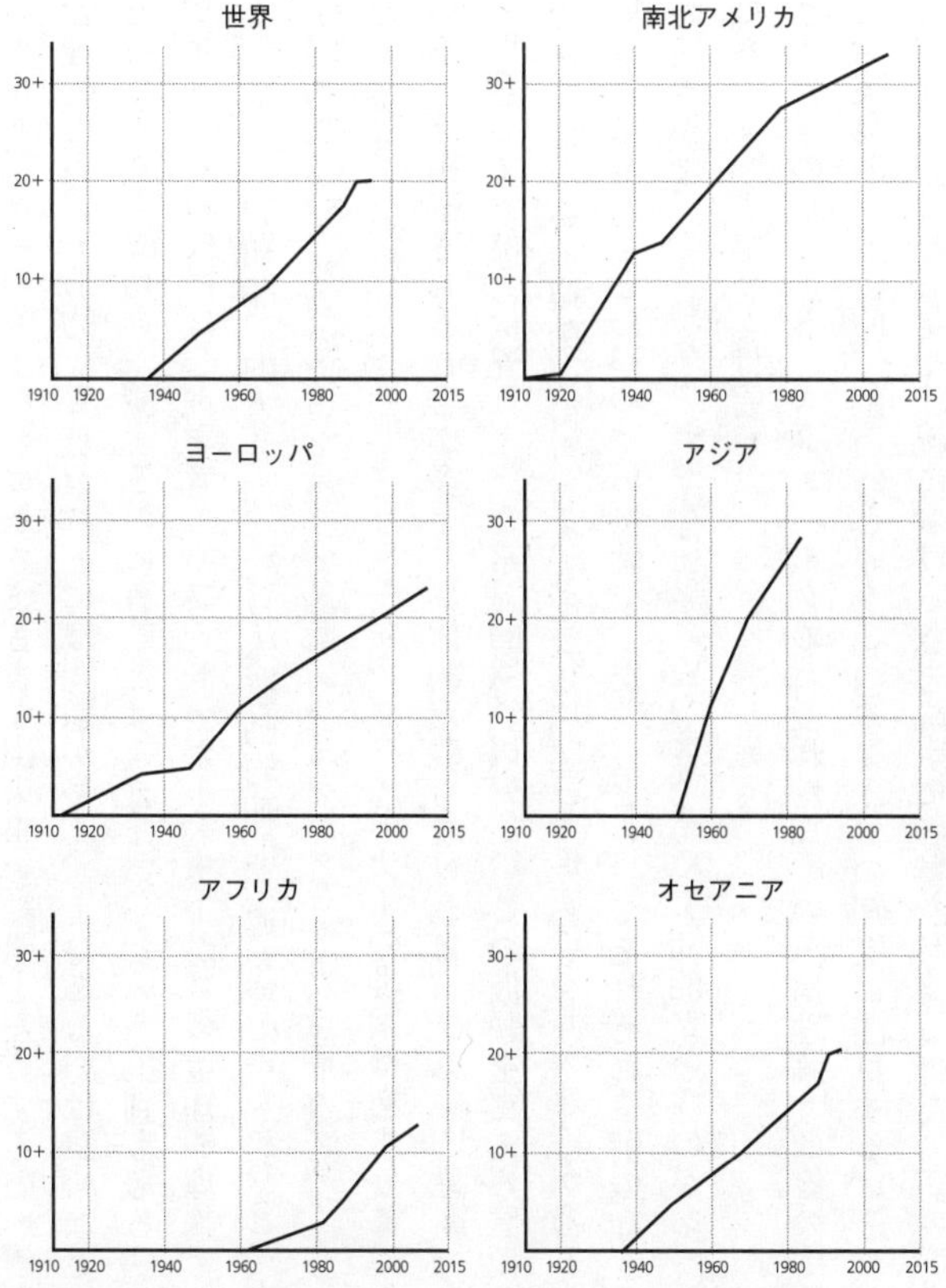

出典：OurWorldInData.org/
Pietschinig, J., & Voracek, M. (2015), 'One Century of Global IQ gains: A formal meta-analysis of the Flynn effect (1909-2013),' *Perspectives on Psychological Science*, 10 (3), 282-306.

シャルスキルが私たちの人生におけるさまざまな出来事の結果を左右するというのはたしかに合理的だが、一般的なEQテストには問題が多く、IQあるいは良心などの標準的な人格特性よりも成功を予測するのに有効とは言えない、という批判もある。[*45]

一方、1980年代には心理学者のハワード・ガードナーが「多重知能理論」を提唱した。それは対人的知能、内省的知能、身体運動的知能（運動能力にかかわる）、さらには博物学的知能（庭の植物の違いを見分ける能力や、エンジン音によって車のブランドを言い当てる能力）など8つの知能で構成される。しかしガードナーの理論はあまりに漠然としすぎている、と指摘されることが多い。具体的定義もなければ、テスト方法もなく、人によって得意とする能力は違うという常識的感覚以外に、この仮説を支える信頼性のあるエビデンスはない。[*46] 運動の得意な人もいれば、音楽にすばらしい才能がある人もいる、というのはもともとわかっていた話で、だからといってそれぞれを別の知能と見なすべきだろうか？ 「それなら鼻の穴に豆をいっぱい詰める知能というのがあってもいいのではないか」とフリンは言う。

コーネル大学のロバート・スタンバーグの「優れた知能の三角理論」はその中間にあるもので、実務的、分析的、創造的という3つのタイプの知能に注目する。それらがあいまって、さまざまな文化や状況における意思決定に影響を与えるのだ。[*47]

私が電話をかけた午後、スタンバーグは庭先で遊んでいる子供たちが騒々しくて申し訳ない、と言った。しかし今日の教育や、知的能力を測るために使われている時代遅れのツールに対する不満を語りはじめたら、すぐにそんなものは耳に入らなくなったようだ。

知能検査にまるで進歩がない様子を、医学など飛躍的進歩が見られる他の分野を引き合いに出し、批判した。知能検査の現状は、生命を脅かす病に対し、医者が時代遅れの19世紀の薬をいまだに使っているようなものだ、と。「梅毒の治療に水銀を使うのと変わらないレベル。誰が一流大学に入れるか、良い就職先を見つけられるかはSATで決まる。しかしフタを開けてみれば、専門職としては優秀だが、常識がない人間ばかりが集まる」

ターマンと同じように、スタンバーグが知能に興味を持ったのも子供時代だった。今日ではその知力に疑問を持つ者はいない。アメリカ心理学会からは、20世紀の最も優れた心理学者の第60位に選ばれた(ターマンより12位上である)[*48]。しかし小学校2年生で初め

---

†ただ批判はあるが、EQに関する最新の理論は、直感的思考と集団的知性を理解するうえできわめて重要なものになっている。第5章と第9章で詳しく見ていく。

てIQテストを受けたときには、思考停止に陥った。結果が出ると、教師も親もスタンバーグ自身も、この子は低能だと確信した。その結果はすぐに自己実現的予言となった。4年生のときのある教師との出会いがなければ、悪循環は続いていたはずだとスタンバーグは確信している。[*49]「この先生は子供の才能はIQだけでは測れないと考えていた。彼女が私を信じてくれただけで、私の成績は跳ね上がった」。教師の励ましを受けて、幼いスタンバーグの知性は花開いた。以前は聞いてもすぐに忘れてしまったような説明も、しっかりと覚えられるようになった。やがてスタンバーグは優等生になった。

イェール大学の1年目、スタンバーグは心理学の入門講座を履修した。子供の頃の自分がなぜ「あれほどバカだと思われたのか」、理解したいと思ったからだ。この関心に突き動かされ、スタンフォード大学院に進学すると、発達心理学を研究しはじめた。IQテストがこれほど参考にならないとすれば、成功するのに役立つ能力を測る優れた方法とはどのようなものなのか。

幸運にも、ヒントは教え子たちがもたらしてくれた。スタンバーグの研究室に、アリスという女子学生がいた。「テストのスコアは完璧で、まさに優等生だったが、クリエイティブな発想はまったく持ち合わせていなかった」。対照的だったのがバーバラで、IQテストのスコアは「抜群というほどではなかった」が、研究室で試してみたいアイデアをあふれんばかりに持っていた。[*50] またセリアという学生は、アリスの学力もバーバラの発想力もなかったが、実務能力がおそろしく高かった。実験を計画して実行する、効率的なチームを編成する、論文をまとめる手腕は見事だった。

アリス、バーバラ、セリアの様子にヒントを得て、スタンバーグは知能に関する独自の理論を構築しはじめた。その定義によると、知能とは「自らの社会文化的文脈において、自らの基準に基づき、人生における成功を成し遂げる能力」だ。ガードナーの多重知能のような(過度に)間口の広い定義にならないように、理論の対象は分析的知能、創造的知能、実務的知能の3つに絞り、それらを定義し、測定し、育成する方法を考察した。

分析的知能とは実質的に、ターマンが研究対象とした思考力だ。アリスがSATですばらしい成績を残せたのは、この能力のおかげだ。一方、創造的知能とは「発明、想像、推測」の能力だとスタンバーグは説明する。すでに学校や大学は、作文の授業などでこの種の思考力を伸ばそうとしているが、歴史、科学、外国語などの授業においても、創造力を測り、訓練する方法を取り入れるべきだとスタンバーグは指摘する。たとえばヨーロッパ史を学んでいる学生に「フランツ・フェルディナンドが撃たれていなければ、第1次世界大戦は始まらなかったか」あるいは「ドイツが第2次世界大戦に勝利していたら、世界はどうなっていたか」などと尋ねてみる。科学の授業で生物の視覚をとりあげる際には、ハチの目にはどのような景色が映るか考えてみる。「あなたには見えず、ハチには見えるものを述べよ」といった具合に。[*51]

こうした問いに答える際には、生徒は事実に関する知識をアピールすることもできるが、同時に反事実的思考を実践し、起こらなかった出来事を想像しなければならない。これは間違いなく、さまざまなクリエイティブな職業で役に立つ技能だ。ジェス・オッペンハイマーは脚本を書くとき、そして技術的アイデアを練るときには、こうした思考力を使っていたのだろう。

一方、実務的知能とは、別のタイプのイノベーションにかかわるものだ。アイデアを計画・実行する能力、そして人生における複雑で曖昧な問題に可能なかぎり手際よく対処する能力である。ここには自らの強みと弱みを判断し、それを克服する最適な方法を考える「メタ認知」、さまざまな問題に臨機応変に対応するための「経験知」などが含まれる。さらに感情的知能あるいは社会的知能と呼ばれる能力、すなわち他の人々の動機を理解し、自分の目的を達成するために他者を説得する能力もここに含まれる。ターマンの子供たちのなかでは、シェリー・スミス・マイダンスが従軍記者として発揮した頭の回転の速さ、日本軍の強制収容所から脱出するための機転が、このタイプの知能の最たる例だろう。

この3つの思考タイプのうち、測定したり、教え込んだりするのが最も難しいのは実務的知能かもしれない。しかしスタンバーグは学校や大学でこの知能を育成する方法はある、と主張する。たとえば経営学の授業で、人材不足に対処するさまざまな戦略を評価させる、[*52]歴史学の奴隷制度に関する授業で、奴隷が脱出するための地下鉄道を建設するのにどのような障害があったかを考えさせる、[*53]といった具合に。どのような教科であろうと、重要なのは生徒たちにこれまで遭遇したことのないような問題に対する、有効な解決策を考えさせることだ。

スタンバーグは数多くのさまざまな条件下で自らの理論を検証してきた。たとえばイェール大学では、優秀な高校生を対象とする心理学のサマープログラムの開設にかかわった。子供たちはスタンバーグが考案したさまざまな知能検査を受けた。その後は無作為にグループ分けし、特定の知能を伸ばすような訓練を受けた。たとえば午前中に鬱の心理学について学んだ後、あるグループにはその内容に基づいて自らの理論を構築してもらう。これは創造的知能を伸ばすための作業だ。別のグループには学んだ内容に基づき、精神疾患に苦しむ友人を助ける方法を考えてもらった。実務的思考を伸ばすための作業である。「自らの強みとする能力を活用する子もいれば、弱みの克服に取り組む子もいる、という状況を作りたかった」とスタンバーグは説明する。

その結果は、勇気づけられるものだった。子供たちに異なる知能を伸ばすためのトレーニングを実施したところ、最終テストの合計スコアが改善したのだ。これは全体として教育には、創造的思考や実務的思考を伸ばす効果があることを示している。しかも実務的知能と創造的知能のテストは、異なる民族的、経済的背景を持つ子供たちの幅広い才能をとらえることができた。子供たちの多様性は、サマープログラムに集めたときから明らかだった、とスタンバーグは言う。

その後の研究で、スタンバーグは110の学校（生徒総数は7700人を超えた）に声をかけ、同じ原則を数学、科学、英語の授業に導入してもらった。そこでも明確な結果が出た。実務的知能と創造的知能を伸ばす教育を受けた子供たちには全体として大幅な伸びが見られ、分析的で記憶能力に基づく設問への正答率も改善した。バランスの良い教育方法は、子供たちが教材を吸収し、取り組むのに役立つことを示唆している。

スタンバーグの率いる「レインボー・プロジェクト」は、イェール大学、ブリガムヤング大学、カリフォルニア大学アーバイン校などさまざまな大学の入試部門と協力し、伝統的なSATスコアと実務的知能や創造的知能の指標を組み合わせる新たな入学試験を開発した。この試験は学生の大学1年次のGPA（成績平均点）を予測するうえで、

SATよりも2倍有効だった。これは新たな試験のほうが、高等教育で成功するのに役立つさまざまな思考や推論の能力をうまくとらえていることを意味する。[*54]

スタンバーグは教育機関だけではなく、企業向けに実務的知能を測定するテストを開発し、地域密着の不動産業者からフォーチュン500企業まで、さまざまな産業の企業幹部や営業担当に実施してみた。たとえば異なる状況への対応法を評価する、といった項目がある。完璧主義者の同僚の仕事が遅れたためにチームの目標達成が危ぶまれるとき、さりげなく正しい方向に向かわせるにはどうすればいいか、といったものだ。あるいは株価が下落したときに、自分なら販売戦略をどのように修正するか、説明させる設問もある。

どのケースでも、仕事の優先順位をつけ、異なる選択肢の価値を評価する能力、自らの行動の結果を考え、トラブルの可能性を予測する能力、プロジェクトを膠着状態にせず先へ進めていくために、仲間に現実的妥協策を受け入れるよう説得する能力を測るような設問が設定された。注目すべきは、年間の売上、職場で表彰される確率、全体的な仕事へ満足度など、さまざまな成功指標を予測するうえで、こうしたテストの有効性が明らかになったことだ。

軍隊では、小隊長、中隊長、大隊長のリーダーシップをさまざまな指標を使って評価した。たとえば部下が命令に服従しなかった場合にどう対処するか、あるいは作戦の目標を部下に伝達する最適な方法はどれか、といった設問があった。ここでもリーダーシップ能力を予測するうえで、従来の一般的知能より、実務的知能（とりわけ暗黙知）のほうが有効であることが明らかになった。[*55]

スタンバーグの測定方法は、IQスコアの持つ万能性という魅力には欠けるものの、ターマンの子供たちの一部が失敗に終わった原因を考えるのに役立つ。[*56]「スタンバーグの方向性は正しい。分析的能力以外にも測定可能な能力があることを示したのはすばらしい」とフリンは指摘する。

残念ながら、スタンバーグ流のテストはなかなか世間一般には広まっていない。タフツ大学やオクラホマ州立大学では採用されたが、広く浸透したとは言い難い。「状況は変わると言う人もいるが、結局元に戻ってしまう」とスタンバーグは話す。自らが子供だった頃と同じように、教師たちは限られた抽象的テストの結果に基づいて、子供の可能性を拙速に判断する。スタンバーグの子供たちの教育現場でも、同じことが起きていた。その1人は現在、シリコンバレーで起業家として成功しているが、「私の5人の子供全員が、一度ならず落伍者の烙印を押されそうになった」とスタンバーグは話す。「でもみな、うまくやっている」

スタンバーグの研究は教育現場に彼の望むような変革をもたらしていないとはいえ、それに刺激を受けた者たちが暗黙知という概念を発展させてきた。その1つが、「文化的知能」という概念に関する興味深い研究だ。

シンガポールの南洋理工大学の経営学教授、スーン・アンは先駆者として、この分野を切り拓いてきた。1990年代末にコンサルタントとして活動していた頃、複数の多国籍企業から要請を受けて、「Y2K問題」に対処するためさまざまな国のプログラマーを集めたチームを編成することになった。

プログラマーたちは間違いなく知的で経験豊富だったが、協調性はがっかりするほど低かった。たとえばインドとフィリピン出身のプログラマーが問題の解決策で合意しても、他のメンバーがそれとは異なる、両立できないかたちで実装する、といった具合に。全員が同じ言語を話しているのに、文化的ギャップを埋め、異なる仕事のスタイルを理解するのに苦労していた。

ロバート・スタンバーグの研究にも刺激を受けたアンは、異なる文化的規範に対する感受性を測る「文化的知能（CQ）」の評価基準を開発した。シンプルな例を挙げよう。イギリス人やアメリカ人は、自らの考えを日本人の同僚に伝えたとしても、相手が沈黙したままなので驚くかもしれない。文化的知能が低い人なら、日本人の反応を無関心の表れと受け取る。一方、文化的知能が高い人なら、日本では相手から反応を得るためには、はっきりとフィードバックを求めることが必要なのだと理解する。それは反応が肯定的なものであっても変わらない。あるいは関係性を構築するうえで、雑談が持つ役割について考えてみよう。一部のヨーロッパの国では、直接本題に入るほうが好ましいが、インドでは関係構築に時間をかけることが重視される。文化的知能が高い人なら、その事実に気づくだろう。

こうしたサインを解釈する能力が、一貫して他者よりも高い人がいることにアンは気づいた。重要なのは、文化的知能の評価基準が、特定の文化に関する知識だけでなく、未知の国々で誤解が起こりやすい分野に対する感受性や適応力も測ろうとしていることだ。そしてスタンバーグの実務的知能と同じように、このような言語的に表現できない能力は、IQなど学力を測るテストとの相関性があまり強くない。これは両者が違う能力を測定していることを示している。アンのプログラマーの例からもわかるように、一般的知能が高くても文化的知能が低い人はいる。

「CQ」はすでに、さまざまな成功の指標と結びついていることがわかっている。たとえば海外に派遣された社員がどれくらい早く新たな生活に適応するか、国際的な営業チームの成績、参加者の交渉力などを予測するのに有効だ。[*57] 文化的知能はビジネスマンのみならず、海外に留学する学生、災害地域に派遣されるボランティア、インターナショナルスクールの教師、あるいは海外旅行者が、その経験をどれくらい楽しめるかも左右する可能性がある。

フリンやスタンバーグの話を聞き、私は謙虚な気持ちになった。学業面ではうまくやってきたものの、私にはスタンバーグのテストが測ろうとしている他のさまざまな能力が欠けていることは認めざるを得ない。そこには他の人々が当たり前のように身につけている多くの暗黙知も含まれている。

あなたの上司がマイクロマネジメントをするタイプで、あらゆるプロジェクトについて最終決定権を握ろうとするとしよう。職場ではよくある話だ。実務的知能が高い人は、上司の自尊心を満足させるため、2つの選択肢—本命案と捨て案—を提示してどちらかを選ばせる、とスタンバーグは言う。上司は捨て案を否定することによって、自分がプロジェクトに影響を与えたと感じられる。私はそんな手を使おうと思ったこともなかった。

あるいは、あなたが教師だとしよう。校庭で子供たちが口げんかをしている。あなたなら叱るだろうか、それとも彼らの気をそらす簡単な方法を考えて、口論のことなど忘れさせるだろうか。オックスフォードで小学校の教師をしている友人のエマは、当たり前のように後者を実践する。いろいろな遊びや、子供たちにさりげなく望ましい行動を促すコツを知っているのだ。しかしエマの教室に手伝いに行った私は、何をしたらよいかまるでわからず、あっという間に子供たちが周囲をぐるぐる走り回るような状況になっていた。

私は決して特異な例ではない。スタンバーグの実務的知能テストの結果を見ると、私のように他の知能テストのスコアは平均以上なのに、実務的判断力が欠如しているケースは驚くほど多い。それが必要とされる仕事に何年も就いている人でさえそうだ。ただ両者の関係については、明確な結論は出ていない。暗黙知はＩＱとわずかに関連性があるとする研究もあれば、負の相関を指摘する研究もある。どうやら実務的な問題解決の方法を、自然と身につけることに長けている人がいるようだ。そしてこの能力と一般的知能には、それほど密接な相関はない。

本書の目的上、反事実的思考にも注目すべきだろう。これは創造的知能の一要素で、ある出来事の別の結末を考えてみたり、自分が別の状況に置かれたところを一時的に想像してみる能力だ。「こうだったらどうか？」と自問する能力であり、それが欠如していると、予想外の困難に直面したとき、どうしたらいいかわからなくなる。過去を再評価できなければ、失敗から学び、次に同じことが起きたときのためにより良い解決策を見つけることは難しいだろう。これも多くの学力テストではなおざりにされている能力だ。

このようにスタンバーグの理論は、知能が高いのに、なぜか仕事に必要な当たり前のこと（プロジェクトの計画を立てる、行動の結果を想像してトラブルを未然に防ぐ、など）ができない人々の問題を理解するのに役立つ。一例が起業に失敗する人々だ。ベンチャー企業の9割は失敗に終わる。それはイノベーターに優れたアイデアはあるものの、実務上の問題に対応する能力が欠けているためであることが多い。

SATやIQテストが「地頭」（あらゆる問題解決能力をつかさどる単一の基礎的な知力）を反映するという仮説では、イノベーターの失敗は説明できない。一般的知能が高い人は、問題解決の能力を身につけているはずだ。スタンバーグの理論は一般的知能以外の要素を切り離し、それらを科学的厳格さをもって定義し、測定し、それぞれがほぼ独立した能力であることを証明している。

これは一見優秀そうな人が、その学歴を考えると当然備えていると思われる優れた判断力を欠いているのはなぜかを理解するための重要な第一歩となる。ただ、あくまでも最初の一歩に過ぎない。次章からは心理学者が見過ごしてきた、重要な思考スタイルや認知能力をいくつも見ていく。さらに知能が高くなるほど失敗を避けられるどころか、ときとしてより大きな失敗をしてしまう理由も見ていこう。スタンバーグの理論はほんのはじまりである。

ルイス・ターマンの人生を振り返ると、近年のこうした研究成果を体現しているようだ。幼少期から学業ではずば抜けており、貧しい環境の出身でありながら、アメリカ心理学会の会長まで上り詰めた。またいち早くコホート研究に取り組み、収集した膨大なデータはその死後も数十年にわたって科学者らの研究に役立った。間違いなく、非常にイノベーティブな人物だった。

しかし今日では、ターマンの思考に問題があったのは明らかだ。優れた科学者というものは、結論にたどり着く前に、ありとあらゆる可能性を検証するものだ。しかしターマンは自らの仮説に矛盾するようなデータに目をつむった。知能には遺伝的性質があると確信していたために、貧しい地域で才能ある子供を探そうともしなかった。また被験者の人生に介入すれば実験結果を歪めるとわかっていたはずだが、「ターマンの子供たち」に金銭的支援や仕事の斡旋をするなどして、彼らの成功の可能性を高めようとした。科学者としての経験もほとんどない学部の学生ですら当然と思うような、科学的方法の最も基本的な（暗黙の）知識を無視したのだ。

しかもターマンには厄介な政治的傾向があった。ソーシャル・エンジニアリングへの関心から、「人類改良財団」に入会した。望ましくない性質のある人々に、強制的に不妊・断種手術を受けさせるべきだと主張する団体だ。[*58] また初期のターマンの論文を読んでいると、わずかな事例だけをもとにアフリカ系やヒスパニック系アメリカ人の知的能力を簡単に否定していることに愕然とする。たった2人のポルトガル人の少年がIQテストで低いスコアをとったことを引き合いに、「彼らの愚かさは人種的なもの、少なくとも家系によるものと思われる」と書いている。[*59] そしてさらに研究を進めれば、「人種によって一般的知能に圧倒的格差があること」が明らかになる、と言い切っている。

今日の基準に照らしてターマンを評価するのは酷かもしれない。今とは違う時代に生きていた人なのだから、ターマンの過ちを大目に見るべきだという心理学者もたしかにいる。しかしターマンが自分とは異なる意見に触れていたことはわかっている。ビネーが自らの考案した知能テストが誤用されることを恐れていたのは知っていたはずだ。

賢明な人間ならば、こうした批判とじっくり向き合っただろう。しかしターマンは自らの理論の問題を指摘されると、合理的に反論するのではなく、過剰反応する傾向があった。1922年にはジャーナリストで政治評論家のウォルター・リップマンがニュー・リパブリック誌の記事で、IQテストの妥当性に疑問を呈した。「子供に問題を与え、1時間かけて取り組ませた末に、その子自身や親に『コイツは低能だ』と伝える。これほど卑劣な行為があるだろうか」と。[*60]

リップマンの疑問は十分理解できるものだが、ターマンはこれに個人攻撃で応じた。「リップマン氏が激怒しているのは明らかであり、激怒している人間は物事をはっきり見られないものだ。どうやら何かがリップマン氏の感情的コンプレックスを刺激したらしい」[*61]

ターマンの子供たちですら、年齢を重ねるなかでテスト結果の価値に疑問を抱くようになった。サラ・アン（テストでIQ194を記録し、しかも試験官をグミで「買収」しようとしたかわいらしい少女）は、IQテストが測定しなかったさまざまな知的能力を伸ばそうとしなかったことを後悔していた。「とにかく残念なのは、左脳人間であった私の両親がターマンの実験の影響もあり、私が持っていたかもしれない創造力を一切伸ばそうとしなかったことだ」と書いている。「今では創造力のほうが重要であり、知能はそれを補助するに過ぎないことがわかった。50年前にこのことに気づけばよかった」[*62]

ターマンの考えは時とともにやや軟化していき、「知能と人生における成功に、完全な相関性があるとは言い難い」と書いている。しかし周囲の者を知能テストのスコアで評価しようとする姿勢は変わらなかった。それは家族との関係にも影を落とした。伝記を執筆したヘンリー・ミントンによると、ターマンは自らの子供や孫全員にIQテストを受けさせた。しかもそれぞれにかける愛情は、テストの結果に比例しているようだったという。ターマンの手紙には、息子のフレッドを誇らしく思う気持ちがあふれている。フレッドは才能ある技術者で、シリコンバレーのパイオニアの1人だった。一方、娘のヘレンは手紙のなかにほとんど登場しない。

こうした家庭内の空気を最もよく物語るのが、孫娘ドリスが語った夕食の光景だ。席次は知能の高さによって決められていたという。フレッドは父親とともにテーブルの上座についた。一方、ヘレンと娘のドリスは反対の端に座り、召し使いの手伝いをした。*63 家族の1人ひとりが、はるか以前に受けたテストの結果によって序列をつけられていた。ひょっとするとターマンは、私たちすべてに同じことをしたかったのかもしれない。

第2章

天才はなぜエセ科学を信じるのか

――「合理性障害」の危険性

1922年6月17日のことだ。2人の中年男性がニュージャージー州アトランティックシティの海辺に座っていた。1人は背が低くずんぐりしており、もう1人は長身でセイウチのような口ひげを生やしていた。「脱出王」の異名をとった奇術師のハリー・フーディーニと、アーサー・コナン・ドイルだ。[*1] しかし2人の友情は、その夜を境に一変した。

この晩は交霊会に始まり、交霊会で終わった。この当時、ロンドンの富裕層のあいだでは心霊主義が大流行しており、コナン・ドイルは週に5、6回もの交霊会に参加するほど心酔していた。妻のジーンには霊感があり、フィニアスという霊と交流することができると主張し、どこに住み、どこに旅するかはすべて霊的ガイドとも言えるフィニアスにお伺いを立てていた。

一方フーディーニは心霊主義に懐疑的だったが、努めて広い心を持つようにしていたので、その2年前にイングランドを訪ねたときには、心霊主義についての本を発表したばかりだったコナン・ドイルに連絡をとり、直接会って議論した。考えに違いはあったものの、2人はすぐに親しくなり、フーディーニはコナン・ドイルのお気に入りの霊媒師を訪ねることを約束したほどだ。この霊媒師は自分の口と膣を通じて心霊体と交信することができることを売りにしていたが、フーディーニはそれをあっさりステージマジックだと切り捨てた（詳しい説明は省かせていただく）。

そして1922年6月、アメリカで心霊主義の講演会をすることになったコナン・ドイルは、フーディーニをアトランティックシティに誘ったのだ。

訪問は友好的なムードで始まった。フーディーニはコナン・ドイルの息子たちにダイビングを教えた。その後、全員で海辺でくつろいでいたとき、コナン・ドイルはフーディーニを部屋に誘い、ジーンを霊媒師として即席の交霊会を開こうと提案した。フーディーニが母親を亡くして悲しんでいるのを知っていたので、ジーンがあの世と交信できればいいと思ったのだ。

そこで3人はアンバサダーホテルに戻り、カーテンを閉め、インスピレーションが舞い降りるのを待った。ジーンはペンを手にトランス状態で座っており、男たちはその様子を見守った。するとジーンはテーブルを手で乱暴に叩きはじめた。心霊が舞い降りたサインだ。

「あなたは神を信じますか」とジーンが心霊に尋ねると、心霊はその答えとして再びジーンの手でテーブルを叩いた。「では十字架を描きますね」とジーンは応じた。

しばらくすると、ノートの上に置かれたジーンのペンを持つ手が激しく動きはじめた。

「ああ、大切なわが子。やっとつながることができた」と心霊は書いた。「これまでも何度も試したのよ。本当に嬉しいわ。そりゃ、もちろん、私の息子、大切な息子と話がしたいわ。みなさん、本当に今日はありがとう。私の心の叫び、息子の叫びを聞いてくれて。息子に神のご加護がありますように」

交霊が終わるまでに、ジーンは20ページ以上を「角ばった不安定な筆跡」で埋めた。夫のコナン・ドイルはその様子に魅了された。「すばらしい光景だった。妻がテーブルを叩きながら猛烈なスピードでペンを走らせるあいだ、私は反対側に座って妻がページを埋めるたびに破りとっていった」

対照的にフーディーニは数々の疑問点を挙げ、この日の出来事を下手な芝居と切って捨てた。なぜユダヤ人だった母がキリスト教徒だと言ったのか。ハンガリーからの移民であった彼女が、どうしてメッセージを完璧な英語で書いたのか。「生前は話せなかったのに？」そしてなぜ母はあの日が自分の誕生日であることにまったく触れなかったのか？

フーディーニはのちに自らの疑問をニューヨーク・サン紙の記事にまとめた。こうして始まった2人の公開論争は次第に激しさを増し、2人の友情は4年後にフーディーニが亡くなるまで戻ることはなかった。[*2]

それでもコナン・ドイルは収まりがつかなかったようだ。霊的ガイドのフィニアスにそそのかされたのか、ザ・ストランド誌に寄稿し、フーディーニが挙げたすべての疑念にはっきり答え、それを根拠ないものとして切り捨てようとした。コナン・ドイルの主張は、その小説よりもさらに空想的だった。たとえばフーディーニが奇術師として鎖から自由に脱出できたのは、「非物質化と再構成の力」を自由に使いこなせたからだ、と主張したのは最たる例だ。

「人生を通じてきわめて強力な霊媒師であり、その力を絶えず使っていたにもかかわらず、それが世の中で霊媒能力と呼ばれるものだとはまるで気づかない、などということがあり得るのだろうか。もしあり得るなら、それこそフーディーニという大いなる謎の解なのだろう」

医学博士でありベストセラー作家でもあったコナン・ドイルは、ターマンが生み出したばかりの知能テストが測ろうとしていた抽象的思考を得意としていた。しかしその欺瞞を見抜いたのは、12歳までしか学校に行っていないハンガリーからの移民であるプロの奇術師だった。この2人の男性と面識がなく、霊媒に関する逸話を知らなければ、コナン・ドイルのほうが批判的思考力は高そうだ、と誰もが思うだろう。

コナン・ドイルはなんらかの精神障害だったのではないか、と指摘する評論家もいる。しかしこの時代には多くの人が心霊現象を信じていたことを忘れてはならない。そこには電磁気の研究によってラジオの発明を可能にした物理学者のオリバー・ロッジや、チャールズ・ダーウィンの同時代人で、自らも自然淘汰理論を考えた自然学者のアルフレッド・ラッセル・ウォレスなども含まれている。どちらもすばらしい知識人だが、それでも超常現象を否定するあらゆるエビデンスに頑なに目をつむった。

知能の定義を広げ、実務的知能や創造的知能も含めるべきだという主張はすでに見てきた。しかし、そうした理論は「合理性」を明示的に測るものではない。ここでいう合理性とは、与えられたリソースをもとに目的達成に向けて「最適な」判断を下す能力、証拠や論理、健全な推論によって考えをまとめる能力を指す。†

心理学の研究では過去数十年にわたり、人間の持つかなり不合理な傾向が分析されてきた。しかしそうした不合理にどれほど個人差があるのか、またそれは知能とどれほど相関性があるのかといった分析が始まったのは、比較的最近のことだ。そこで明らかになったのは、両者には完璧な相関などまるでないということだ。抽象的思考力を示すSATのスコアがきわめて高いのに、合理性を測る新たなテストの成績は低いということもあり得る。このミスマッチは「合理性障害」と呼ばれる。

コナン・ドイルに関するエピソード、とりわけフーディーニとの親交に関する逸話は、最新の研究を理解するのにうってつけの素材と言える。[*3]どのような信仰も本来不合理なものだ、などと主張するつもりは毛頭ない。しかしペテン師がコナン・ドイルの心霊主義への傾倒につけ込み、何度も騙しおおせたという事実に興味を惹かれる。フーディーニの証言を含めて、コナン・ドイルはエビデンスをまったく受け入れようとしなかった。科学的に説明のつかない現象を信じる人々についてどう思うかはともかく、これほどあっさり騙され、大きな代償を払いつづけるというのは理解に苦しむ。

†キース・スタノビッチのような認知科学者は、合理性には2種類あるという。手段的合理性とは「目的達成の最適化」、もっとわかりやすい表現で言えば「入手可能なリソースをもとに、自分の望みどおりのものが手に入るように行動すること」と定義される。一方、認識的合理性とは「その人物の考えが現実世界の仕組みとどの程度整合性があるか」である。詐欺的な霊媒師を信じたコナン・ドイルには、明らかに認識的合理性が欠如していた。

コナン・ドイルがとりわけ興味深いのは、その作品を通じて、彼が論理的推理の原則を完璧に理解していたのは明らかだからだ。実はコナン・ドイルが心霊主義に傾倒しはじめたのは、『シャーロック・ホームズ』シリーズの第1作を書いたのとちょうど同じ時期なのだ。[*4] 昼間は文学史上最も優れた科学的知性の持ち主を描きつつ、夜にはこの演繹能力をまるで活用できなくなっている。むしろコナン・ドイルの知性は、懐疑主義者を否定し、自らの信仰を正当化するための多分に手前勝手な主張を生み出すのに一役買っていたようだ。鎖に縛られていたのは、フーディーニよりもコナン・ドイルのほうだった。

コナン・ドイル以外にも、ここ100年の偉大な思想家のなかには、この種のインテリジェンス・トラップに陥っていたように見受けられる人物は多い。アインシュタインの理論は人間の知性が生み出した最高傑作と言われることも多いが、その彼でさえ狭量な思考にとらわれていた。そのためにキャリアの最後の25年間は次々とみっともない失敗を重ねることになった。

合理性障害の研究は、置かれた状況や分野にかかわらず、なぜこれほど多くの人が周囲が唖然とするような過ちを犯すのか、そして事実が明らかになってもそれを正さないのか、理解するのに役立つ。

フーディーニ自身は、コナン・ドイルという知識人の危うさを直感的に理解していたようだ。「優れた頭脳を持ち、高い教育を受けた人物ほど、簡単に騙されやすいものと相場が決まっている」とコナン・ドイルに語っている。[*5]

合理性障害とその潜在的リスクがはっきりと認識されるまでには数十年を要した。しかしその萌芽は、2人のイスラエルの研究者、ダニエル・カーネマンとエイモス・トベルスキーのいまや伝説となった研究に見られる。そこでは私たちの思考を歪める、認知バイアスとヒューリスティクス（すばやく簡単に答えを導き出せる経験則）が多数挙げられている。

2人の行った実験のなかでもとりわけ衝撃的なのは、被験者にまず「1」から「100」までの数字が書かれたルーレット盤を回してもらい、それから一般常識的な質問をする、というものだ。たとえば国連に加盟するアフリカの国家はいくつあるか、といった問いだ。もちろんルーレットで出てきた数字は、その後の質問の答えと一切関係がないはずだ。しかし実際には大きな影響があった。ルーレットで出た数字が小さいほど、推測による質問の答えも小さくなったのだ。ルーレットで出た恣意的な数による「アンカリング」効果が、判断に作用していた。[*6]

みなさんもバーゲン会場で買い物をしていて、同じようなアンカリングを経験したことがあるだろう。新しいテレビを探しているとしよう。予算は100ポンドぐらいのつもりだったが、目玉商品を見つけてしまう。200ポンドだったテレビが、150ポンドに値下がりしているのだ。元の値段を見たことで、妥当な価格の認識がアンカリングされてしまい、予算より高くても構わないと思ってしまう。一方、元の値段を見ていなければ、150ポンドは高すぎると、素通りするはずだ。

入手可能性ヒューリスティクスの餌食になったこともあるかもしれない。特定のリスクがぱっと頭に浮かぶと、鮮明なイメージに影響されてそのリスクを過大評価してしまう、というものだ。車の運転より飛行機に乗ることを怖がる人が多いのは、このためだ。実際には車に乗るほうがはるかに危険なのに、飛行機の墜落事故のニュースのほうがはるかに強い印象を与える。

フレーミングというヒューリスティクスもある。情報の提示方法によって、意見は変化することを指す。あなたが命にかかわる病気を患っている、600人の患者の治療法を検討しているとしよう。治療の成功率が3分の1であるとき、「この治療法で200人は助かります」（利益フレーミング）と、「この治療法で400人は命を落とします」（損失フレーミング）という2つの伝え方ができる。どちらも言っていることは同じだが、利益フレーミングで提示するほうが、受け入れられる可能性は高くなる。与えられた情報が本当は何を意味するかを深く考えずに、受け身的に事実を受け入れるためである。広告会社にとっては常識で、だから食品の表示には（「脂肪分5％を含む」ではなく）「脂肪分95％カット」と書かれるのだ。

顕著なバイアスは他にもある。たとえば「サンクコスト（埋没費用）の誤謬」（値下がりした投資商品を保有しつづければ損失が膨らむ可能性があるのに、売却を忌避する）、「ギャンブラーの誤謬」（ルーレットで黒が出たら、次は赤が出る確率のほうが高いと思う）などだ。もちろん次も黒と赤が出る確率は変わらない。ギャンブラーの誤謬の最たる例は、1913年にモンテカルロで起きた。ルーレットで26回連続で黒が出て、熱狂して赤に賭けつづけた客は何百万ドルもの損失を被った。しかし、ギャンブラーの誤謬は賭場に限ったものではない。家族計画にも影響を与える。連続して男の子が生まれると、次は女の子の可能性が高いと考えるのだ。その結果、家のなかにサッカーチームができるぐらい男の子があふれる、といったことにもなりかねない。

こうした研究成果を踏まえて、認知心理学者は思考を2つのカテゴリーに分けるようになった。「システム1」は直感的かつ自動的な、無意識のバイアスに影響される可能性がある「速い思考」だ。一方「システム2」はより分析的かつ意識的な「遅い思考」

である。この「二重システム理論」によると、私たちが下す不合理な判断の多くは、システム1に頼りすぎ、さまざまなバイアスに判断を曇らされるためだ、ということになる。

しかしカーネマンとトベルスキーの初期の研究で、不合理性に個人差があるのかを検証したものは1つもない。たとえば、こうしたバイアスの影響を受けやすい人と、影響を受けにくい人がいるのだろうか。そうした傾向は一般的知能とどのような関係にあるのか。コナン・ドイルのエピソードが意外に感じられるのは、知的な人は分析能力が高く、より合理的にふるまうものと誰もが直感的に思うからだ。しかしトベルスキーとカーネマンが示したように、直感は間違っていることもある。

なぜ賢い人が愚かなことをするのか理解するには、このような疑問に答えることが重要だ。

1991年、ケンブリッジ大学からサバティカル（特別研究休暇）を得たカナダ人の心理学者、キース・スタノビッチは、こうした問題と正面から向き合うことにした。妻が学習障害の専門家だったこともあり、スタノビッチは以前から、一部の知的能力の発達が他に遅れをとるケースがあることに興味を持ち、合理性も同じではないかと考えていた。そこから生まれたのが、失読症や算数障害などの他の障害と同じような「合理性障害（dysrationalia）」という概念を打ち出した画期的論文だ。

これは非常に刺激的な概念で、バイアスを研究するすべての学者に目を覚ませと訴える狙いがあった。「個人差を無視してきたこの分野の研究を変えたかった」とスタノビッチは私に語った。

合理性障害はシステム1思考に限られたものではない、とスタノビッチは強調する。直感が誤っていると認識し、それを打ち消すだけの思慮深さがあっても、正しい「マインドウエア（正しい推論を可能にする知識や考え方）」を使えないこともある。[*7] たとえば科学者を信じない集団のなかで育つと、経験的証拠を無視し、立証されていない理論を信じてしまう傾向が強まるかもしれない。[*8] 高い知能は、そもそもこのような態度が醸成されるのを防いでくれるとは限らない。むしろ学習能力が高いと、自らの考えを補強するような「事実」を集めようとする傾向を助長する可能性がある。[*9]

状況証拠から判断すると、合理性障害は珍しくないようだ。たとえばIQの高い人々の団体「メンサ」に関するある調査では、メンバーの44％が占星術を信じており、56％が地球外生命体が地球を訪れたことがあると考えているという結果が出た。[*10] しかし知能と合理性の関係に的を絞った厳格な実験は行われていない。

スタノビッチはこうした土台をもとに、すでに20年以上にわたって入念な対照実験を繰り返してきた。

その結果を理解するには、統計学の基礎知識を多少知っておく必要がある。心理学を含むさまざまな科学において、2つの変数の関係は通常0から1までの相関係数で表す。相関係数1というのは完全相関で、2つの変数が実質的に同じものを測定していることを示す。これは人間の健康や行動のような（非常に多くの変数がかかわっている）研究分野ではありえない数字で、多くの科学者は係数が0・4〜0・59ならば「中程度の」相関があると見なす。[*11]

こうした手法を使って、スタノビッチは合理性と知能の相関は一般的にきわめて弱いことを突き止めた。たとえばSATのスコアとフレーミング・バイアスとの相関は0・1、アンカリングとの相関は0・19に過ぎない。[*12]より多くの報酬を受け取るために満足を先延ばしにするか、（非合理的だが）少ない報酬でもより早く得ることを選ぶかという「時間選好」と呼ばれる傾向についても、知能はほとんど関係ないことも明らかになった。あるテストではSATとの相関は0・02にとどまった。分析能力が高いことと関係がありそうな属性にもかかわらず、驚くほど低い相関だ。別の研究では、サンクコスト・バイアスについてもSATスコアとはほぼ無関係であることが示された。[*13]

一方、スタノビッチの研究に触発された北京師範大学のグイ・シュエらの研究では、ギャンブラーの誤謬は被験者のうち学業に優れている者のほうがやや多く見られることがわかった。[14]ぜひ覚えておいていただきたい。ルーレットに賭けるときは、自分のほうがルーレットより賢いなどと思わないことだ。

心理学の教育を受けた学者でさえ無謬ではない。論理的推論を叩き込まれているはずの心理学博士号を持つ被験者らも、他の被験者と同じようにフレーミング効果の影響を受けた。[15]

知能が高い人なら、少なくともこうした失敗を自覚する能力は高いのではないか、と思うかもしれない。しかし現実には、大方の被験者は自分は他の人ほど認知バイアスの影響を受けないと思っている。それは「賢い」被験者も同じだ。スタノビッチは典型的な認知バイアスを調べたある実験で、ＳＡＴスコアが高い人はそれほど高くない人と比べて、むしろ「認知の死角」がやや大きいことを明らかにした。[16]「認知能力が高い人は、それを自覚しており、たいていの認知的作業は他の人よりうまくできるはずだと考える。認知バイアスは認知的作業のかたちで提示されるため、やはり自分は他者を上回るパフォーマンスができるはずだと思ってしまう」とスタノビッチは語った。

スタノビッチはさまざまな測定基準を改良し、「合理性指数（ＲＱ）」というテストに統合した。スタノビッチは、知能テストの価値を否定しているのではない。だが、意思決定に影響を及ぼす可能性のある他の認知能力への理解を深め、既存の認知能力と同等に評価すべきだ、と考えている。

「私たちは合理性を、知能にさえ優先するかもしれない概念として、正当に扱うことを目標としていた」と、このテーマについての学術書に書いている。[*17]「カーネマンにノーベル賞をもたらした論文のテーマであった思考力が、いまだに最も一般的な認知能力テストから排除されているというのは大きな皮肉である」[*18]

長年にわたり、さまざまなサブテストの開発と検証を繰り返した末に、「合理的思考力の包括テスト」の最初のバージョンは2016年末に発表された。一般的な認知バイアスとヒューリスティクスに加えて、合理性につながる確率的推論や統計的推論の能力（リスク評価能力など）も測るようになっている。さらに反科学的姿勢など、有害なマインドウエアにかかわる質問項目も含まれている。

テストの雰囲気を味わうために、次の問いを考えてみよう。「思い込みバイアス」をテストするための設問だ。最初の2つの前提だけに基づいて、最後の結論を論理的に導き出せるかどうか、判断してほしい。

- ・すべての生き物は水を必要とする。

・バラは水を必要とする。
それゆえに、バラは生き物である。

あなたはどう答えただろうか。スタノビッチの研究では、大学生の70％がこの結論は正しいと答えた。しかし、実際には正しくない。最初の前提は「すべての生き物は水を必要とする」と言っているだけで、「水を必要とするものはすべて生き物である」とは言っていないからだ。

なぜそうなるのか、わからなければ、次の例と比較してみよう。

・すべての昆虫は酸素を必要とする。
・ネズミは酸素を必要とする。
それゆえに、ネズミは昆虫である。

最初の設問と2つめの設問の論理はまったく同じだ。しかし結論が既存の知識と矛盾するときのほうが、推論の欠陥に気づくのははるかにやさしい。最初の設問では、予断を排して、目の前の文について慎重かつ批判的に考える必要がある。そうすれば結論が既知の事実と合致しているというだけの理由で、それが正しいと思い込むのを避けることができる。[*19]新たな主張を評価するときには、常に必要となる能力だ。

スタノビッチの「合理的思考力の包括テスト」は、SATスコアなど一般的知能の指標との相関は中程度（相関係数0・47）であることがわかった。テストに含まれる確率的推論などいくつかの指標は数学的能力に支えられていること、またIQテストやSATが測定対象とする認知的能力も含まれていることなどから、ある程度の重複は予想されていた。「それでも賢い人々が愚かな行動をとる、という『合理性と知能の乖離』を十分に説明できる」とスタノビッチは語る。

さらに改良を進めれば、RQは企業の採用プロセスにおいて、応募者の意思決定の質を評価するのに使えるかもしれない。すでに法律事務所や金融機関、企業幹部向けのヘッドハンティング会社から強い引き合いがある、とスタノビッチは教えてくれた。

このテストを使って、学校あるいは大学での学びを通じて、学生の合理的思考力がどのように変化するかを評価してほしい、とスタノビッチは語る。「私にとって、これほど胸の躍る活用例はない」と。そのようなデータがあれば、どのような教育方法が合理的思考力を伸ばすのに有効か、検証することができる。

こうした進展がある一方で、RQは本当に私たちの現実の行動を反映するのか、疑問を持つ人もいるかもしれない。IQテストですら抽象的すぎるという批判を受けてきた。人為的な想像上のシナリオに基づくRQは、それとは違うのか。

リーズ大学のウェンディ・ブルーン・ドブルーンの研究は、その答えの一端を示している。スタノビッチの研究に刺激を受けたブルーン・ドブルーンのチームは、独自の「成人の判断力」の測定方法を考案した。7個の作業で構成され、フレーミングをはじめとする認知バイアス、リスク認識、サンクコストの誤謬への陥りやすさ（損失の出た投資を続ける傾向の有無）を測る。また一般常識に関する質問を与え、正答率を推測してもらうことで、被験者が自信過剰か否かも測った。

心理学の研究は大学生を対象とすることが多いが、ブルーン・ドブルーンの実験は18歳から88歳までの、教育水準も異なる多様な被験者を集めた。人口全体を反映する結果を得るためだ。

スタノビッチのテストでも明らかになったように、被験者の判断力と知能の相関はさほど高くはなかった。学業で成功を収めた人が、必ずしも合理的判断ができるわけではなかった。

ただブルーン・ドブルーンはそれに続き、この2つの指標が現実の行動とどれほど結びついているか、調べることにした。そこでストレスのかかる人生の出来事をいくつか挙げ、その経験回数を被験者に申告してもらった。出来事は比較的軽度なもの（日焼けする、飛行機に遅れるなど）から、重大なもの（性感染症にかかる、浮気をする）、そして非常に深刻なもの（収監される）まであった。[20] 一般的知能はこうした人生の出来事に遭遇する回数に対して、あまり影響しないようだった。一方、被験者の合理性スコアは、その行動を占ううえで3倍有意性があった。

ブルーン・ドブルーンのテストは明らかに、従来の認知能力テストには反映されていなかった、慎重に熟慮する傾向をとらえている。スタノビッチの研究でも明らかなように、知能が高い人でも合理性に欠ける可能性はあり、それは人生に重大な悪影響を及ぼすおそれがある。

ブルーン・ドブルーンの研究成果は、知能が高い人々に特有な他の特性も示唆している。ロンドン・スクール・オブ・エコノミクスが2010年に発表したある研究では、IQが比較的高い人はアルコール消費量が多い傾向があり、また喫煙や違法ドラッグを摂取する傾向も強いことが明らかになった。これは高い知能は必ずしも短期的利益と長期的弊害を比較するのに役立つわけではないという見方を裏づけるものだ。[21]

また同じように、IQが高い人は、ローンの返済に躓《つまず》いたり、破産したり、クレジットカードの負債を抱えたりといったお金のトラブルにも直面しやすい。IQ140の人では14%がクレジットカードの限度額まで使ったことがあるのに対し、100という平均的IQの人では8・3%にとどまった。またIQ140の人は長期的な投資や貯蓄にお金を回す傾向も強くはなく、毎年の資産の増加分は平均的な人よりわずかに多いだけだった。こうした事実にとりわけ意外感があるのは、知能が高い人（そして教育水準が高い人）は、報酬が高い仕事に就く傾向があるためだ。それにもかかわらずお金のトラブルに陥るのは、稼ぐ力より判断力に問題があることを示している。[*22]

こうした研究では、知能が高い人は自分なら問題が発生してもうまく対処できると思い込み、「危ない橋」を渡ろうとする傾向があることが指摘されている。理由がなんであれ、経済学者の予想に反して、賢い人ほどお金を合理的に使うわけではないのは明らかだ。これも知能は必ずしも優れた判断力につながらないというサインである。

わかりやすい例として、ポール・フランプトンのエピソードを紹介しよう。ノースカロライナ大学の優秀な物理学者で、その研究はダークマター（この宇宙を結びつけている、目には見えない謎めいた物質）に関する新たな理論の提唱から、「アクシグルーオン」と呼ばれる原子より小さな粒子の存在の予測まで幅広い。後者は大型ハドロン衝突型加速器を使った実験のきっかけにもなった。

しかし2011年、フランプトンはオンラインデートに手を出し、まもなく元水着モデルのデニス・ミラーニと仲良くなった。翌年1月、ミラーニはボリビアのラパスで撮影があるので来ないか、とフランプトンを誘った。しかしフランプトンが到着してみると、ミラーニのメッセージが残されていた。アルゼンチンに出発しなければならなくなった。だがカバンを忘れてしまったので、回収して持ってきてくれないか、という内容だった。

こうしてフランプトンはアルゼンチンにやってきたが、ミラーニの姿はなかった。さすがにフランプトンも堪忍袋の緒が切れて、アメリカに戻ることにした。このときミラーニのスーツケースを自分の荷物として預け入れた。数分後、ゲートで空港係員がお待ちしています、という呼び出し放送があった。あなた自身に重篤な合理性障害がなければ、次に何が起きたかはもうおわかりだろう。こうしてフランプトンはコカイン2キロを密輸した罪を着せられた。

フタを開けてみれば、詐欺師はミラーニに成りすましていただけだった。ミラーニがモデルであるのは事実だが、この計画には一切携わっておらず、フランプトンと接触したことすらなかった。詐欺師はフランプトンが国境を越えていたら、そこで荷物を奪うつもりだったのだろう。

フランプトンはミラーニとの関係について、忠告を受けていた。「頭がおかしくなったのだと思ったので、そう言ってやった」と、同じ物理学者である友人はニューヨーク・タイムズ紙に語っている。「でも彼は本当に、若くて美しい女性が、自分と結婚したがっていると思い込んでいたんだ[*23]」

フランプトンの頭のなかで何が起きていたのか、本当のところはわからない。もしかして「ミラーニ」がドラッグの密輸にかかわっていると疑いを抱いたかもしれないが、それでもカバンを運ぶことで自分の誠意を示せると思ったのかもしれない。しかしフランプトンのミラーニに対する愛情は本物だったようだ。騙されたことが明らかになってもまだ、刑務所のなかからミラーニにメッセージを送ろうとしたほどだ。いずれにせよ、どういうわけかフランプトンはリスクを正しく判断できず、衝動的で希望的な観測に身を委ねてしまった。

アトランティックシティの海辺に話を戻すと、アーサー・コナン・ドイルのふるまいは、合理性障害の理論と見事に合致する。きわめて知能が高い人のなかで、超常現象や迷信的考えを信じる人は驚くほど多い。

1200人以上を対象とするある調査では、大学の学位を持つ人はそれより学歴の低い人と比べて、UFOの存在を信じる割合は同程度、そしてテレパシー、透視などの超感覚的知覚（ESP）や「心霊療法」を信じる割合はむしろ高かった[*24]（学歴は知能の尺度としては完璧ではないが、大学入学に求められる抽象的思考や知識が合理的思考の高さに直結するわけではない、ということはわかるだろう）。

あえて言うまでもないが、ここに挙げた現象は、いずれも信頼性のある科学的根拠によって繰り返し否定されている。それでも多くの賢い人が、頑なにそれを信じている。二重システム理論（速い思考と遅い思考）によれば、これは認知能力がおそろしく低いということになる。科学的に説明のつかない現象を信じるのは、自らの信念の根拠として、分析的で批判的な推論ではなく、本能や直感に頼ろうとするためだろう[*25]、と。

この説明は多くの人が抱く、もっと曖昧でぼんやりとした信念については当てはまるかもしれないが、コナン・ドイルの伝記を読むと、彼のふるまいはそれほど簡単に説明できるものでもないとわかる。というのもドイルは、自らの見解を正当化し、エビデンスを否定するために、システム2に基づく分析的思考を使っているように思えるためだ。考えすぎないことではなく、考えすぎが問題を引き起こしている。

コナン・ドイルが2人の少女に騙されたエピソードも有名だ。フーディーニと出会う数年前の1917年、16歳のエルシー・ライトと9歳のフランシス・グリフィスは、ウェストヨークシャー州のコティングリーの川辺で妖精の群れが踊っている写真を撮影した、と主張した。コナン・ドイルは神智学協会の地方支部を通じて、この写真を手に入れた。

周囲はかなり懐疑的だったが、コナン・ドイルは少女たちの話をうのみにした。[*26]「この惑星上に人間と同じくらいの数の妖精が存在することを証明したらどうなるか、結末を想像するのは難しい」と著書『妖精物語』に書いている。[*27]実際には写真に写っていた妖精たちは、絵本『メアリー王女のギフトブック』の挿絵をボール紙に写し取り、切り抜いたものだった。[*28]しかもこの本には、コナン・ドイル自身も文章を寄せていた。[*29]

興味深いのは、コナン・ドイルが騙されたという事実そのものより、あらゆる疑義を否定するために執筆した膨大な量の文章である。写真をよく見れば、切り抜き同士を留めているピンも見つかる。しかし他者の目にはピンと映るものが、コナン・ドイルの目には妖精のへそに見えた。妖精が母親と子宮のなかでへその緒を通じてつながっている証というわけだ。妖精の存在を証明するために、近代科学の知見まで引き合いに出している。電磁気の理論を踏まえ、妖精の体は「人間の目には見えない短い、あるいは長い振動を発する物質でできている」と書いている。

オレゴン大学心理学教授のレイ・ハイマンはこう指摘する。「コナン・ドイルは自らの知能と才覚を、あらゆる反論を否定するのに使った。（中略）自らの賢さを、自らを欺くために使ったのだ」[*30]

システム2を使い、たとえ誤っていても自らの信念を合理化しようとする行為は、おそろしく悲惨な結末につながることが多く、最も重要で、また最もよく見られるインテリジェンス・トラップの一形態と言える。それはコナン・ドイルのような人物がこれほど愚かな考えを抱く原因であるだけでなく、銃犯罪や気候変動のような重要な政治問題に関する激しい意見対立の原因でもある。

まず科学的根拠から見ていこう。

最初の手がかりとなるのは、1970年代から80年代にかけてハーバード大学のデビッド・パーキンスが行った一連の古典的研究だ。パーキンスは学生たちに、時事問題に関する問いをいくつか投げかけた。たとえば「核軍縮は世界大戦の可能性を低下させるのか」といった設問だ。本当に合理的思考ができる者なら、イエスとノーの両方の主張を考えるはずだ。しかし調査では、知能が高い学生は他の学生と比べて、別の視点を考える傾向が強いわけではないことが明らかになった。たとえば核軍縮に賛成の者は、全加盟国が協定を遵守すると信じていいのかを考慮していなかった。抽象的思考力や事実的知識を使い、自分の見解を正当化するための根拠を並べ立てただけだった。[*31]

この傾向は「確証バイアス」と呼ばれることもあるが、パーキンスを含めた心理学者の一部は、自らの意見を補強し、他の見方を否定するさまざまな戦術の総称として「マイサイド・バイアス」という幅広な表現を使う。法律論争で相手方の視点を検討することを叩き込まれているはずの法学部の学生ですら、調査でのパフォーマンスはかなりお粗末だった。

パーキンスはのちに、これを自分の最も重要な発見の1つに挙げている。[*32]「問題を別の視点から考える、というのは論理的思考のお手本と言える。ならばなぜ高いIQを持ち、反対意見を予想しながらモノを考えることを叩き込まれる法律家の卵が、一般人と同じように確証バイアス、あるいはマイサイド・バイアスの罠にはまるのか。このような問いは、知能とは何かという既成概念を根底から揺さぶるものだ[*33]」

その後の研究ではこの結果が再確認されたばかりでなく、こうした一面的思考が、アイデンティティにかかわる問題では一段と顕著になることが明らかになった。今日、このように感情的思い入れのある自己弁護的な思考は、科学者のあいだで「動機づけられた推論」と呼ばれる。「動機づけられた推論」はパーキンスが研究対象としたマイサイド・バイアス（自らの意見を裏づけるような情報を優先的に探し、記憶しようとする傾向。確証バイアスとも言う）に加えて、「非確証バイアス」につながることもある。自分とは違う立場の主張を選択的に否定しようとする姿勢を指す。こうしたバイアスが相まって、私たちは自らの意見に固執するようになる。

銃規制に関する意見を調べた、イェール大学ロースクールのダン・カハンの実験を見てみよう。被験者には、地元の自治体が公共の場での銃器の所持を禁止すべきか検討していることを伝えた。ただし、それが犯罪率の増加あるいは減少につながるかは定かではないため、こうした規制を導入した自治体と導入していない自治体、そしてそれぞれにおける過去1年の犯罪率の変化を調べてほしい、という課題を与えた。

カハンはさらに被験者に標準的な計算力テストを実施したほか、政治信条に関する質問に答えてもらった。

みなさんも考えてみてほしい。次ページのデータを見て、銃規制は効果があると言えるだろうか。

カハンは意識的に、誤った印象を与えるような数字を選んでいる。一見すると、銃規制を実施している都市の多くで犯罪が減少したような印象を受ける。しかし正解を導き出すには、割合を考える必要がある。銃規制を実施した都市の約25％で犯罪が増加して

	犯罪が減少した都市の数	犯罪が増加した都市の数
公共の場での銃器携帯を禁止した都市	223	75
公共の場での銃器携帯を禁止していない都市	107	21

いるのに対し、銃規制を実施していない都市ではその割合が16％にとどまる。要するに、銃規制は効果を発揮していないわけだ。

計算能力が高い被験者ほど、正解する割合が高いと思うのではないか。しかし、それはもともと銃規制に反対する、保守派の共和党支持者に限られる。リベラルな民主党支持者の場合、知能の高低にかかわらず、被験者は計算などせず、「銃規制は効果があったのだ」という（誤った）第一印象を受け入れる傾向が強かった。

カハンは公平を期すために、同じ実験のデータを逆にして、すなわち銃規制に効果があったという内容に変えて実施している。そこでは正解を導き出せたのは数字に強いリベラル派で、一方、最も数字に強い保守派でも判断を誤った。総じてみると、数字に強い被験者は、データが自らの期待に沿っているとき、そうでないときよりデータを正しく読み取る割合が約45%高かった。

カハンをはじめとする「動機づけられた推論」の研究者の結論は、賢い人は自らの優れた知能を常に等しく活用するわけではなく、自らの利益を追求し、自分のアイデンティティにとって最も重要な信念を守るために「日和見的に」使う、というものだ。知能は真実追求ではなく、プロパガンダ（主義主張の宣伝）のツールなのだ。[*34]

これは気候変動などの問題をめぐり、意見の極端な二極化が生じる理由を説明できる、強力な研究結果だ（次ページのグラフを参照[*35]）。人間による二酸化炭素排出が地球温暖化につながっているというのは科学的コンセンサスであり、政治的にリベラルな人のうち、計算能力が高く、基本的な科学的知識がある人はそれを受け入れる傾向が強い。[*36]証拠を理解する能力が高いことを考えれば、当然の結果と言える。しかし自由市場資本主義者の場合、その逆の結果が出ている。科学的知識が豊富で数字に強い人ほど、科学的コンセンサスを否定し、気候変動に関する言説は誇張されすぎている、と考える傾向がある。

同じような意見の二極化は、ワクチン接種[*37]、石油や天然ガス開発のための水圧破砕技術[*38]、進化論[*39]についても見られる。いずれにおいても教育水準や知能の高さは、自分の政治的、社会的、宗教的アイデンティティと合致する信念を正当化することにしか使われ

▪「地球温暖化の原因は、化石燃料を燃やすなどの
人間の活動であるという確たる証拠がある」真実か否か

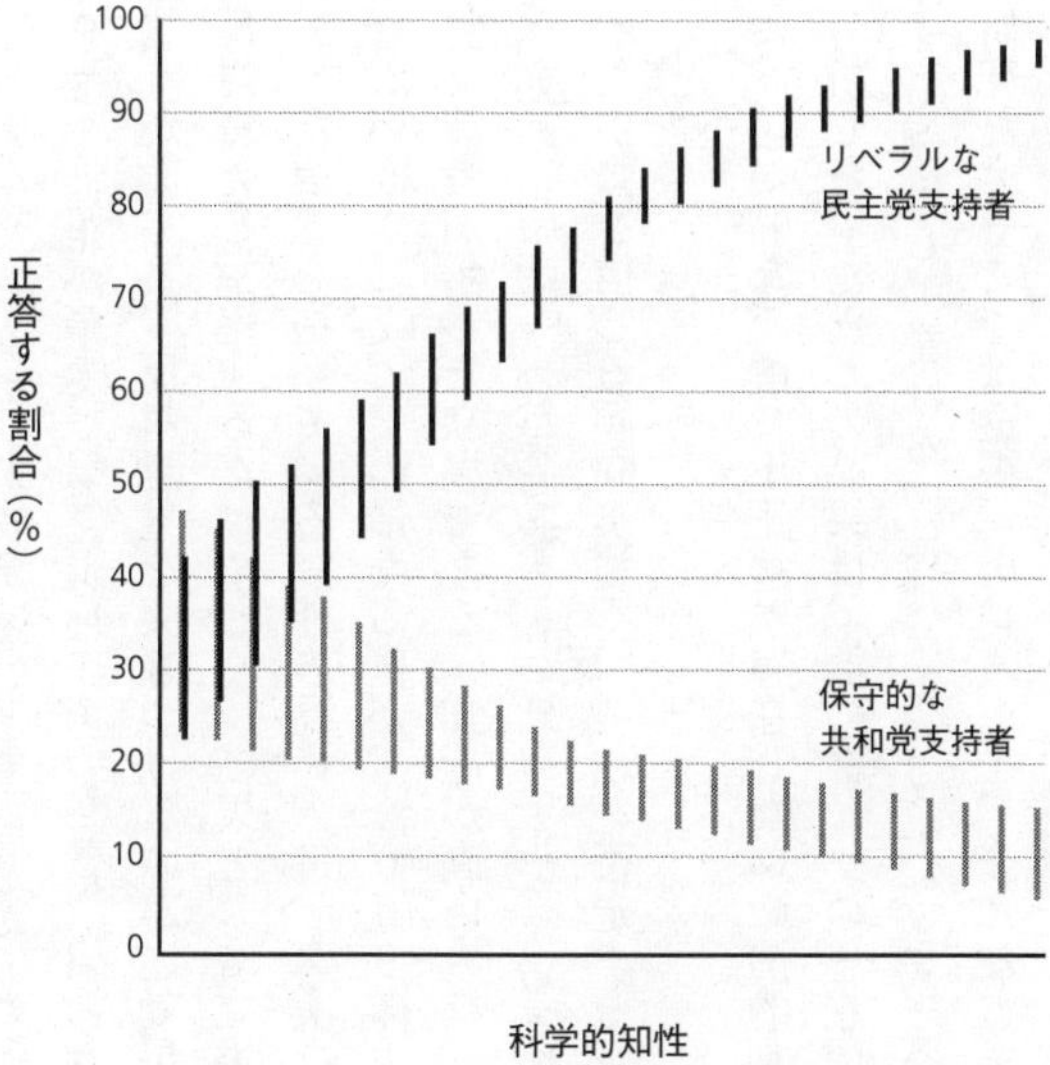

出典：Kahan, D. M. (2017), '"Ordinary science intelligence": A science-comprehension measure for study of risk and science communication, with notes on evolution and climate change,' *Journal of Risk Research*, 20(8), 995-1016.

ない（改めて明確にしておきたい。ワクチンが安全で有効な手段であること、二酸化炭素の排出が気候変動の原因であること、進化が事実であることは圧倒的な証拠で裏づけられている）。

「動機づけられた推論」が働くと、反対意見を突きつけるのが逆効果になることもあるという証拠もある。反対意見を拒絶するだけでなく、結果として立場がさらに頑なになるのだ。要するに、誤った信念を抱いている知能の高い人は、事実を突きつけられるといっそう誤った方向へ進むということだ。その最たる例が、２００９年と２０１０年にオバマケアに対して共和党支持者が示した立場である。知能が高い人は、新たな医療保険制度はオーウェル的な「死の判定団」（終末医療患者の延命中止を決める機関）が生死を左右するようになるといった主張を信じる傾向が強く、それを否定する証拠を示すと、かえってその傾向が強まった。[*40]

カハンの研究は主に、絶対的な正解や不正解が存在しない政治的判断における「動機づけられた推論」を分析した。ただこの結果は、他のタイプの思想信条にも当てはまるという。それを示唆する例として挙げるのは、テキサス大学オースチン校のジョナサン・ケーラーによる研究だ。そこでは透視、テレパシー、予知などを研究する超心理学者と、地球温暖化を疑問視する人々に、超感覚的知覚（ＥＳＰ）に関する２種類の（架空の）実験データを示した。

被験者は論文の質や実験の設計を客観的に評価したはずだ。しかしそれぞれの出した結論には、実験結果が科学的事実に反する自らの信念に合致しているか否かによって、大きな違いが見られた。[*41]

「動機づけられた推論」の影響力を考えると、コナン・ドイルが詐欺的な霊媒師を信じたことにそれほど矛盾を感じなくなる。コナン・ドイルのアイデンティティは、超常現象の実験と切り離せないものになっていた。心霊主義は妻や友人たちとの関係の基礎を成していた。心霊主義の教会には相当な金額を投資し、[*42]このテーマについては20冊以上の本やパンフレットを書いている。年を重ねるなかで、心霊主義への信仰は死後の世界は確実に存在するという安心感をもたらしてくれた。「死への恐怖は完全に払拭される」と語っており、この信仰のおかげですでに亡くなった者たちともつながることができた。[*43]この2つが強力な動機づけであったことは想像に難くない。

こうした事実は、信念はまず感情的な必要性から生まれ、それがどれほどおかしなものであっても、知能は後付けで正当化するという研究成果と合致している。

もちろんコナン・ドイル自身は、客観的に物事を見ていると主張した。晩年には「この問題については過去41年にわたり、ひたすら資料を読み、研究し、実験を行ってきた」と言い切っている。[44]しかし実際には、自らの見解を支持する証拠だけを探し、それ以外を切り捨てていたに過ぎなかった。[45]

「完璧な推論と観察能力を持つ」シャーロック・ホームズを世に送り出したのと同じ頭脳を使い、「動機づけられた推論」に突き動かされたコナン・ドイルは、フーディーニの突きつけた疑問を独創的な主張によって否定していった。そしてコティングリーの妖精の写真を見たときには、ついにさまざまな心霊現象について世の中を説得する証拠が得られたと考えた。そしてワクワクと胸を躍らせながら、その根拠となる科学的説明を考えたが、写真が少女たちのいたずらではないかとまじめに考えることはなかった。

少女たちはコナン・ドイルの死の数十年後、大人たちを騙すつもりなどなかったのだと打ち明けた。その1人であったフランシス・グリフィスは1985年のインタビューでこう語っている。[46]「インチキだとすら思っていなかったわ。エルシーと私だけのお遊びだったのだから。今でもなぜ彼らがあの写真を信じたのか理解できない。たぶん信じたかったのでしょう」

世間の注目を集めた公開論争の後、フーディーニはコナン・ドイルへの敬意をすっかり失ってしまった。そもそもコナン・ドイルと交流を始めたのは、彼が「知の巨人」だと思っていたためだが、最終的には「こんなことを信じるというのは、頭が弱いに違いない」と書いている。しかしひとたび「動機づけられた推論」を理解すると、まさにその逆なのだとわかる。知の巨人だからこそ、こんなことを信じられるのだ。[†]

すばらしい知能を持ちながら、狭量な思考によって正気を失ったと見られる人は少なくない。心霊や妖精に心を奪われることはなくても、およそ正当化できない主張を正当化することに多くの時間を浪費し、残念な結果を招いた。

たとえば天才の代名詞とも言えるアルバート・アインシュタインだ。まだ若き特許局員として働いていた1905年には、量子力学、特殊相対性理論、そして彼の業績のなかでも最も有名な質量・エネルギー等価の原理（$E=mc^2$）をまとめた。[*47] その10年後には一般相対性理論を発表し、アイザック・ニュートンの万有引力の法則を否定した。

しかしアインシュタインの野心はそこで終わらなかった。その後の人生を通じて、電

† キース・スタノビッチは著書『The Rationality Quotient（合理性指数）』（未邦訳）のなかで、さまざまな形態のナショナリズムを研究したジョージ・オーウェルも同じような結論に達したと指摘している。オーウェルはこう書いている。「この手の感情に支配されているときには、どんな愚かなことでも受け入れてしまう。（中略）こんなことを信じるのは知識階層ぐらいだ。ふつうの人間は、これほど愚かにはなれない」

磁気力や重力を統一理論にまとめ、さらに壮大で包括的な宇宙論を構築しようとした。「神がどのようにこの世界を創られたのかを知りたい。個別の現象、特定の元素のスペクトルに興味があるわけではなく、神の考えそのものを知りたいのだ」と書いたこともあり、この統一理論は神の思考の全体像を理解するための試みだった。

しばらく闘病生活を送ったのち、1928年にはそれが完成したと考えた。「私はすばらしい卵を産んだ。（中略）そこから生まれる小鳥が元気で長生きするかは、神の御心に委ねられている」と書いている。しかし神はすぐにその小鳥を殺してしまい、それから25年にわたってアインシュタインは次々と新たな統一理論という小鳥を生み出していったが、いずれもあっという間に死んでしまった。死の直前、アインシュタインは「私の生み出した子孫の多くは、幼くして失望という名の墓場に埋もれてしまった」と漏らしている。

しかしアインシュタインの失敗は、周囲には決して意外なことではなかった。伝記作家で物理学者のハンス・オハニアンは著書『*Einstein's Mistakes*（アインシュタインの失敗）』（未邦訳）に、こう書いている。「アインシュタインの計画そのものが、不毛な試みだった。（中略）はじめから命運は尽きていた」。しかし理論にのめり込むほど、諦められなくなっていった。プリンストン大学の同僚だったフリーマン・ダイソンは、アインシュタインの雲をつかむような話を聞くのに耐えられず、8年にわたって意識的にキャンパスで顔を合わせないようにしていた。

問題は1905年には大いに役立った有名なひらめきが、今回はとんでもなく方向を見誤る原因となったこと、そしてアインシュタインが自らの理論を否定するような見解に徹底して目をつむったことだ。たとえば自らの壮大なアイデアに矛盾する核力の存在にかかわる証拠を無視したり、かつて確立に寄与した量子論の研究成果をバカにしたりした。[*48] 科学界の会合では、ライバルの誤りを証明すべく凝りに凝った反例を1日中考えた挙句、あっさり否定されるということを繰り返した。[*49]

プリンストン大学の同僚であったロバート・オッペンハイマーは「アインシュタインは実験に完全に背を向け、事実から目を背けようとした」と語っている。[*50]

アインシュタインも晩年にはそれを自覚していた。「おそらく私は、邪悪な量子を見るまいと、相対性理論の砂に頭を突っ込んだままのダチョウのように見えるのだろう」と友人で量子物理学者のルイ・ド・ブロイに書き送っている。それでも不毛な努力をやめることはなく、その才能が朽ち果てようとする死の床にあっても、誤った理論を証明するための数式を何ページも書き綴っていた。サンクコストの誤謬が、「動機づけられた推論」によって重症化したようだ。

同じような頑なな姿勢は、アインシュタインの他の多くのアイデアにも見受けられる。共産主義を支持していたので、旧ソ連のさまざまな過ちに目をつむりつづけたのもその例だ。[*51]

ただアインシュタインは少なくとも自らの専門分野を逸脱することはなかったが、科学者が自らの領域以外でも自説が正しいことをひたすら証明しようとすると、ことさらひどい結果につながるケースもある。それが特に顕著だったのは、心理学者のハンス・アイゼンクだ。1950年代にはこう書いている。「科学者もひとたび自らの専門領域を離れてしまえば、どこにでもいる頑固で理屈の通じない人間に過ぎない。その人並み外れて高い知能は、その偏った思考を一層危険なものにするだけである」。[*52] 皮肉なのは、アイゼンク自身が超常現象を信じるようになり、納得できない証拠を否定するために独りよがりな分析を繰り返したことだ。

ノーベル賞受賞者に多い、さまざまな問題について怪しげな見解を表明するという残念な行動パターンを「ノーベル症」と呼ぶ科学ライターもいる。最も顕著な例は言うまでもなく、「はじめに」で紹介した奇妙な陰謀論を唱えるキャリー・マリスだ。自伝『マリス博士の奇想天外な人生』は、優秀な頭脳は自らのアイデアを正当化するためにどれほどねじ曲がった理屈をこねられるのか、というお手本のようだ。[*53]

さらに例を挙げるとするなら、ライナス・ポーリングがいる。原子間の化学結合の本性を解明するという功績のあった一方で、数十年にわたってビタミン・サプリメントによって癌を治せるという誤った主張を続けた人物だ。[*54] そしてリュック・モンタニエはHIVの発見に貢献したものの、その後は高度希釈したDNAは水の構造変化を引き起こし、そこから電磁放射が発生するという奇妙な理論に肩入れするようになった。モンタニエはこの現象が自閉症、アルツハイマー病などの重篤な症状とかかわっていると考えたが、それは他の多くの科学者によって否定された。最終的には35人のノーベル賞受賞者が、モンタニエにエイズ研究機関の職を辞すよう促す嘆願書を提出する事態となった。[*55]

たとえ壮大な統一理論の構築に取り組んでいなくても、誰もがここからある教訓を学ぶことができる。私たちの職業が何であれ「動機づけられた推論」と「認知の死角」が結びつくと、周囲の人に対する偏った見方を正当化したり、職場で見当違いのプロジェクトを推し進めたり、望みのない恋愛を続けたりといった行動に走るおそれがある。

最後に、史上最も偉大な2人のイノベーターのエピソードに目を向けよう。トーマス・エジソンとスティーブ・ジョブズだ。

1000件を超える特許を持つトーマス・エジソンが、ずば抜けて優れた知能を持っていたのは明らかだ。しかしひとたびアイデアを思いつくと、それを変えるのは非常に困難だったようだ。その最たる例が「電流の戦い」と呼ばれる一件である。

1880年代末に電球の実用化に成功したエジソンは、アメリカ中の家庭に電力を送る方法を考えはじめた。そして考えたのが、安定的な直流(DC)を使った送電網を構築する、という案だったが、ライバルのジョージ・ウエスチングハウスは交流(AC)を使って送電するという安価な方法を考案した。今日、私たちが使っているのは後者である。DCでは電気が流れる際の電圧が一定だが、ACは2つの電圧のあいだで周期的に切り替わり、長距離送電の際の電力損失を抑えられる。

エジソンは、ACは感電死のリスクが高く、危険すぎると主張した。根拠のない主張ではなかったが、感電のリスクは適切な絶縁や規制によって抑えることができ、また経済性のメリットは無視できないものだった。大衆市場に電気を供給する手段として、現実味があったのはACだけだ。

DCという選択肢に固執するより、新たなAC技術を活用し、その安全性を高めるのが合理的対応だったはずだ。エジソンの部下であった技術者のニコラ・テスラも、そう説得している。しかしエジソンはテスラのアドバイスを聞き入れず、ACを研究しようとするテスラに資金を出すことも拒否した。この結果、テスラは自らのアイデアをウエスチングハウスに売り込むことになった。[*56]

しかしエジソンは断固として敗北を認めず、ACに対する世論の批判を煽るため、激しいPRキャンペーンに打って出た。最初に行ったのは、野良犬や馬を感電死させるという、おぞましい公開実験だ。またニューヨーク裁判所が、死刑執行手段として電気を使えないか検討していることを小耳に挟むと、裁判所に電気椅子の開発をアドバイスした。ACが死を連想させるように、と考えたのだ。かつて「死刑の完全廃止のための取り組みに心から賛同する」と宣言した人物とは思えないほど、衝撃的な変わり身である。[*57]

冷酷なビジネスマンらしい行動だと思うかもしれないが、この戦いはどこまでも不毛だった。1889年には、ある学術誌がこう指摘している。「交流電流の開発という流れは、もはや誰にも、どの団体にも止めることはできない。(中略)旧約聖書のヨシュアなら太陽に止まれと命じることもできるかもしれないが、エジソン氏はヨシュアではない」。[*58] 1890年代にはエジソンも敗北を認めざるを得なくなり、別のプロジェクトに関心を向けるようになった。

科学史家のマーク・エシグは「問題はなぜエジソンの試みが失敗に終わったかではな

く、なぜそんな試みが成功すると思ったか、である」と述べている。[*59] ただサンクコスト・バイアス、「認知の死角」、「動機づけられた推論」といった認知的過ちを理解すると、これほど優秀な知能がこれほど破滅的な行動を続ける理由が説明できるようになる。

アップルの共同創業者、スティーブ・ジョブズもエジソンと同じようにすばらしい知性と独創性に恵まれながら、現実世界に対して驚くほど歪んだ認識を抱くことがあった。ウォルター・アイザックソンの手による公式伝記では、ジョブズの知人たちが「現実歪曲フィールド」について語っている。元同僚のアンディ・ハーツフェルドはそれを「カリスマ的な語り口、強靭な意志、目的達成のためなら事実を曲げることも厭《いと》わない情熱が入り混じって生まれる、周囲を困惑させるような状況」と描写している。

この断固たる意志の力は、テクノロジーに革命をもたらす原動力となったが、私生活においても裏目に出ることも多かった。2003年に膵臓癌と診断されたときが、その最たる例だ。ジョブズは主治医のアドバイスを無視して、ハーブ療法、スピリチュアル治療、果汁中心の厳格な食事療法など、いんちきな治療法に走った。周囲の人々によると、ジョブズは自分の力で癌を治せると確信しており、その驚くべき知性をあらゆる反対意見を退けるために使ったようだ。[*60]

ようやく手術を受けようと決めたときには、癌は手の施しようのないほど進行していた。医師のなかには、主治医の助言を素直に受け入れていれば、ジョブズは今も生きていたかもしれない、という見方もある。いずれのケースでも、すばらしい知能が論理的で合理的な思考ではなく、理屈づけや自己正当化に使われたことがわかるだろう。

ここまで、知能が高い人々が愚かな行動に走る主な原因を3つ見てきた。第一に、人生で起こる問題に対処するのに不可欠な、創造的知能や実務的知能が欠けていること。第二に、「合理性障害」があり、偏った直感的判断を下してしまうこと。第三に、「動機づけられた推論」によって、自らの立場と矛盾する証拠を否定するために優れた知能を使ってしまうことだ。

ハーバード大学のデビッド・パーキンスは、この最後に挙げたインテリジェンス・トラップを「城のまわりを濠《ほり》で囲むようなもの」と説明してくれた。作家のマイケル・シャーマーは、頭のなかに「理屈で固めた小部屋を作るようなもの」という表現を使った。ただ私が最適なたとえだと思うのは、軌道修正するためのハンドルもナビゲーションシステムもなく、暴走するクルマだ。デカルトの言うとおりである。「とてもゆっくりとでも前へ進む者は、遠くへ行ける。常に正しい道を進めば、大急ぎで走って道を踏み外す者より、はるかに遠くに行けるだろう」

どんなたとえを使うにせよ、進化心理学者にとって私たちがこのように進化した理由は大いなる謎である。人間の本質にかかわる理論を構築する際には、人々のあいだでよく見られる行動というのは、種の存続にとって明らかにプラスなものであろう、と想定する。知的だが不合理というのが、生存にとって有利なことがあるだろうか。

それに対して説得力のある回答を提示するのが、フランス国立科学研究センターのユーゴ・メルシエと、ブダペストの中欧大学のダン・スペルベルだ。「人間にマイサイド・バイアスがあるのは今や自明となったので、それがどれほど奇妙なことなのか心理学者は忘れているようだ。しかし進化という観点から言えば、これはまさしく不適応である」

人間の知能が発達してきた理由（少なくとも理由の1つ）が、より複雑な社会を運営するという認知的要請に対処するためである、というのは通説となっている。考古学的記録からも、人間の祖先がより大きな集団で暮らすようになってから、頭蓋骨が大きくなりはじめたことは明らかだ。[*61] 他の人々の心情を推し量り、誰は信頼できるのか、ずるいやつは誰か、機嫌をとるべき相手は誰かを覚えておくには知力が必要だ。ひとたび言語が進化しはじめると、集団のなかで支持を勝ち取り、周囲に自分の考えを認めさせるためには高度な話術が必要になった。支持を集め、自分の考えを通すために、必ずしも論理的な主張をする必要はなかった。説得力さえあればいいのだ。この微妙な違いこそ、不合理性と知能を併せ持つ人が多い原因かもしれない。[*62]

「動機づけられた推論」とマイサイド・バイアスについて考えてみよう。人間の思考が主に真実の探求のためにあるのなら、どんな主張についても両面から慎重に考慮するはずだ。一方、他者に自分が正しいと認めさせることだけが目的ならば、自らの見解を支える証拠をできるだけたくさん集めることによって説得力を高めようとするだろう。逆に言うと、騙されないようにするには他の人々の主張は疑ってかかる必要がある。まさにカハンが示したように、自らの信念と一致しない証拠は徹底的に吟味し、異議を唱えなければならない。

偏った推論は、知能が高まったことの不運な副産物などではない。それこそが知能が高度に発達した理由なのだ。

かつて私たちの祖先が小さな集団で暮らし、人と人が直接会って話をしていた時代には、優れた主張が質の低い主張を駆逐し、共通の目標を達成するような問題解決が図られた。個人の抱えるバイアスは、他の人々によって緩和される。しかしメルシエとスペルベルによると、人々が技術的および社会的サイロのなかで暮らし、互いのバイアスを正すような議論が行われなくなると、こうした思考のメカニズムはうまく機能しなくなる。結果として、私たちは自らの意見を容認するような情報ばかりを蓄積するようになる。

こうした過ちから身を守る方法を学ぶ前に、見ておきたいインテリジェンス・トラップがもう1つある。「専門知識の逆襲」と呼ばれるもので、(ほぼ先天的なものである一般的知能に対し) 後天的な知識や職業上の経験が引き起こす弊害のことだ。知識がありすぎるのが問題になることもある。それをFBIの有名な取り違え事件を例に見ていこう。

第3章

専門家が判断ミスを犯す根本理由

2004年4月のある金曜日の晩、母親に電話をかけてきた弁護士のブランドン・メイフィールドは取り乱した様子だった。「僕らが突然姿を消したら……FBIが僕らをひそかに逮捕したら、朝一番の便でポートランドまで飛んできて、子供たちをカンザスに連れ帰ってくれると約束してくれ、母さん」[*1]

かつてアメリカ陸軍の将校だった弁護士のメイフィールドは、いつもならそんな妄想にとらわれるタイプではない。しかし当時のアメリカはまだ9・11の衝撃から立ち直っていなかった。イスラム教に改宗し、エジプト人の女性を妻にしていたメイフィールドは「集団ヒステリーとイスラモフォビア（イスラム嫌悪）」という社会の空気を感じ取っていた。しかも奇妙な出来事が続いたことから、自分は何らかの捜査対象になっているかもしれない、と考えはじめていた。

たとえば妻のモナがある日、仕事から帰宅すると、玄関の2つある鍵のうち、ふだんは使わない上の鍵までロックされていた。別の日、メイフィールドが出勤すると、自分のオフィスの机の上に土足で歩いた靴跡があり、その上の天井板がずれていた。前の晩に誰かが訪問したはずはなかったのに。さらにモスクに往復する道中、50代から60代と思しき屈強な男が乗った怪しい車に後をつけられている気がした。

社会の政治的空気を考えると、自分は監視対象になったのではないか、とメイフィールドは不安を抱いた。「政府の秘密機関じゃないか、という予感がした」と、のちに私とのインタビューで語っている。母親に感情的な電話をかける頃には、「不幸が差し迫っている」不安と、それによって3人の子供たちがどうなってしまうのかという恐怖にとらわれていた。

5月6日の午前9時45分、オフィスのドアが乱暴に3回ノックされ、メイフィールドの悪い予感は的中した。その年の3月11日にマドリードで発生し、死者191人、負傷者約2000人を出した爆破事件にかかわった容疑で、2人のFBI捜査官が逮捕しに来たのだ。メイフィールドは後ろ手に手錠をかけられ、車に押し込められ、そのまま地方裁判所に連行された。

爆破事件については何も知らない、とメイフィールドは訴えた。そのニュースを聞いたときには、「見境のない暴力」に衝撃を受けた、と語った。だがFBI捜査官は、マドリードのワゴン車に残されていた起爆装置の入っていた青いショッピングバッグから、メイフィールドの指紋が見つかったと主張した。「指紋は100％、完全に一致した」。絶対に間違っているはずがない、と。

著書『*Improbable Cause*（不相当な理由）』（未邦訳）によると、FBIが大陪審の準備を進めるあいだ、メイフィールドは監房に入れられていた。手錠と足かせに加えて、腹部も鎖でつながれたうえに、幾度も裸にされて所持品検査をされた。

弁護士らの見立ては厳しかった。大陪審がメイフィールドは爆破事件に関与したと判断すれば、グアンタナモ収容所に送られる可能性があった。裁判官が初回の審理で語ったとおり、指紋は絶対的な法医学的証拠と見なされていた。たった1つの指紋だけで、殺人の有罪判決が下されたこともある。2人の人間の指紋が完全に一致する確率は、10億分の1に過ぎないからだ。[*2]

自分の指紋がどういうわけでアメリカ大陸と大西洋を横切り、8700キロメートル離れたマドリードのショッピングバッグに付いたのか、メイフィールドは必死に考えた。だがそんなことはありえなかった。弁護士にはこれほど強力な証拠を否定すると、偽証罪に問われる可能性があると警告された。「どこかの捜査員にはめられたんじゃないか、と思った。思いついたのは、それくらいだった」とメイフィールドは私に語った。

弁護チームはなんとか法廷に、第三者機関による指紋再鑑定を認めさせた。担当したケネス・モーゼズの経歴は、FBIの検査官と同じように完璧だった。サンフランシスコ警察に27年間務め、その間多くの表彰を受けてきた。[*3] メイフィールドにとっては最後の希望だった。こうして監房に入れられて2週間あまり経った5月19日、ビデオ会議でモーゼズの証言を聴くため、メイフィールドは再び裁判所の10階に向かった。

だがモーゼズの証言は、メイフィールドにとって最悪のものだった。「問題の指紋をブランドン・メイフィールド氏のものと比較したところ、メイフィールド氏の左手人差し指のものであるとの結論に達した」[*4]

だがメイフィールドが知る由もなかったが、ちょうど同じ頃大西洋の反対側で、彼を救うことになる驚くべき事態が起きていた。ちょうどこの日の朝、スペイン国家警察は、アルジェリア人のオーネーン・ダウドが爆破事件に関与したと断定した。メイフィールドのものとされた指紋は、FBIが無視した曖昧な部分も含めて、ダウドのもののほうが正確に一致していた。そのうえダウドの親指の指紋は、ショッピングバッグに残されていたもう1つの指紋とも一致した。ダウドこそ真犯人だった。

メイフィールドは翌日釈放され、その月の終わりにはFBIは正式に謝罪するという屈辱的事態に追い込まれた。

いったい何が起きたのか。さまざまな可能性はあるが、FBIの能力不足が原因だったはずはない。FBIの科学捜査チームは世界一優秀とされている。[*5] むしろFBIの過ちを詳細に分析すると、それは検査官に知識があったにもかかわらず起きたというより、知識があったからこそ起きてしまったことがわかる。

前章までは、一般的知能（IQやSATなどで測定される抽象的思考力）が有害な結果をもたらすケースがあることを見てきた。問題なのは「一般的」知能であって、特定分野の知識や、長年にわたる職務経験から得られる専門知識を磨くことで、そうした過ちを防ぐことができるかもしれない、とみなさんは思うかもしれない。残念ながら最新の研究では、こうした要素も思いがけない過ちを引き起こす可能性があることがわかってきた。

こうした研究成果を、（ポール・フランプトンのような）学者が「現実世界」と乖離した「象牙の塔」に生きているからいけないのだ、といった曖昧な批判と混同してはならない。最新の研究が示しているのは、経験を積めば現実世界での過ちを防げると思われている分野で、実は過ちの危険性が高いということだ。

あなたなら心臓手術を受けるとき、地球の裏側まで飛ぶとき、あるいは思いがけなく手にした大金を何かに投資しようとするとき、担当する医師、パイロット、会計士には経験豊富で優れた経歴があってほしいと思うだろう。注目される裁判で指紋の適合性を独立した立場から判断してもらうなら、モーゼズのような人物がいい。しかし今日では、さまざまな社会的、心理的、神経学的理由から、専門家はここ一番というときに判断を誤る場合があることがわかっている。しかもその原因は、通常ならば専門家が抜群のパフォーマンスを発揮するのを助けるプロセスと、密接にかかわっている。

この分野の研究の先駆者であるユニバーシティ・カレッジ・ロンドンの認知神経科学者、イティエル・ドロールは、こう説明する。「専門家を専門家たらしめている基盤、彼らが職務を効率的かつ迅速にこなすための基本的要素が、落とし穴となることもある。両者は表裏一体なのだ。専門家ほど、さまざまな危うさを抱えることになる」

もちろん専門家はほとんどの状況で正しい判断を下す。しかし彼らが誤ったとき、それは破滅的結果を引き起こすことがある。見過ごされてきた「専門家が失敗する可能性」をしっかり自覚することは、こうした過ちを避けるのに不可欠だ。

これから見ていくとおり、FBIの捜査員の判断を曇らせ、メイフィールドの逮捕につながるいくつもの過ちを招いたのは、こうした弱点であった。航空業界でパイロットや民間人から不要な死者を出し、金融界で2008年の世界金融危機を招いた原因も、同じである。

具体的な研究成果を見ていく前に、確認しておくべき基本的前提がいくつかある。専門家が誤る原因の1つは、自信過剰である。自分が失敗するはずがないと考え、無理をするのかもしれない。前章で見た、「認知の死角」と重なるところがある。

しかしごく最近まで、科学的研究の多くはその逆を示唆していた。自信過剰になるのは、能力の低い人だ、と。ミシガン大学のデビッド・ダニングと、ニューヨーク大学のジャスティン・クルーガーが行った有名な研究を見てみよう。2人の研究のきっかけとなったのは、1995年にピッツバーグで2つの銀行の強盗を試みた、マッカーサー・ウィーラーの不運なケースだ。ウィーラーは白昼堂々、犯罪を犯し、数時間後には警察に逮捕された。逮捕されたウィーラーは、心底驚いたようだった。「果汁をかぶったのに！」と主張したという。どうやらレモン果汁（見えないインクの材料）で体をコーティングすれば、監視カメラに映らないと思い込んでいたようだ。[*6]

このエピソードからダニングとクルーガーは、無知と自信過剰は切り離せないものなのかという疑問を抱き、一連の実験を企画した。学生たちにまず文法と論理的推論のテストを実施し、それからどれくらいよくできたか、自己評価させたのだ。ほとんどの被験者が自らの能力を見誤っていたが、それが特に顕著だったのが最も成績の悪い層だった。自分がどれだけできないか、まるでわかっていなかった（専門的表現を使うと、彼らの自信はキャリブレーション［較正］が悪い）。ここで重要なのは、測定対象となる能力を訓練すれば、自信過剰を抑えられることも明らかにした点だ。被験者のテストの成績が良くなっただけでなく、知識レベルが向上したことで、自分の知識の限界もわかったのだ。[*7]

1999年にダニングとクルーガーが研究成果を発表して以降、さまざまな文化で同じ結果が何度も確認されてきた。[*8]オーストラリア、ドイツ、ブラジルから韓国まで、世界34カ国で実施されたある調査では、15歳の生徒たちの数学能力を調べた。ここでも最も能力の低い層が、最も自信過剰であるケースが多かった。[*9]

当然メディアは「ダニング＝クルーガー効果」に飛びついた。「負け犬が壮大な妄想を抱き」「無能者が自分をすばらしいと思い込む」原因、ドナルド・トランプ大統領のうぬぼれた発言の原因もここにある、と。[*10]

ただ、ダニング＝クルーガー効果にはプラスの側面もあるはずだ。とびきり無能だが自信満々の人物が権力を握るというのは恐ろしいことだが、少なくとも教育や訓練には、知識を豊かにするだけでなくメタ認知や自己認識を改善するといった、私たちが期待するような効果があると示唆しているのだから。ついでに言えば、バートランド・ラッセルの「愚かさの勝利」というエッセイの内容とも重なる。「問題の根本的原因は、現代社会では愚か者がうぬぼれる一方、知的な者は自己不信に陥っていることだ」

ただ残念ながらこうした発見は、全体像をとらえていない。自覚的能力と現実の能力の不安定な関係をとらえる際に、ダニングらの実験対象は一般的な能力や知識に偏っており、たとえば大学の学位取得に向けたものなど、本格的かつ包括的な教育の影響には目を向けていないからだ。[*11] 実際、高度な教育を受けた人々を調べてみると、専門家の頭脳について不安を抱かせるような現実が浮かび上がってくる。

2010年のある実験では、数学者、歴史家、スポーツ選手に対し、それぞれの専門分野の重要な人物の名前を知っているか否かを尋ねた。たとえばヨハネス・デフルートやブノア・セロンは有名な数学者なのかという質問に対し、「イエス」「ノー」「わからない」のいずれかを選ばなければならない。専門家なら専門分野について聞かれたら、当然正しい人物を答えられると思うだろう（たとえばヨハネス・デフルートは実在の数学者だ）。だが実際には、でっちあげられた人物（数学者の場合はブノア・セロン）についても「イエス（知っている）」と答える割合が高かった。[*12] 自分の専門能力にかかわる質問については、「わからない」として無知を認めるより、リスクを取って知識の豊富さを「過度に主張すること」を選んだわけだ。

一方、イェール大学のマシュー・フィッシャーは2016年の研究で、大学院生に学部時代の専攻について尋ねた。それぞれの学問分野の中核的テーマについて知識を測るため、まず自分が専門分野の基本原則についてどれだけ理解していると思うか尋ねた。たとえば物理学を専攻した学生には、熱力学の法則の理解度を、生物学専攻の学生にはクエン酸回路の理解度を自己評価させた。

続いてフィッシャーは、被験者が予想もしていなかったサプライズ問題を与えた。知っていると答えた基本原則について、詳細な説明文を書いてほしい、と言ったのだ。多くの学生が「よく理解している」と主張した基本原則について、一貫性のある説明を書くのに苦労していた。重要なのは、こうした傾向が見られたのは、それぞれの学部時代の専攻についてだけだったことだ。専門分野以外の質問、あるいは一般的なありふれた問題について聞かれたときには、当初の自己評価はより現実に即したものになっていた。[*13]

1つ考えられる理由としては、被験者は大学卒業以来、どれほど多くを忘れてしまったかを自覚していなかったということだ（フィッシャーはこの現象を「メタ健忘」と呼ぶ）。「多くの人が、ピーク時の知識レベルを現在の理解度と混同する」と私に解説した。これは教育システムに重大な問題があることを示唆している。「皮肉な見方をすれば、この結果は大学が学生たちに定着するような知識を教えていないということになる。実際にはわかっていないのに、わかっているという感覚だけを与えていることになる。それは非生産的に思える」

専門知識があるという錯覚は、視野を狭める可能性もある。シカゴのロヨラ大学のビクター・オッタティは、あらかじめ被験者に自分には知識があると思わせておくと、異なる意見を求めたり、耳を傾けたりする姿勢が薄れることを示した。[†] オッタティは専門性に関する社会規範を考えると、こうした傾向にも納得がいく、と指摘する。専門家には自らの意見に固執するだけの信用に足る実績がある、と周囲は考える。オッタティはこれを「獲得されたドグマチズム」と呼ぶ。[*14]

もちろん、自らの見解を支える正当な根拠がある専門家も多いのだろう。しかしフィッシャーの研究が示すように、自らの知識を過大評価し、他人の意見を求めたり受け入

† 日本語には、初心者の好奇心や新たなアイデアに開かれた姿勢を表す「初心」という言葉がある。禅僧の鈴木俊隆が1970年代にこう語っている。「初心者の心には可能性があります。しかし、専門家といわれる人の心にはそれはほとんどありません」

れたりすることを頑なに拒否するようになると、自らの能力では対処できない事態に陥ることも少なくない。

政治家のなかに自らの意見に固執し、知識を更新したり妥協点を見いだすことができなくなる人がいるのは、このためだとオッタティは考え、こうした心理状況を「近視眼的な自信過剰」と呼ぶ。

「獲得されたドグマチズム」は、キャリー・マリスのような「ノーベル症」科学者によるおかしな主張の原因かもしれない。ノーベル賞を受賞したインド系アメリカ人の天体物理学者、スブラマニアン・チャンドラセカールは、周囲にはそのような傾向のある人が多い、と語る。「こういう人たちは、すばらしいひらめきがあり、重要な発見もした。だがそのうちに、目覚ましい成功を収めたのは自分独自の視点であり、自分の視点は正しいと思い込むようになる。しかし、そんなことは科学的にありえない。自然を支配する法則はどれほど強力な頭脳をも超越することを、自然は繰り返し証明してきた[*15]」

自信過剰と「獲得されたドグマチズム」は、専門家の弱点のほんの一端に過ぎない。FBIの過ちを理解するためには、神経科学の世界に足を踏み入れ、徹底的訓練を積むことで脳の認知が（良きにつけ悪しきにつけ）本質的に変化することを見ていこう。

物語は、認知心理学のパイオニアと言われるオランダの心理学者、アドリアン・デフルートから始まる。第2次世界大戦中に社会に出ることとなったデフルートだが、幼少期から大学に至るまでは天才ぶりを遺憾なく発揮してきた。その才能は音楽、数学、心理学と多岐にわたったが、戦争直前の緊迫した政治状況の下では、大学卒業後に学者の道に進むことは難しかった。このためデフルートはまず高校教師として生計を立て、その後は鉄道会社でお抱え心理学者として働いた。[*16]

しかしデフルートが本当に情熱を傾けていたのはチェスだった。かなり才能もあり、オランダ代表としてブエノスアイレスで開かれた国際トーナメントにも出場している。[*17]そこで他の選手に戦略をインタビューし、傑出したパフォーマンスの秘密を明らかにしようと考えた。[*18]選手たちにはサンプルとなるチェス盤を見せ、次の一手を打つ前に、頭のなかでどのように戦略を考えるか言葉で説明してもらった。

当初デフルートは、選手たちの才能は圧倒的な暗算能力に支えられているのではないか、と考えていた。単にさまざまな選択肢を比較し、その結果をシミュレートする能力が優れているだけなのではないか、と。しかし、どうやらそうではなさそうだった。チェスの一流選手は多数のポジションをシミュレートする様子は報告せず、わずか数秒で打つ手を決めることも多かった。異なる戦略を比較検討できるような時間ではない。

その後の実験によって、チェスプレーヤーの直感的判断は驚くべき記憶力の産物であることが明らかになった。それは「チャンキング」と呼ばれるプロセスによって可能になる。一流プレーヤーはゲームを個々の駒レベルで見るのではなく、チェス盤上をもう少し大きなユニット、あるいは「複合体」として見る。単語が集まって文章になるように、こうした複合体が組み合わさってテンプレート、心理学用語で言うところの「スキーマ」を構成する。このスキーマの1つひとつが、それぞれ異なる状況や戦略を表す。スキーマによってチェス盤は「意味のあるもの」になる。チェスのグランドマスターが同時に複数のゲームを、目隠しをしてでもできるのは、このためだと考えられている。スキーマを使うことで、プレーヤーの脳の仕事量は大幅に減る。1つひとつの手をゼロから考えるのではなく、専門家は頭のなかに蓄えた膨大なスキーマのライブラリを検索し、目の前の盤面に最適な一手を導き出す。

デフルートは、時間の経過とともにスキーマは「プレーヤーに染み込んでいく」と指摘する。ぱっと盤を見ただけで、正解が自動的に頭に浮かんでくるという意味だ。これで専門家の直感というと私たちがイメージする、すばらしい才能のひらめきの理由がうまく説明できる。体に染み込んだ自動的な行動は、脳の作業記憶の容量も解放する。専門家が困難な状況にも対処できるのはこのためかもしれない。「そうでなければ、酒に酔っているときでも最高のゲームをやってのけるチェスプレーヤーがいる理由を説明できない」とデフルートはのちに書いている。[*19]

デフルートはこの発見によってアムステルダム大学から博士号を得て、高校や鉄道会社の退屈な仕事から解放されることになった。この研究にヒントを得て、その後多くの分野で数えきれないほどの研究が行われ、ボードゲームの『スクラブル』からポーカーのチャンピオン、さらにはセリーナ・ウィリアムズのようなトップクラスのスポーツ選手、世界一流のコンピュータ・プログラマーの高速コーディングまで、多種多様な才能が解明されていった。[*20]

対象とする技能によって具体的なプロセスは異なるものの、いずれのケースでも専門家は膨大なスキーマのライブラリを活用し、最も重要な情報を引き出したり、共通のパターンやダイナミクスを認識したり、すでに学習したシナリオに基づいて自動的に対応したりしていた。[*21]

専門知識に関するこうした理論は、もっと地味な才能についても理解する手がかりとなる。たとえばロンドンの2万5000本の道路を走り抜ける、タクシー運転手のすばらしいナビゲーション能力だ。彼らは町全体を記憶するのではなく、既知のルートのスキーマを構築しているので、目標を与えられれば、目の前の交通状況に応じてA地点からB地点までの最適ルートが即座に思い浮かぶ。ロンドンの地図全体を思い浮かべ、情報を処理する必要はない。[*22]

強盗までもが同じ神経プロセスを使っている。研究者らは犯罪者をバーチャル・リアリティ・シミュレーションに参加させ、経験豊富な強盗はイギリスの家庭によくあるレイアウトに基づく高度なスキーマを獲得し、家の中の最適ルートと一番高価な財産のありかを直感的に導き出していたことを示した。[*23]ある受刑者は、こう語った。「戦闘行動と同じように、獲物を探して自然と体が動くようになる。ルーチーン作業になるんだ」[*24]

直感に頼るのは専門家にとり、ほとんどの状況ではきわめて効率的な対処法であるのは間違いない。また、それが超人的才能の表れとして称賛されることも多い。

ただ残念ながら、それには大きな代償がつきまとう。

1つは柔軟性だ。専門家は既存の行動スキーマに頼りすぎるあまり、変化に対応するのが難しくなることもある。[*25]たとえばロンドン・タクシーのベテラン運転手の記憶力を調べたところ、20世紀末に急激に再開発が進んだ港湾地区、カナリー・ワーフの変化に対応するのに苦労していた。新しいランドマークを取り込み、頭に刻まれた古いテンプレートを更新することがどうしてもできなかったのだ。[*26]同じようにボードゲームのチャンピオンは新しいルールを覚えるのに苦しみ、会計士は税法改正に適応できずに苦労する。こうした認知的固定化によって、専門家が自らの既存のスキーマを超えて課題に挑む新たな方法を探そうとしなくなると、クリエイティブな問題解決を阻むこともある。そして慣れ親しんだやり方に固執するようになる。

2つめの代償は、細部への目配りかもしれない。専門家の脳が、生の情報を意味のある構成要素というチャンク(塊)にまとめていき、根底にある共通のパターンを認識することに注力していると、細かな要素を見失ってしまう。このような変化は、ベテランの放射線科医の脳をリアルタイムにスキャンしていくなかで明らかになった。放射線科医の脳のうち、高度なパターン認識やシンボルの意味理解にかかわるとされる側頭葉で活発な活動が見られる一方、細部を見ていく領域である視覚野の活動はそれほど活発ではない。[*27] これは無関係な情報を排除し、注意散漫を防ぐ効果がある一方、問題にかかわるすべての要素を体系的に検討しなくなる。これは専門家の頭の中にある「あるべき姿」のイメージにうまく合致しない、重要な要素を見逃す原因となるおそれがある。

さらに重大な問題もある。専門家が入念な分析ではなく、大まかな事実認識に基づいて判断を下すようになると、感情や期待、フレーミングやアンカリングといった認知バイアスの影響を受けやすくなるのだ。[*28] 結論として、訓練を積むなかで専門家のRQはむしろ低下する可能性がある。「専門家のマインドセット(それぞれの期待、希望、機嫌の良し悪しによって決まる）は、情報の見方に影響を与える。専門知識のよりどころである脳のメカニズム（実際の認知アーキテクチャ）は、特にマインドセットの影響を受けやすい」とイティエル・ドロールは語る。

もちろん専門家が自らの直感に流されず、細部を意識した体系的分析に立ち戻ることは可能だ。しかし実際には、危険性にまったく気づいていないことが多い。第2章で見てきた「認知の死角」が存在するためだ。[*29] 専門家のあいだでは無知や経験不足による失敗ではなく、このようなタイプの誤りが増え、結果として彼らの判断の正確性はある時点で頭打ちになる。誤りを免れない直感的な考え方が、自信過剰や「獲得されたドグマチズム」と結びついたときに生まれるのが、インテリジェンス・トラップの最後の類型であり、それはきわめて有害な影響をもたらす。

ＦＢＩのマドリード爆破事件への対応は、こうしたプロセスの最たる例だ。指紋鑑定はきわめて複雑な作業だ。分析は3段階に分かれ、次第に精緻な特徴を分析するようになる。指紋の渦が右回りか左回りか、渦状紋なのか弓状紋なのかといったことに始まり、肌の隆線の細かな特徴（特定の線が2本に分岐するのか、細かく分かれるのか、「目」と呼ばれるループを形成するのか、それとも突然終わるのか、など）まで見ていく。全体として鑑定者は特徴点を10個ほど抽出しようとする。

視線追跡システムを使った研究では、熟練した鑑定者はこのプロセスをほぼ自動的にこなしていくことがわかっている。[*30] デフルートが分析したチェスのグランドマスターたちと同じように、画像をチャンキングしながら、比較するのに最も役に立ちそうな特徴を見つけていくのだ。[*31] この結果、新人は1つひとつの特徴点を体系的に調べていくのに対し、熟練鑑定者は特徴点をぱっと見つける。つまりバイアスの影響を受けやすい、トップダウン型の判断になっているわけだ。

当然と言うべきか、ドロールが調査したところ、熟練鑑定者はこうした自動処理に起因するさまざまな認知的誤りを犯しがちであることがわかった。容疑者が自白したことを知らされていると、一致点を見つけやすくなった。[*32] 殺害された被害者の凄惨な写真など、感情に訴える資料を見せられたときも、同じだった。そうした要素は客観的判断になんの影響も及ぼさないはずだが、鑑定者は指紋の一致を見つけやすくなった。おそらく犯罪者を見つけようという動機づけや意思が高まったためだろう。[*33] 入手されたデータが曖昧で乱雑なときほどこれが問題となる、とドロールは指摘する。マドリードの証拠はまさにそうしたケースだった。指紋はしわくちゃのショッピングバッグに付着しており、こすれていて、当初は判読も難しかった。

FBIはまず保管されている数百万個の指紋をコンピュータ分析にかけ、容疑者の候補を見つけようとした。メイフィールドの名前は20人の候補者の4番目に表示された。この段階では、FBIの分析官はメイフィールドについて、何の予備知識も持っていなかったようだ。メイフィールドの指紋は、青年時代のちょっとした違反で採取されたものだった。だが何とか容疑者を見つけたかったのだろう。ひとたびメイフィールドに目をつけると、その判断が誤っていることを示唆する重大なサインがあったにもかかわらず、次第にそれに肩入れしていった。

鑑定者は2つの指紋に15個ほどの類似点を見つけたが、その一方で重大な相違点を一貫して無視しつづけた。とりわけ衝撃的なのは、遺留指紋の一部（左上部分）が、メイフィールドの人差し指の指紋とはまったく一致していなかったことだ。鑑定者は、この指紋はほかのタイミングでこのバッグを触った別人の指紋の可能性がある、と主張した。あるいはメイフィールド自身の別の指紋が同じ場所に付着したために不鮮明になったのだ、と。いずれにせよFBIの人々は、この不一致部分は無視して、メイフィールドの指紋に似ている部分だけに意識を集中することにした。

しかし不一致部分が本当に別の指のものであるならば、動かしがたい証拠があるはずだ。たとえば2本の指の角度が違っているといったことで、その場合は隆線が重なったり交錯したりしているはずだ。また2本の指がバッグに触れた圧は違っているはずで、2つの指紋には鮮明度の違う箇所があるはずだが、そのような形跡はなかった。

FBIの筋書きが正しいとすれば、2人の人間がまったく同じ強さでバッグを握り、しかもその2人の指紋が驚くほど似通っていることになる。そんなことが実際に起こる確率はごくわずかだ。指紋が単一の指のもので、それはメイフィールドのものではない、という説明のほうがよほど筋が通っている。

これはささやかな問題点どころか、FBIの主張の重大な欠陥だった。のちにアメリカ監察総監室（OIG）が作成した報告書は、この可能性を完全に無視したことには、まったく正当な根拠がないと指摘している。「途方もない偶然が重ならなければ、とてもこのような説明は成立しない」とOIGは結論づけている。[*34] 独立した立場からこの事案を精査した複数の指紋鑑定者は、これほどの相違点があれば、メイフィールドが容疑者である可能性は即座に否定できたはずだと主張している。[*35]

しかもFBIが循環論法に陥ったのは、この部分だけではなかった。OIGの調査によって、FBIは捜査全体を通じて、自分たちの直感と矛盾する興味深い情報はことごとく切り捨てるか無視する一方、メイフィールドが犯人であることを示唆する情報についてはよく吟味せずに受け入れていたことが明らかになった。

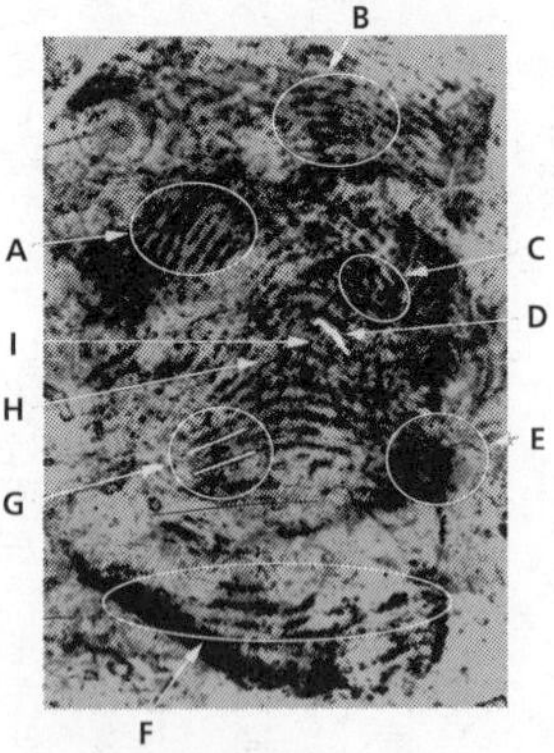

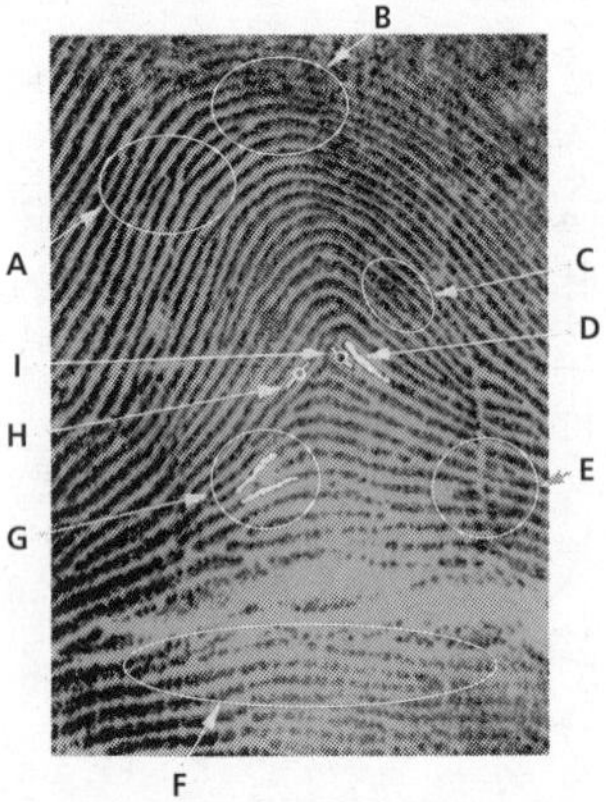

しるしを付けた2枚の写真は、誰でも入手できるOIGの報告書に掲載されているもので、FBIがどれほど多くの誤りを犯したかがわかる。左がマドリードで見つかった指紋、右がメイフィールドの指紋だ。まったくの素人には誤りはわかりにくいが、じっくり比べてみると、片方に顕著な特徴のいくつかがもう一方にはないことがわかる。

OIGは、これは確証バイアスが作用した明確な例だと結論づけている。しかし専門知識がもたらすトップダウン型の情報処理や選択的注意に関する研究成果を踏まえると、FBIの鑑定者の目にはそもそもこうした詳細な情報が入っていなかった可能性がある。自らの期待によって、情報がまさに見えなくなっていたのだ。

真に独立性のある鑑定者であれば、こうした誤りは発見できたはずだ。しかし複数の鑑定者が問題の指紋を比較したにもかかわらず、それぞれ同僚の結論を知っていたために、その影響を受けた（ドロールはこれを「バイアスのカスケード」と呼ぶ[*36]）。これはメイフィールドとその家族をひそかに監視していた捜査官にも広がった。娘のスペイン語の宿題を渡航文書と勘違いして、メイフィールドがテロ攻撃のときにマドリードに行った証拠としたほどだ。

こうした偏見はFBIがメイフィールドの経歴を調べ、イスラム教に改宗したこと、かつてテロ集団「ポートランド・セブン」のメンバーの1人の親権訴訟の代理人を務めていたことを発見すると、ますます強まった。いずれもマドリードの容疑とは何の関係もない事実だった[*37]。

FBIはあまりにも自信満々だったので、スペイン国家警察が提示した追加的証拠も無視した。4月半ばの時点でスペイン側もこの2つの指紋を照合したが、同一人物と認められなかった。しかしFBIは即座にスペイン側の懸念を無視することにした。「FBIはあらゆることを正当化したが、私にはまったく理解できなかった」と、スペイン国家警察の指紋鑑定責任者のペドロ・ルイス・メリダ・リエドはメイフィールドが釈放された直後にニューヨーク・タイムズ紙に語っている[*38]。

ＦＢＩの内部メールの記録からも、スペインとの見解の不一致に捜査官らがまったく動じていなかったことが確認できる。「今朝、研究所と話をしたが、彼らは指紋は一致していると100％自信を持っている。疑いの余地なし!!」とある捜査官は書いている。「呼ばれれば、どの裁判所ででも証言するだろう」[*39]

スペインの警察がメイフィールドの無実を証明する独自の証拠を見つけていなかったら、このＦＢＩの100％の確信によってメイフィールドはグアンタナモ収容所、あるいは処刑台に送られていてもおかしくはなかった。最初の爆破事件が発生した数週間後、スペインの警察はマドリード郊外の一軒家を強制捜査していた。容疑者らは逮捕される前に自爆死することを選んだが、警察はオーネーン・ダウドの名を記した文書を発見した。アルジェリア国民のダウドの指紋は、スペインに入国する際に記録されていた。メイフィールドは釈放され、それから1週間も経たずに、マドリード爆破事件に関するあらゆる容疑は完全に晴れた。メイフィールドは不当逮捕を訴え、最終的に200万ドルの賠償金を受け取った。

ここから得られるのは心理学的教訓だけではない。社会的教訓もある。メイフィールドの事件は、専門家が過剰な自信を持ち、その能力を私たちが過信すると、彼らの偏見が強化され、最悪の結果を引き起こす可能性をはっきりと示している。そうでなければ、メイフィールドがアメリカ国外に出た証拠さえないなかで、ＦＢＩ内部から法廷へと過ちの連鎖がこれほど急速にエスカレートするはずがない。

こうした知識があると、通常ならばきわめて有効な安全手続きが、ときとして専門家の過ちから私たちを守れなくなる理由がわかってくる。

たとえば航空業界を考えてみよう。一般的に地球上で最も信頼性の高い業界の１つに数えられ、空港もパイロットも一瞬の判断ミスを防ぐためのさまざまなセーフティネットを取り入れている。重要な手順を思い出すためのチェックリストは、今ではさまざまな業界で使われているが、そもそもは離陸と着陸の安全を高めるためにコックピットで使われたのが最初だった。

だがこうした安全策は、高度な専門知識に起因する盲点を考慮していない。経験を積むほど、安全手順はパイロットにとって何も考えずにこなせる定型化された手続きとなり、意識から滑り落ちてしまう。19件の重大事故の調査によると、こうしてパイロットは「気づかないうちに、じわじわと保守的ではない判断に傾いていき」、本来であればパイロットの知識によって防げるはずのミスで死者が出ていた。[*40]

それを顕著に示すのは、２００７年８月25日の午前６時、ケンタッキー州のレキシントンにあるブルーグラス空港で起きた事件だ。コムエア5191便は、午前6時に22番滑走路から離陸することになっていたが、パイロットはもっと短い滑走路に向かった。豊富な経験がもたらすバイアスによって、パイロットも副操縦士も、自分たちが誤った滑走路にいることを示すさまざまな警告サインを見落としてしまった。飛行機は境界フェンスに激突し、土手で跳ね返って木に激突し、炎上した。この事故で乗客47人とパイロットが命を落とした。[*41]

航空業界における専門知識の逆襲を示す事例は、これだけではない。実験的研究によって、FBIの科学捜査官と同じようにパイロットの専門知識も、その視覚に影響を及ぼすことが明らかになっている。このために、たとえば事前予想に影響されて、嵐のなかで雲の厚みを過小評価したりする。[*42]

インテリジェンス・トラップは、手順を「誰にでも」安全に使えるものにするだけでなく、「専門家でも」安全に使えるものにしておく必要があることを示している。原子力産業は「経験による作業の無意識化」を考慮に入れている数少ない産業の1つだ。検査員が自動操縦モードで作業するのを防ぐため、安全性確認の手順を定期的に入れ替えている発電所もある。航空をはじめ他の産業も、こうした発想を学んだほうがいい。[*43]

専門知識の逆襲、そして無知の強みを理解すると、混乱や不確実性をうまく乗り切れる組織と、風の変化に振り回されるところがある理由もわかるようになる。

ジョージタウン大学のローハン・ウィリアムソンの研究を見てみよう。最近の研究で、金融危機のさなかの銀行の明暗を調べている。ウィリアムソンが関心を持ったのは「社外取締役」の役割だ。経営陣のアドバイザーとして、組織外から招聘される人々である。社外取締役は、組織にある種の自己規制をもたらすとされる。その役割を果たすには一定水準の専門知識が必要で、金融機関の社外取締役には他の金融機関の出身者が就任することも多い。だが必要条件を備え、しかも利益相反のない専門家を見つけることが難しいため、他業界の出身者が就任することもある。彼らは銀行の複雑な取引にかかわるプロセスについて、専門知識を持っていないことになる。

かつて経済開発協力機構（ＯＥＣＤ）をはじめとする機関から、社外取締役に金融に関する専門知識が欠如していたことが、２００８年の世界金融危機の一因であった可能性がある、という指摘があがったことがある。[*44]

しかし、その見立てが逆だったらどうだろう。無知はむしろ強みではないのか。それを確かめるために、ウィリアムソンは１００行の危機前後のデータを調べた。２００６年以前の経営成績はまさに、知識が豊富であるほど判断に役立つという仮説を裏づけるものだった。取締役会に専門家がそろっていると、金融業界の経験のある社外取締役が少ない（あるいはいない）場合より、経営成績がやや良かった。前者は大きなリターンが見込めるリスクの高い戦略を承認する可能性が高かったためだ。

しかし金融市場がクラッシュすると、両者の明暗は逆転した。専門家の少ない銀行ほど、経営成績が良くなったのだ。「専門性の高い」取締役は、自らの下したリスクの高い経営判断に固執し、それを撤回して戦略を修正しようとはしなかった。一方、専門知識の少ない社外取締役はそれほど頑なではなく、偏った意見も持っていなかったため、危機を受けて銀行の損失を抑えるのに貢献した。*45

これは（必ずしも合理的とは思われていない）金融業界の実例ではあるが、その教訓はどんな業界にも等しく当てはまる。状況が厳しくなったとき、そこから脱出する方法を一番よくわかっているのは、チームのなかで最も経験の乏しいメンバーかもしれない。

少なくとも科学捜査の世界では、FBIのブランドン・メイフィールドに対する捜査で起きたような専門家の誤りを防ぐための動きが始まっている。「ブランドン・メイフィールド事件以前は、指紋鑑定者たちは『間違えるのは未熟な鑑定者だけ』だとしていた。だが事件によって、本当に優れた鑑定者が手順どおりに仕事をしても間違いは起こりうる、という議論が沸き起こった」とカリフォルニア大学ロサンゼルス校（UCLA）の法学教授、ジェニファー・ムヌーキンは語る。[*46]

イティエル・ドロールは科学捜査で起こりうる判断ミスを分析し、その影響を緩和する方法を検討する取り組みの最前線にいる。提案する対策の1つが、認知科学に基づくバイアスの議論を含む、より高度な研修だ。あらゆる科学捜査官が、バイアスによって自分の判断が影響を受ける可能性と、その影響を最小限に抑える実践的方法を身につけるためである。「アルコール依存症患者の自助グループのように、問題を認めるのが解決の第一歩だ」とドロールは私に語った。

もう1つ必要なのは、科学捜査官に目の前の直接的証拠以外は一切情報を与えず、「ブラインド」の状態で判断をさせることだ。自らの予測の影響を排除し、証拠をできるだけ客観的に見るためだ。これは捜査官にセカンドオピニオンを求めるときは、特に重要だ。最初の捜査官の判断を事前に知らせてはならない。

証拠そのものは適切な方法で、そして適切な順序で提示しなければならない。それはドロールが「直線的で順次的な開示」と呼ぶプロセスであり、マドリード爆破事件でのように捜査官が循環論法に陥るのを避けるためだ。[*47] たとえば鑑定者には、容疑者の指紋を見せる前に、まず現場に残された遺留指紋にしるしを付けさせる。あらかじめ比較対象とする特徴点を決めさせておくのだ。また鑑定者が証拠について法医学に基づく判断を下す前に、事件に関連する情報は一切知らせてはならない。こうしたシステムは現在、アメリカのFBIをはじめ、さまざまな国の政府機関や警察で使われている。

ドロールのメッセージは当初、研究対象となった専門家には歓迎されなかった。ロンドンの博物館、ウェルカムコレクションで会ったとき、ドロールは私に法医学専門誌に掲載された怒りの手紙を見せてくれた。差出人は指紋協会会長で、自分たちが予測や感情の影響を受ける可能性があると指摘されたこと自体に、多くの指紋鑑定者が激怒していることがうかがえた。「犯行現場の凄惨な写真や思い込みによって指紋照合の判断が狂うような鑑定者は、能力不足か未熟者であるかのどちらかだ」と手紙には書かれていた。

しかし最近は、さまざまな要因によって自分の提案が受け入れられつつある、とドロールは言う。「状況は変わっている。(中略)でもその変化は遅い。いまだに鑑定者と話をすると、『何を言ってるんだ、われわれは客観的だ』と言われることもある」

指紋鑑定者の誤りが本当に無意識のものだったのか、それともそれが意識的に仕組まれたことだったのか、メイフィールドはいまだに疑問を抱いている。だが指紋分析の危うさを浮き彫りにする取り組みには、全面的に賛成だ。「法廷では1つひとつの証拠が、壁をつくるレンガとなる。問題は指紋分析だけで壁が完成するかのように見なされることだ。指紋分析はレンガとしても特別強固ではないし、もちろんそれだけで壁はできない」

メイフィールドは現在も弁護士として働いている。それに加えて活動家としても積極的に動いており、娘のシャリアとともに自分たち家族を襲った試練を『不相当な理由』という本にまとめた。政府による監視が厳格化されるなか、自分たちの自由が侵害されていることについて、アメリカ国民の意識を高めたいと考えているからだ。自らの辛い経験について語るときのメイフィールドは、驚くほど冷静だった。「私はいま、こうしてあなたと話ができる。グアンタナモ収容所に閉じ込められるといったカフカ的状況にも陥っていない。(中略)そういう意味では、司法制度はうまく機能したのだろう。しかしこんな幸運に恵まれない人も多いかもしれない」

ここまで読めば、第2部へ進む準備は万端だ。私たちはターマンの子供たち、アーサー・コナン・ドイル、そしてFBIの科学捜査官のエピソードを通じて、インテリジェンス・トラップの4つの類型を見てきた。

・計画を実行したり、自らの行動から悪影響が生じるのを回避したりするのに不可欠な、「暗黙知」と「反事実的思考」が欠けている。
・「合理性障害」「動機づけられた推論」「認知の死角」を抱え、そのために自らの思考の欠陥に気づかず、いつまでも過ちを正当化する理屈を考えつづける可能性がある。これは入手可能な証拠をすべて検討することなく、自らの信念の周囲に「理屈で固めた小部屋を作る」ことに他ならない。
・「獲得されたドグマチズム」によって、自らの判断に過剰な自信を抱くようになる。それによって自らの限界を認識できなくなり、手に負えない状況に陥る。
・専門知識があるために、凝り固まった考えや無意識の行動をとるようになる。この「専門知識の逆襲」によって大惨事が迫っているという明らかな警告サインが目に入らなくなり、バイアスの影響を受けやすくなる。

ここで再び脳を自動車にたとえてみよう。ここまで見てきた研究は、知能はエンジンであり、教育や専門知識がその燃料となることを裏づけている。基本となる抽象的思考力や専門知識が身につけば、思考という車は走り出す。しかし単にエンジンを増強するだけでは、安全に運転できるとは限らない。反事実的思考や暗黙知がなければ、袋小路

にはまってしまうかもしれない。「動機づけられた推論」、「獲得されたドグマチズム」、思考の固定化に陥れば、同じ場所を堂々めぐりするだけ、あるいは崖から転落するおそれもある。

これで問題ははっきりした。しかし落とし穴をうまくかわしていくためには、もう少し学ぶべきことがある。ここに挙げた弱点の克服を目的に、「根拠に基づく知恵」と呼ばれる、まったく新しい科学がすでに立ち上がっている。第2部では、それをじっくり見ていこう。

第2部

賢いあなたが気をつけるべきこと

第4章

優れた判断力、知的謙虚さ、心の広さ

1787年夏、ペンシルベニア邦議会議事堂。うだるような暑さだったが、大衆の好奇の目を避けるため、窓やドアは閉め切られていた。そんななか、分厚いウールのスーツに身を包んだ各邦の代議員たちは、汗をぬぐいながら激論を戦わせていた。[*1] 会議の目的は、アメリカ合衆国憲法を起草するという、このうえなく重要なものだった。アメリカの植民地がイギリスからの独立を宣言してからわずか11年後、合衆国政府は資金不足に苦しみ、また邦間の対立は深刻で、ほとんど機能不全に陥っていた。合衆国が団結するために、新たな権力構造が切実に求められていることは明白だった。

最も厄介な問題は、連邦議会を構成する国民の代表を、どのように選ぶかだ。国民の一般投票か、それとも各邦の政府が選ぶべきか。規模の大きな邦には議席を多く与えるべきか、それとも規模の大小にかかわらず、すべての邦に一律に議席を与えるべきか。デラウェアのような小規模邦は、バージニアのような大規模邦に支配されることを恐れていた。[*2]

内部の熱気は外部の暑さに負けないほどで、閉め切った議事堂はまさに圧力釜のようだった。夏の終わりには、会議は自然発火しそうな様相だった。緊張を和らげられるかは、地元フィラデルフィアの代議員、ベンジャミン・フランクリンの手腕にかかっていた。

81歳のフランクリンは出席者のなかで最年長で、屈強で潑剌としていた往年の面影はなく、ときには椅子かごで会議場に運ばれてくるほど衰弱していた。自ら独立宣言に署名したフランクリンは、アメリカに対する世界の評価は、この憲法制定会議の成功にかかっていると考えていた。「会議がうまくいかなければ、われわれに自らを統治するだけの知恵がないことを世に示すことになり、国を傷つける」と、当時国外にいたトーマス・ジェファーソンに書き送っている。[*3]

フランクリンは実質的に会議のホスト役を果たし、その日の議論が終わると、議事堂からわずかな距離にあった自宅に代議員らを招き、庭で食事や飲み物をふるまった。そしてお気に入りの桑の木陰で涼みながら、冷静な議論を促した。大切にしていた科学コレクションの品々、たとえば非常に珍しい双頭のヘビを見せ、優柔不断や意見対立を戒めたこともある。

一方、議事堂では黙っていることが多く、議論の方向性に影響を与えるときには、主にあらかじめ用意していたスピーチを使った。まれに介入するときには、妥協を訴えた。6月に会議が白熱したときには、「何枚もの板で大きなテーブルを作る職人は、板の端と端を少しずつ削って、うまく接《は》ぎ合わせるものだ」と語っている。[*4]

こうしてなんとか、憲法制定会議をぶち壊しそうだった各邦の議員数の問題の解決策がまとまった。発案者はコネチカット邦代議員であったロジャー・シャーマンとオリバー・エルスワースで、連邦議会を二院制にして、それぞれ別の投票システムを採用するという内容だった。下院は議員数を人口に応じて振り分け（大規模邦が喜ぶ）、上院は人口規模にかかわらずすべての邦に同じ数の代議員を振り分ける（小規模邦が喜ぶ）。

この「大いなる妥協」に当初代議員たちは否定的だったが、フランクリンがそれを支持したことで流れは変わった。フランクリンは提案に手直しを加えた。下院に税制と支出を決定する権限を持たせ、上院に国家主権と大統領命令にかかわる問題を任せることにしたのだ。そしてようやく投票によって可決された。

9月17日、代議員たちはそれぞれ最終文書に署名をするかどうか、決定することになった。その時点でもまだ法案が必ず可決されるかはわからない状況で、審議の締めくくりにフランクリンは熱弁をふるった。

「実はこの憲法のなかには、現時点で私自身が納得していない部分が複数ある。しかし今後も納得することはありえないとは言い切れない。長く生きていると、重要な問題について一度は正しいと思った意見でも、後からより良い情報が得られたり、あるいはじっくり検討した結果、間違っていたことがわかり、意見を変えざるを得なかったことが幾度もあった。このため齢を重ねるほど、自分自身の判断を疑うようになり、また他の人々の判断を尊重するようになった」[*5]

ここに集う優秀で多様な人々が、それぞれの先入観や情熱を持っているのは当然である、としつつ、それでも自分の判断は誤っているかもしれないと考えてほしいとフランクリンは訴えた。「まだ法案に異論のある出席者の1人ひとりが、この機会に私とともに自らの正しさをわずかでも疑い、われわれの合意を示すためにこの文書に署名してくださることを祈念する」

代議員たちはフランクリンのアドバイスを受け入れ、1人ずつ署名した。その数は過半数を超えた。安堵したフランクリンは、水平線に浮かぶ太陽が彫られたジョージ・ワシントンの椅子に目をやった。それがどちらの方向に向かっているのか、フランクリンはずっと考えつづけてきた。「ようやくこれが沈む日ではなく、昇る日であることがわかり、喜んでいる」

フランクリンの穏やかで冷静な思考は、優れた知能や専門知識を持つ人々が陥りやすい、偏った近視眼的思考とは対照的だ。評伝作家のウォルター・アイザックソンによると、フランクリンは「独善を感じさせるものを忌み嫌った」という。フランクリンはこの柔軟な姿勢に加えて、現実的な良識、鋭敏なソーシャルスキル、優れた感情のコントロールを持ち合わせていた。「情熱に振り回されるのを嫌う、地に足のついた性格であった」[*6]

あらゆる問題について、常に優れた見識を持ち合わせていたわけではない。たとえば奴隷制度に関する初期の見解は、弁解の余地のないものだった（ただ、のちにペンシルベニア邦奴隷制度廃止協会の会長に就任している）。それでも全体としてみると、特に晩年には、非常に困難な状況を驚くべき賢明さで乗り切っている。

こうしたマインドセットは、独立戦争の渦中にフランスとの同盟をまとめ、その後イギリスとの和平条約を結ぶなど、「アメリカの外交官として史上最も重要かつ成功した人物」と言われるほどの活躍をする原動力となった。[*7]そして合衆国憲法の署名に際しては、代議員たちがきわめて複雑で、とても解決できそうにない政治対立を乗り越え、結論へ到達するのを後押しした。

幸い、心理学者は「根拠に基づく知恵」と呼ばれる新たな科学において、このようなマインドセットの研究に取り組みはじめている。論理的思考に関する従来の狭い理解とは対照的に、この研究は本書がここまで見てきたさまざまな問題を説明する統一理論を提示している。同時に、賢明な思考力を伸ばし、インテリジェンス・トラップを回避するための現実的手法も提唱している。

これから見ていくように、この手法はきわめて個人的な意思決定から重要な国際問題まで、あらゆることをより明確に考えるのに役立つ。世界の「超予測者」と呼ばれる人々の優れた予測力も、同じ手法に支えられている。

まず、いくつか定義を見ていこう。「知恵」は秘伝的あるいは宗教的概念として使われることもあるが、この科学的研究ではアリストテレスの実践知など哲学に由来する、世俗的概念として知恵という言葉を使っている。哲学者のバレリー・タイベリアスによると、知恵とは「人生において何が善かを理解し、考え、また人生を通じてそれを追求するための最良の方法を選ぶのに役立つ技能、気質、方針」である（これは偶然にも、フランクリンによる知恵の定義とほぼ同じだった）[*8]。こうした技能や特性には必然的に、第1章で見てきた「暗黙知」、さまざまなソーシャルスキルや感情的スキル、そして合理性に関する最新の研究がすべて含まれる。「賢くありたければ、私たちにはバイアスがあること、さらにはそうしたバイアスを回避するためにどのような方針を持つべきかを理解することが重要である」とタイベリアスは語っている。[*9]

とはいえ科学者が知恵そのものの研究に本格的に取り組みはじめたのは、比較的最近のことだ。[*10] 実証的な研究方法が登場したのは1970年代だ。たとえば日常生活で知恵を経験する様子を調べた民族誌学的研究や、知恵とかかわりのある思考力（さまざまな利益を調整する能力など）は年齢とともにどのように変わるかを調べたアンケート調査である。予想どおりと言うべきか、賢明な思考力は年齢とともに高まっていた。

ロバート・スタンバーグ（第1章で見た実務的および創造的知能の科学的定義を構築した人物）はこの初期の研究を熱心に推進し、その信頼性を高めるのに貢献した。スタンバーグが独自の大学入試テストの問題を考える際にも、この研究がヒントになった。[*11]

2008年の世界金融危機以降、科学的に明確に定義された知恵の測定方法への関心は高まる一方だ。「社会を犠牲にする『ずる賢さ』に対する、ある種の社会的反発がある」と説明するのは、シカゴ大学の神経科学者、ハワード・ナスバウムだ。それが論理的思考という概念を、従来の知能の定義からいかに広げていけるか、多くの人が考えるきっかけとなっている。こうした関心の高まりを受けて、このテーマに正面から取り組むための研究機関が設立されている。たとえば2016年に開設されたシカゴ大学の実践知センターで、そのトップにはナスバウムが就任している。知恵の研究はすでにある種の分水嶺に達したようで、最近は興味深い研究結果が次々と生まれている。

カナダのウォータールー大学の心理学者で、ウクライナ生まれのイゴール・グロスマンは、この新たなムーブメントの最先端にいる。ランダム化比較試験（RCT）などにより、医学をはじめ他の科学では当然期待されるレベルの実証的データを提示するのが目的だと言う。トロントのアパートでインタビューに応じた際には「『これをやれば、あなたの問題はすべて解決しますよ』と人々を納得させるためには、まずそうした基礎研究が必要だ」と語った。「根拠に基づく医療」と同じように、この学問分野を「根拠に基づく知恵」と呼ぶのはこのためだ。

グロスマンが最初に取り組んだのは、優れた論理的思考力を測る試験を作成し、それが一般的知能、教育、職業上の専門知識とは関係なく、人生に影響を与えることを立証することだ。まず知恵の哲学的定義をいくつも分析し、思考の6原則を抽出した。「6つは『メタ認知の構成要素』と呼ぶべきものだ。知識や認知プロセスのさまざまな側面に相当し、与えられた状況をより深く詳細に理解するのに役立つ」と説明する。

6原則には本書で見てきた論理的思考の要素がいくつも含まれている。たとえば「対立している状況で他者の視点も考える」。これは自分の当初の意見とは矛盾する情報を積極的に求め、受け入れる能力のことだ。「対立がどのように進展する可能性があるか理解する」は、発生しうるシナリオをいくつも想像することで、スタンバーグが創造的知能の評価基準として研究した反事実的思考を指す。

ただグロスマンの評価基準には、私たちがまだ検討していない思考の要素も含まれている。たとえば「変化の可能性に気づく」「妥協の可能性を探る」「問題解決の方法を予測する」といった能力だ。

そしてもう1つ重要なのが、グロスマンは知的謙虚さを評価基準に含めていることだ。自らの知識の限界と、判断の不確実性への認識である。要するに、自らの「認知の死角」をのぞきこむ能力だ。2000年以上前にソクラテスが拠りどころとし、フランクリンがアメリカ合衆国憲法への署名を訴えるスピーチの中心テーマとした理念である。

優れた思考力の特徴を明らかにしたうえで、グロスマンは被験者にさまざまなジレンマを提示し、声に出しながら考えてもらった。題材は国際紛争に関する新聞記事から、「アビーおばさんへ」という有名な人生相談コラムまで多岐にわたり、研究チームは被験者の語る内容を聞きながら、さまざまな属性について採点した。

テストがどのようなものだったか、サンプルをお見せしよう。

アビーおばさんへ

私の夫「ラルフ」には、「ドーン」という妹と「カート」という弟がいます。両親は6年前、数カ月と置かず相次いで亡くなりました。それ以来ドーンは、年に一度は「両親のために墓石を買おう」と言っていました。私もそれには異存はありませんでしたが、ドーンはかなりの大金を使おうとしており、兄弟にもお金を出してほしいと思っていました。ドーンは最近、墓石のために2000ドル貯めた、と言ってきました。

先日ドーンが電話をしてきて、自分でデザインを選び、墓碑銘を考え、墓石を注文してきた、と言うのです。義弟と夫には「それぞれの分」を支払ってほしい、と。自分が勝手に墓石を注文したのは、両親の墓に石がないことをずっと気に病んでいたからだ、と言います。

ドーンが勝手にやったことなので、兄弟は何も払わなくてよいはずだ、と私は思います。でも義弟と夫がお金を払わなければ、いつまでもドーンに言われると思いますし、私も文句を言われると思うのです。

知的謙虚さのスコアが低かった被験者の回答は、次のようなものだ。

> 男性陣はおそらく自分の分を払うと思う。そうしないと、ドーンがぐずぐず言うと思うので。きっとみんな辛い思いをすると思うけれど、きっと男性陣が折れて、お金を払うと思う。[*12]

次の回答は、投書に欠けている重要な情報に触れており、知的謙虚さがより高いと評価された。

> おそらくドーンは早くこれをやりたいと思っていたのに、他の兄弟が6年間ぐずぐずしていた、あるいは少なくとも何もしなかったのだろう。最終的にドーンがいくら払ってほしいのか、ここからはわからない。（中略）事のいきさつは私にはわからないが、払うのが合理的に思える。最終的には当事者の性格によると思うが、それは私にはわからない。

同じように他者の立場を理解するという観点から言うと、評価の低かった回答は、状況を1つの立場からしか見ていない。

――その後、兄弟姉妹の関係は悪化しただろう。義弟と夫はきっとこのまま墓石のお金を払わないことにしたのだろうから。そうするとドーンと相談者や兄弟のあいだのコミュニケーションにはずれが生じてしまうだろう。

賢明な回答者は、登場人物の考えを、もう少し深く検討しようとしている。

――こんなふうに親を大切にしなければいけないと思う人もいるだろうし、何もする必要はないと思う人もいるだろう。何かしようにも、金銭的余裕がないケースもある。兄弟たちにとっては重要なことではないのかもしれない。重要な事柄について、人によって意見が違うのはよくあることだ。

知的謙虚さのスコアが高い人は、対立を解決する方法についても、より多くの可能性を考えることができる。

おそらく何らかの妥協点が見いだされるのではないか。たとえば義弟と夫も墓石は大切だと気づき、自分たちの意志を確認せずにドーンが勝手に墓石を注文したとはいえ、お金を出すことにするかもしれない。その金額はドーンの望むほどではないかもしれないが、いくばくかのお金は出すのではないか。

ここからわかるように、回答は非常にざっくばらんなもので、思考の原則について高度な知識など求められてはいない。ただ賢明だと判断された被験者は、問題の細かい点まで検討しようとする姿勢が見られる。

研究チームが被験者の思考を採点した後、グロスマンはその結果を幸福度に関するさまざまな指標と比較した。最初に発表されたのは、2013年に学術誌、ジャーナル・オブ・エクスペリメンタル・サイコロジーに掲載された結果で、賢明な思考ができると評価された被験者は、人生のほぼすべての面において成功していることがわかった。人生への満足度は高く、鬱に苦しむ割合は低く、身近な人間関係も良好だった。

衝撃的なのは、調査の5年後生存率もわずかながら高かったことだ。賢明な思考によって、さまざまな活動の健康リスクをうまく評価できたから、あるいはストレスにうまく対処できたからかもしれない（ただグロスマンはこの点についてはさらなる調査が必要だと強調している)。

ここで非常に重要なのは、被験者の知能は賢明な思考力のスコアとほとんど関係がなく、また健康や幸福の指標とも関係がなかったことだ。[*13]「無知の知」というのは耳慣れた言葉ではあるが、知的謙虚さや他者の立場を理解する能力といった資質のほうが知能よりも幸福度を測るのに有効であるというのには、やはり驚かされる。

この発見は、知能、合理的判断、人生の成果に関する最近のさまざまな研究とも一致する。たとえばすでに見たとおり、ウェンディ・ブルーン・ドブルーンの研究でも、「判断力」の評価結果のほうがIQよりも、破産や離婚といった人生における困難な事態の発生を予測するのに有効であることが示されている。[*14]グロスマンは「知能と賢明な思考力との相関はごくわずかだ。知能で説明できる差異はせいぜい5%以下、決してそれ以上ではない」と語る。

驚くべきことに、グロスマンの研究結果はキース・スタノビッチの合理性の研究とも一致する。たとえばスタノビッチのサブテストの1つに「積極的なオープンマインド思考」と呼ばれる属性を測るものがある。これは知的謙虚さの概念と重なり、さらに自分とは異なる視点を考慮する能力とも関係する。たとえばあなたは「意見は新たな情報や証拠が得られるたびに見直すべきだ」という文に、どの程度同意するだろうか。あるいは「とるべき行動を決める前に、できるだけ多くの証拠を集めたい」ならどうか。グロスマンの研究ではこうした問いへの回答は、合理性を予測するうえで一般的知能よりもはるかに有効であることがわかっている。公平な判断をする能力は、知恵の主要な構成要素であることを考えれば、腑に落ちる結果だ。[*15]

こうした原則の実行には複雑な思考プロセスが含まれ、それなりの知能が必要であることは、グロスマンも認める。「重大な学習障害を抱える人には、こうした知恵の原則を活用することはできないだろう」。しかし一定の水準を超えれば、知的謙虚さや心の広さといった他の要素のほうが、人生にかかわる重要な意思決定でより重要な役割を果たす。

グロスマンの研究成果は学界で高く評価されており、アメリカ心理学会の「ライジングスター・アワード（新人賞）」なども受賞している。[*16]その後の研究もこうした初期の業績に基づいており、同じように興味深い結果が出ている。たとえばヘンリ・カルロ・サントスと共同で、長期間にわたって実施された健康と幸福に関する複数の意識調査のデータを調べている。幸い、そこには知的謙虚さや心の広さなど、グロスマンの知恵の定義において重要な資質に関する質問も含まれていた。予想どおり、意識調査の開始時点でこうした資質に関して高いスコアを得ていた人は、その後の調査で高い幸福感を報告していた。[*17]

多数の被験者にテストを実施する方法も考案した。ある研究では参加者に、9日間にわたってオンライン日記を書いてもらった。そこにはそのとき直面していた問題や、それに対してどのような考えを持っているかを問う質問も含まれていた。一貫して他者より高いスコアを得る人がいたものの、その行動はそのときどきの状況に大きく左右されることがわかった。要するに、どれほど賢明な人でも、厳しい状況に置かれると愚かな行動をとる可能性がある、ということだ。[*18]

このような状況に応じた変化は、外向性のような性格的特徴についても観察される、とグロスマンは指摘する。個人の行動は既定値から変化するのだ。たとえばやや内向的な人は、職場では1人で仕事をすることを好むが、信頼する仲間に囲まれているときには社交的になることもある。同じように、挑戦的な態度をとる同僚にはそつなく対応できる人でも、元夫や元妻が相手になると冷静さを失う、というケースは珍しくない。問題は、既定値を変えるにはどうすればよいのか、だ。

ベンジャミン・フランクリンの著作には、知恵が習得できるものであることを示すエピソードがある。自伝によると、若い頃のフランクリンは論争好きな性質だった。それが変わったきっかけは、ソクラテスの裁判の物語を読んだことだった。[19] ソクラテスの謙虚な問いかけの姿勢に感銘を受け、常に自らの判断に疑問を抱き、他者の意見を尊重すること、そして会話をするときは「確実に、間違いなく、といった断定的印象を与える言葉」を使わないことを決意したのだ。やがてそれは習慣となり、「過去50年にわたり、私の口から独善的言葉を聞いたことのある者は1人もいない」と書くまでになった。

ここから生まれる謙虚さや心の広さがきわめて重要であることは、グロスマンの「根拠に基づく知恵」の研究でも明らかになっている。「自らの無知を率直に認めることは、問題を解決する最も簡単な方法であるだけでなく、情報を入手する最善の方法である。だからこそ私はそれを実践するのだ」。フランクリンは1755年、科学の研究で不可解な結果が出たとき、こう書いている。「周囲に自分は何でも知っていると思わせ、何でも説明しようとする者は、そんなに傲慢でなければ周囲に教えてもらえたはずのさまざまなことを、ずっと知らないままでいる」[20]

残念ながら、意欲があるだけでは不十分であることが科学的研究でわかっている。1970年代末にチャールズ・ロードが行った心理学の古典的研究では、「できるだけ客観的かつ公平に判断するように」と伝えるだけでは、マイサイド・バイアスを克服するのにまったく効果がなかった。たとえば死刑に関する議論では、ロードのアドバイスにもかかわらず、被験者は自分の意見に対立する根拠を無視して、もとの意見に合致した結論を選ぶ傾向があった。[*21] 公平かつ客観的でありたい、と望むだけでは足りないことははっきりしている。偏狭な思考を正すには、実践的方法も必要なのだ。

幸い、フランクリンはそうした方法もいくつか考案している。心理学者がその意義に気づいたのは、数世紀経ってからだ。

フランクリンの方法が最もわかりやすく書かれているのは、1772年にジョゼフ・プリーストリーに送った手紙である。イギリスの牧師で科学者でもあったプリーストリーは、貴族のシェルバーン卿から子女の教育を頼まれていた。この魅力的なオファーを受ければ、プリーストリーが切実に必要としていた経済的安定は得られるが、「最も崇高な職業」と思っている聖職者の仕事を犠牲にしなければならない。そこでフランクリンに助言を求めたわけだ。

「あなたにとってこれほど重要な問題に対して、私には前提となる知識が不十分なので、どのような決断をすべきか、お勧めすることはできない。ただ、お望みならばどのように決断すべきかはお伝えしよう」とフランクリンは答えている。自らの方法をある種の「精神的代数」と表現しており、紙を二分して、片側にメリット、反対側にデメリットを書くよう指南している。それから1つひとつの書き込みを吟味し、重要度に応じて数字を振っていく。あるメリットとデメリットが同じ重要度なら、両方をリストから削除する。「この方法によって、最終的に両者の差し引きのバランスがわかる。それから1日か2日さらに熟慮し、どちらの側にも特段重要な追加要素がなければ、それに従って決断を下す[*22]」

個々の理由に恣意的に数字を割り振るのは、およそ科学的とは言えない、と認めつつ、「それぞれをこのように個別かつ相対的に検討し、全体を眺めれば、より良い判断を下すことができ、拙速な過ちを防げると考えている」。

ここからわかるとおりフランクリンの方法は、私たちがノートに走り書きするメリットとデメリットの簡単なリストより、はるかに熟慮を要する複雑なものだ。特に重要なのは、個々のアイテムの重要性を慎重に測ろうとすること、そして考えがまとまるまで判断を留保する注意深さである。人には一番簡単に頭に浮かんでくる理由に重きを置こうとする傾向があり、それをフランクリンはよくわかっていたようだ。別の手紙には、一番重要な理由が「留守」にしているすきに、「たまたま頭のなかにあった」事実だけをもとに判断を下す人もいる、と書いている[*23]。この傾向は論理的思考を阻む重大なバイアスの原因であり、だからこそあらゆる論点を目の前に並べてみるまで判断を留保することがとても大切なのだ[*24]。

フランクリンが手紙に書いた精神的代数を実践するかは別として、心理学者は「反対の立場を検討する」時間を意識的に確保すると、さまざまな思考の過ちを抑えられることを発見している。[*25] そこにはアンカリング[*26]や自信過剰[*27]のほか、もちろんマイサイド・バイアスも含まれている。その効果はうさんくさい健康情報を批判的に見る[*28]、死刑に関する意見をまとめる、性差別的偏見を緩和する[*29]といった、幅広い分野の判断に明確に表れている。いずれの状況でも、目的は自分自身と活発に議論し、自分の当初の判断が誤っている可能性を検討することだ。[*30]†

判断の重要度によっては、このプロセスを何度か繰り返してみると良いだろう。毎回、前回は見逃していた新たな情報を求めるよう意識することが大切だ。[*31] また自分の直感に反する証拠をどのように検討しているか、特に意識したい。そうした証拠があることを認めても、即座に否定しようとする意識が働くかもしれないからだ。「反対の立場

† 13世紀の哲学者、トマス・アクィナスも神学的、哲学的探究のなかで同じような方法を使っている。ジェイソン・ベアー（今日、知的謙虚さの重要性を訴えている哲学者で、第8章で詳しく紹介する）は、アクィナスはあらゆるテーマについてあえて自らの当初の仮説に反論を行い、しかも「その反論はできるかぎり説得力のある強固なものにするよう努めた」と指摘する。それから反論に対して同じくらい説得力をもって自らの意見を主張し、最終的な均衡点を見いだした。

について同じように評価し、同じように根拠に基づく結論を導き出しただろうか」と自問してみよう。

たとえばあなたがプリーストリーのように新たな仕事を引き受けるべきか、検討していて、友人の助言を求めたとしよう。その友人が新たな仕事を受けるよう勧めた場合、こう自問しよう。「相手が転職に反対していても、その意見に同じように耳を傾けただろうか」と。[*32]複雑なようだが、ロードの研究ではこのような方法は、自分の意見に合わない材料を否定する傾向を克服するのに、本当に効果があることが示されている。誰かにあなたの判断の根拠をチェックしてもらうところを想像したり、あるいは友人や同僚にそれを伝えたりするのも効果的だ。私たちは他者に自分の考えを説明しなければならないと思うと、より多様な視点を検討することが多くの研究で示されている。[*33]

フランクリンがあらゆる状況で精神的代数を実践していたかはわからない。しかし重大な決断をする際には、意識的なオープンマインド思考の原則が働いていたことがうかがえる。「消防署の設立、道路の舗装、図書館の開設、貧困層のための学校の支援など、公共の利益を実現するさまざまな偉業は、フランクリンが他者の心を読み、説得する技能に長けていたことを示している」と歴史家のロバート・ミドルコーフは書いている。[34]「フランクリンは計算し、測り、重みづけし、評価した。その思考プロセスには、数量化の要素が組み込まれていたようだ。（中略）これがフランクリンの知性が非常に合理的なゆえんである」

しかしこのような思考が、常に尊敬を集めるとは限らない。特に危機的状況では、自らの信念を貫く、決然とした「強い」リーダーが求められることが多い。フランクリンは独立戦争の最中にイギリスと交渉するには「弱腰すぎる」と見なされたこともある。しかしその後は代表団の1人に任命され、イギリスにとって手ごわい交渉相手となった。

オープンマインドなアプローチが、多くの指導者の成功の要因となっていることを示す根拠は他にもある。たとえば1947年から76年までに国連総会で行われた中東問題に関する演説について、異なる立場を検討あるいは統合しているか否か、すなわちグロスマンの知恵の評価基準で重視されていたようなオープンマインド思考を実践しているか、分析した調査がある。その結果、戦争直前の時期にはスコアが下落し、平和な時期が続くとスコアが高まる傾向が一貫して見られた。

後知恵にはあまり意味がない。緊張感が高まった時期に、多くの人が偏狭な思考に陥るのは自然なことだ。[35]しかし研究室での実験では、こうした評価基準のスコアが低い人々は、他者に対して攻撃的になる傾向があることが明らかになっている。さらにジョン・F・ケネディ政権のキューバミサイル危機から、1970年のカンボジア侵攻へのロバート・ニクソンの対応、1973年の第4次中東戦争に至るまで、過去100年のアメリカの最も重大な政治危機を分析すると、それを支持する結果が得られる。

演説の文面、大統領や国務長官の書簡や公式声明の分析からは、オープンマインド思考の水準がその後の交渉の進展を予測するのに有効であることがわかる。キューバミサイル危機に際してのJFK、1950年代に中国と台湾のあいだで発生した、二度にわたる台湾海峡危機に際してのドワイト・アイゼンハワーの対応は、いずれも高いスコアを得ている。[*36] 最近の事例では、ドイツのアンゲラ・メルケル首相は、意思決定の前にあらゆる立場の意見を聞く、「分析の公平さ」で有名だ。ある政府高官はメルケルを「あらゆる状況で彼女以上の分析ができる人は思い浮かばない」と評する。

ドイツ語には、この忍耐強く熟慮する姿勢を表す「メルケルン（メルケルする）」という新しい単語までできたが、常に褒め言葉として使われるわけではない。ときには周囲をいらだたせるような優柔不断を意味することもある。[*37]「私はときに、果てしなく事を長引かせると言われる」とメルケル自身語っている。「しかしさまざまな立場の人を集め、その政治的主張に真摯に耳を傾けることは不可欠であり、きわめて重要だと思っている」。それは重大な経済危機があったにもかかわらず、欧州諸国で最も長きにわたって指導者の座にありつづける一因となり、メルケル自身にも恩恵をもたらしている。
本書では、知能が高い人を歯止めなく暴走する車にたとえたが、それに対してメルケル、アイゼンハワー、フランクリンはいわば忍耐強く慎重なドライバーだ。すばらしいエンジンを備えているが、ブレーキを踏むべきタイミングを心得ており、進むべきルートを決める前に路面の状態を確認する慎重さもある。[*38]

フランクリンの精神的代数は、知恵を育てる数ある方法の1つに過ぎない。グロスマンが紀元前10世紀の伝説的なイスラエル王にちなんで名づけた「ソロモンのパラドクス」という現象からは、さらに多くの示唆が得られる。

聖書の物語によると、ある晩、神がソロモンの夢に現れ、その治世のはじまりに特別な贈り物を与えよう、と言った。ソロモンが選んだのは富や名誉や長寿ではなく、優れた判断をするための知恵だ。まもなくソロモンの知恵が試される場面がやってきた。2人の娼婦がやってきて、1人の赤ん坊をめぐって言い争い、自分こそが赤ん坊の母親だと訴えたのだ。ソロモンは赤ん坊を半分に切断するよう命じた。本物の母親なら、子供が殺されるぐらいなら、訴えを取り下げるとわかっていたからだ。これは公正な判断のお手本と見なされることが多い。まもなくソロモンの助言をあおぐため、世界中から人が集まるようになった。ソロモン王は国土を豊かにし、エルサレムに神殿を築いた。

だが私生活においては、この賢明な判断力をうまく活かすことができず、欲望に振り回されることも多かった。ユダヤ教で最高位の聖職者でありながら、戒律に背き、1000人の妻や妾をはべらせ、途方もない富を築いた。そして冷酷で強欲な独裁者となり、自分のことにかまけて息子を顧みず、帝王学を授けなかった。やがて王国は混乱と戦争に陥った。[*39]

それから3000年後、グロスマンは自らが考案した知恵のテストで、まったく同じ「アシンメトリー（非対称）」を発見した。ソロモンと同じように、他人のジレンマについては賢明に考えられるものの、自分自身の問題については傲慢になったり妥協ができなくなるなど、明晰な思考ができない人が大勢いたのだ。これも「認知の死角」の一形態と言える。[*40] とりわけ脅威を感じたときには、狭量で頑なな「ホット」な感情プロセスが引き起こされ、このような過ちが起こりやすくなる。

幸い、「自己との距離化」と呼ばれるプロセスを実践すると、ソロモンのパラドクスとうまく対処できるようになる。その威力を実感するために、最近あなたが猛烈に怒ったときのことを思い出してほしい。そこから「数歩下がる」。あなた自身を部屋のなかの別の場所から眺めている、あるいは映画スクリーンに映った自分を見ているつもりになって、そのときの状況をあなた自身の言葉で説明してほしい。どんな気分がしただろう。

ミシガン大学のイーサン・クロスは一連の実験を通じて、このシンプルなプロセスによって、被験者が自らの抱える問題をより内省的に見られるようになることを示した。「ホット」ではなく、「クール」な感情プロセスを使えるようになるのだ。たとえば中立的な言葉で状況を描写するようになり、枝葉末節にこだわるのをやめ、自らの不満の根本原因を考えるようになる。[*41]

次の2つの例を見てみよう。1つめは状況に「没入した」一人称的な視点だ。

――「友達に、おまえは地獄に行くから、もう付き合えないと言われ、茫然とした。私は泣き出して寮の廊下に座り込み、私の信仰も彼の信仰と同じだと説得しようとした」

2つめは、自分と距離を置いた視点だ。

――「お互いの意見の相違をよりはっきりと理解できるようになった。（中略）当初は

――自分だけに感情移入していたけれど、友達の気持ちもわかるようになった。不合理なものかもしれないけど、彼の動機も理解できた」

2つめのコメントでは、被験者にとってこの出来事が個人的なものから抽象的なものに変化したのがわかるだろう。そして自らの経験を超えて、対立の本質を理解するようになっている。

これは単なる逃避や抑圧の一形態ではない、とクロスは強調する。「被験者を出来事から遠ざけることが狙いではなく、少し距離を置いて落ち着かせることによって、より健全な状態で感情と向き合えるようにすることだ」と私とのインタビューで語った。「没入型の視点で振り返ると、私たちの意識は自分の身に起きたことに集中する傾向がある。距離を置くことで、意味を理解するモードへと移行し、出来事をより広い視点や文脈でとらえられるようになる」

クロスはその後もさまざまな「自己の距離化」のテクニックを使って、繰り返し同じような実験結果を得てきた。たとえば壁に止まったハエになった気持ちで、あるいは善意の傍観者になったつもりになる。あるいは遠い未来に歳をとって賢くなった自分が、その出来事を振り返るところを想像する、といった具合に。自らの経験を三人称で語ってみるだけでも（「デビッドがナターシャと話していたとき……」）、視点の変化は起こせる。
受け入れがたい感情を処理するために、無意識のうちに自己距離化をする人は多い、とクロスは指摘する。その例に挙げるのが、バスケットボール選手のレブロン・ジェームズが、クリーブランド・キャバリアーズ（ジェームズのキャリアはこのチームとともにあった）を去り、マイアミ・ヒートに移籍するという決断について語ったインタビューだ。「感情的に判断することだけは避けたかった。レブロン・ジェームズにとって最高の判断、レブロン・ジェームズが幸せになる道を選びたかった」。一方、マララ・ユスフザイもタリバンに立ち向かう勇気を高めるために、同じような手法をとっていた。「かつてはタリバンがやってきて殺されたらどうしよう、と思っていた。でもあるとき、自分にこう尋ねてみた。『マララ、そいつが来たら、どうするの？』と。すると私が答えた。『マララ、靴を脱いでひっぱたいてやればいいのよ』と」

このように自ら視点を変えるすべを身につけると、さまざまなメリットがある。たとえば不安や思い悩むことが減る。[*42] ある実験では、自らと距離を置くことで、現代社会の最大の恐怖の1つとされる、人前で話すことへの不安が抑えられることが明らかになった。自己距離化によって自分が壇上に上がってスピーチをするときの心理を分析した被験者は、没入的な一人称の立場をとった対照群と比べて、脅威を感じている心理的兆候が少なく、不安感も低いという結果が出た。スピーチを評価したオブザーバーの目にも効果は明らかで、実験群の被験者のほうが自信にあふれ、説得力のあるスピーチをした。[43]

いずれのケースでも自己距離化は、バイアスを助長するような自分中心の「ホット」な認知プロセスを回避し、怒り、不安、あるいは自我への脅威に振り回されないようにするのに役立った。もちろんグロスマンも、自己距離化はソロモンのパラドクスを解決するのに役立つことを確認している。自己距離化をした被験者は、個人的危機（パートナーの浮気など）について考えるとき、より謙虚に妥協点を見いだし、進んで相手の立場を考えようとした。[44]「オブザーバーの立場になれば、たちまち知りたいという意欲が強まり、状況を理解しようと努めるだろう。自己距離化はたいてい知的謙虚さを伴い、異なる視点を考慮し、融合させようとする姿勢が生まれる」とグロスマンは説明した。

それは私たちの人間関係に多大な影響を及ぼす可能性がある。ノースウェスタン大学のエリ・フィンケル率いる研究チームは、120組の夫婦を2年間にわたって追跡した。夫婦の関係は当初、先行きの明るいものには見えなかった。最初の12カ月で、お互いへの失望や怒りが蓄積されていき、ほとんどの夫婦の関係への満足度は低下した。しかし1年経ったところで、フィンケルは半数の夫婦に自己距離化の短期講座を受けさせた。たとえば冷静なオブザーバーの視点で夫婦の争いを見直すといったことだ。

通常の夫婦関係カウンセリングと比べると、かなりささやかな介入だった。自己距離化の講座は、全体で20分もかからなかった。しかし、それは夫婦の愛の軌跡に大きな変化をもたらした。翌年には互いに建設的に意見を伝え、その相違を乗り越えられるようになり、親密度や信頼感は高まった。一方、対照群では翌年も夫婦の関係は悪化の一途をたどり、互いへの不満も高まっていった。[*45]

これは夫婦関係という個人の本質にかかわるテーマだったが、それほど個人的ではないテーマにおいても距離を置いて眺めてみることは、バイアスを正すのに効果があるようだ。たとえば有権者に、外国の人々の目に来たるべき選挙はどう映るか想像してほしい、と伝えたところ、自分と対立する意見に対して心を開くようになった。実験後も被験者は、超党派の討論会に参加する傾向が強まっており、これは介入の結果、彼らがより対話に前向きになったことを示す客観的証拠と言える。[*46]

研究が進むなかで、グロスマンは状況による効果の違いを慎重に調べるようになった。論理的思考を促すのに効果的な自己距離化の方法を見つけるためだ。特に有効な手法の1つが、問題を12歳の子供に説明するところを想像する、というものだ。そうすると子供を守ろうとする意識が働き、幼い純朴な心に悪影響を与えるようなバイアスを回避しようとするためだとグロスマンは考えている。*47

グロスマンのチームは、この現象を「ソクラテス効果」と名づけた。謙虚なギリシャの哲学者には、強きイスラエル王の自己中心的な感情を正す力がある。

このような原則を実践することによって、判断の質を高められるというのがまだ信じられない人は、マイケル・ストーリーのすばらしい成果を見てほしい。ストーリーは、政府が情報機関の能力向上のために出資した「優れた判断力プロジェクト」でその才能を見いだされた「超予測者」の1人である。

優れた判断力プロジェクトを立ち上げたのは、政治科学者のフィリップ・テトロックだ。それまでにも情報分析を生業《なりわい》とする人々にとって衝撃的な研究成果を発表してきた人物である。テレビニュースや新聞記事にはコメンテーターと呼ばれる人々が登場し、次の選挙で当選するのは誰か、テロ攻撃の危険が迫っているのか、訳知り顔で解説する。また密室では情報分析官が、政府には戦争開始について、NGOには救出活動について、金融機関には新たな大型合併の可能性について、助言をしている。しかしテトロックの研究は、こうした専門家の予測の精度は当てずっぽうと変わらないか、それ以下であることを明らかにした。

その後の研究では、情報分析官の多くは拙速かつ直感的に判断をするため、フレーミングなどの認知バイアスの影響を受けやすいことが確認された。彼らの合理性テストのスコアは、学生よりも低かった。*48

2003年のアメリカが主導したイラク侵攻、そしてサダム・フセインの「大量破壊兵器」の探索が大失敗に終わったことを受けて、アメリカの情報機関はようやく重い腰を上げた。その結果、「情報先端研究開発局（IARPA）」という新たな組織が生まれた。IARPAは2011年から4年がかりの予測トーナメントに資金を出すことにした。研究者は参加者をさまざまなグループに分け、優れた予測方法を検証するのだ。

出題される問題は、たとえば次のようなものだ。「今年の年末までに、北朝鮮は核兵器を爆発させるか」「2012年のオリンピックのメダル獲得数でトップに立つのはどこか」「今後8カ月間で、エボラウイルスの新規感染者が出る国は何カ国あるか」。予測者はこうした事象の発生確率を正確に予測するのに加えて、自分の判断の正しさにどれくらい自信があるかも報告しなければならない。自らの予測に対し、自信過剰であった場合（あるいは自信過小であった場合）には、特に評価は厳しくなる。

テトロックは「優れた判断力プロジェクト」というチームを率いて、トーナメントに参加した。1年後にはチームのトップ2％を「超予測者」と名づけて、彼らを集めたチームを作った。超予測者がチームを組めば、個人のときより予測の精度が高まるか見きわめようとしたのだ。

マイケルはトーナメントに2年目の途中から参加し、すぐにトップレベルの成績を収めた。ドキュメンタリー映画制作などさまざまな仕事を経て、修士号を取得するために大学院に戻ったところだった。そんななか経済学のブログでトーナメントの広告を目にした。自分の予測力を試し、定量化できるというアイデアに、すぐに魅力を感じた。

他の「超予測者」と初めて会ったときのことを、マイケルはいまも覚えている。「僕らには、ちょっとしたおかしな共通点がたくさんあったんだ」と私に語った。誰もが貪欲なまでに好奇心旺盛で、細かい情報や正確さを求め、それは人生における選択にも反映されていた。仲間の1人は映画『E.T.』のラストシーンを引き合いに出し、こう言ったという。「ETが故郷の惑星に戻って、他のETと会ったときのようだった」

超予測者たちの感想は、テトロックのもう少し精緻な調査と一致する。超予測者はいずれも一般的知能は高かったが、「ずば抜けて高いというわけではなく、いわゆる天才の領域には遠く及ばない者がほとんどだ」とテトロックは指摘する。むしろ予測者としての成功は、グロスマンの研究でも重視されたオープンマインド思考や、不確実性を受け入れる姿勢など、他の心理的特性に起因することが明らかになった。「大切なのは、自分がすでに何度も考えを変えたこと、そしてこれからも何度も変える可能性があることを積極的に認める姿勢だ」とマイケルは語る。超予測者は自信の度合いについても、たとえば20％ではなく22％と回答するなど、きわめて精緻だった。これは細部や正確性へのこだわりの強さを表しているのだろう。

テトロックはそれ以前の研究で、こうした傾向に気づいていた。評論家のなかでも最も予測力が低い者が誰よりも自信を持っている一方、予測力の高い評論家の言葉には自らの判断への疑念がにじみ、「しかし」「だが」「とはいえ」「その一方で」といった転換語が多く含まれていた。ベンジャミン・フランクリンが「確実に、間違いなく、といった独善的印象を与える言葉」を避けるよう意識していた、というエピソードはすでに紹介した。それから200年以上を経て、超予測者たちもまさに同じことを言っている。自らの知識の限界を認めたほうが得である、と。

グロスマンの研究を裏づけるように、超予測者たちは外部の視点を求める。目の前の状況の細部に拘泥するのではなく、幅広い資料に目を通し、(一見無関係だが)類似するケースを探す。たとえば「アラブの春」について調べようと思えば、中東の政治だけを見るのではなく、南米で起きた同じような革命がどのような展開をたどったかを調べる。

興味深いことに、マイケル・ストーリーを含めた超予測者の多くが、人生の一時期、海外で生活や仕事をしたことがあった。単なる偶然かもしれないが、他の文化と深くかかわることがオープンマインドな思考を促すことを示す証拠もある。それが一時的に自らの先入観を捨て、新たなモノの見方を採用することを必要とするためかもしれない。[*49]

ただ最も興味深い発見は、こうした能力は訓練によって伸ばせるという事実だろう。定期的にフィードバックを返すことで、トーナメントの期間を通じて多くの参加者の予測の正確性がゆっくりと上昇していった。参加者は具体的指導にも反応した。たとえば認知バイアスに気づくための1時間のオンライン講習は、次の1年間の予測の精度を10%近く改善する効果があった。

多くの場合、バイアスを避ける最も簡単な方法は「基準値」からスタートすることだ。たとえば独裁者が権力の座から転落するまでの平均時間を調べ、そこから予測を調整する、というやり方だ。もう1つの簡単な方法として、それぞれの状況について最悪のシナリオと最善のシナリオを分析し、予測の幅を見きわめるというものもある。

全体として超予測者は、賢明な判断には標準的な認知力テストで測定されるものに加えて、さまざまな思考スタイルが必要であることを示す、完璧な例と言える。テトロックは著書『超予測力』にこう書いている。「パズルが大の得意という人は予測のためのすばらしい資質を持っているかもしれないが、自分の信念にかかわる根本的問題を問い直すのに消極的であれば、知能では劣っていても自己批判的思考が得意な人にかなわないだろう」[*50]

グロスマンはさまざまな研究の類似点をようやく理解しはじめたところだという。「こうした理論には重なり合う部分がかなりあるように思う」と私に語った。

マイケルは現在、優れた判断力プロジェクトからスピンオフした、優れた思考のルールを教育する民間会社、グッド・ジャッジメント社で働いている。そして練習とフィードバックによって、判断力は改善できると言い切る。重要なのは今のレベルがどうであれ、失敗を恐れないことだ。「誰もが失敗を通じて学習するんだ」とマイケルは言う。

グロスマンとの会話の最後に話題にのぼったのは、彼が考案した賢明な思考力テストを日本で実施したときの、非常に興味深い実験結果だ。

それまでのグロスマンの研究と同じように、被験者はニュース記事や人生相談コラムに関する質問に答え、知的謙虚さ、他の視点を取り込む能力、妥協案を提示する能力など、賢明な思考力のさまざまな側面について評価を受けた。

被験者は25歳から75歳までで、アメリカでは知恵は年齢とともに着実に高まっていた。人生で多くの経験を積むと、よりオープンマインドになることを示す、心強い結果だ。それは思考力に関する他の研究成果とも一致していた。たとえばブルーン・ドブルーンの「成人の判断力」のテストでも、年配者ほどスコアは高い傾向が見られた。しかし東京での実験結果はまったく違うパターンを示しており、グロスマンは驚いた。若い世代の日本人はすでに年配のアメリカ人並みの知恵を示しており、年齢に伴う急激な知恵の上昇は見られなかった。どういうわけか日本人は25歳までに、アメリカ人が何十年も人生経験を積まなければ身につけることのできないような人生の教訓を学んでいたのだ。[*51]

このグロスマンの結果を裏づけるのが、エマニュエル・マナロ、楠見孝らが日本の沖縄と京都、ニュージーランドのオークランドの学生を対象に実施した調査だ。そこでは大学での学びに最も重要と思われる思考力を調べた。3つのグループはいずれもオープンマインドな視点を持つことの重要性を認識していたが、衝撃的だったのは日本の学生たちは自己距離化と非常によく似た手法に言及していたことだ。たとえばある京都の学生は「第三者の視点で考えること」の重要性を強調しており、沖縄の学生は「反対意見に基づいて柔軟に思考すること」が大切だと語っている。[*52]

こうした文化的違いの原因はどこにあるのか。あくまでも推測に過ぎないが、多くの研究が日本文化にはより全体論的で相互依存的な世界観が存在することを示唆している。日本人は物事の背景に注意を払い、誰かの行動の原因を幅広くとらえる傾向があり、それほど「自己」に意識を集中させないのではないか。[*53]

グロスマンは、日本では子供たちに幼い頃から他者の立場に配慮し、自分の弱みを認めるよう教育することを示す、民族誌学的証拠を提示する。「小学校の教科書を開けば、人生の意味を他者とのかかわりのなかで考える、知的謙虚さを持った人物の物語が描かれている」

こうした視点は、日本語という言語そのものに埋め込まれているという指摘もある。人類学者のロバート・J・スミスは、日本語の文章では必ず人と人との相対的関係を明示する必要がある一方、「人称代名詞に相当する言葉がまったくない」と指摘する。自分自身を指し示す言葉はいろいろあるが、「選択肢のどれひとつとして明らかに支配的なものはない」。特に子供たちのあいだではその傾向が顕著で、「自分を意味する言葉を一切使わないことが驚くほど多い」と指摘している。

自分の呼び方さえ、話す相手によって変わる。このように日本における自己は「常に変化する」「関係で決まる」ものであり、それゆえに「個人が絶対的自己を主張する固定的起点がない」とスミスは語る。[*54] 自らの行動をこのように表現することで、自己と距離を置く傾向が自然と身につくのかもしれない。

グロスマンはまだ他の国で賢明な思考力テストを実施していないが、これまでの結果を総合すると、こうした違いはより大きな地域的特徴の一環としてとらえる必要がありそうだ。

世界規模で研究を実施することの難しさもあり、かつて心理学の研究のほとんどは西洋諸国、それもアメリカの大学生を被験者としていた。その多くはきわめて知能の高い、中流層の出身者だ。しかしここ10年はさまざまな文化の人々の思考、記憶、認知を比較する試みが進んできた。その結果、北米やヨーロッパのような「西側の教育水準の高い、工業化された豊かで民主的な地域（Western、Educated、Industrialised、Rich、Democraticの頭文字を取ってWEIRD）」では、認知バイアスの原因とされる、個人主義や自己中心的思考にかかわる指標のスコアが高いことが明らかになっている。

非常にシンプルな「暗黙」テストとして、被験者に自分のソーシャルネットワークを描いてもらう、というものがある。自分の家族や友人、その関係性を図で表すのだ（先を読む前に、あなたも試しに描いてみよう）。

アメリカをはじめWEIRD諸国では、「自分」を友人より大きく描く傾向がある（平均6ミリほど）。一方、中国や日本では、周囲の人より自分を若干小さく描く傾向がある。[*55] 同じ傾向は、自分自身について語るときにも見られる。西洋人は自分の性格的特性や業績を述べるのに対し、東アジアではコミュニティにおける自らの立場を説明する。西洋ほど個人主義的ではない、自らをとりまく世界に対する「全体論的」なとらえ方は、インドや中東、南米諸国にも見られる。[*56] さらに相互依存的な傾向の強い文化の人々のほうが、異なる視点を取り入れ、他の人々の視点を吸収するのが容易であることを示す研究結果が増えている。これは思考の質を高めるのに役立つ、知恵の重要な構成要素だ。[*57]

自信過剰に関する評価結果も見てみよう。すでに見てきたように、WEIRDの被験者のほとんどは一貫して、自らの能力を過大に評価する。アメリカの大学教授の94%は自らを「人並み以上」と評価しており、自動車を運転する人の99%は「人並み以上に運転がうまい」と考えている。[*58] 一方、中国、韓国、シンガポール、台湾、メキシコ、あるいはチリで行われた多くの研究では、同じような傾向は特定しづらい。[*59] もちろん、こうした国々では誰もが常に謙虚で賢明にモノを考えるということではない。私たちは無意識のうちにさまざまな思考スタイルを切り替えるので、当然状況によって変化する。また一般的特徴は時間とともに変化する可能性がある。グロスマンの最近のある研究では、伝統的に相互依存的な世界観を持っていた国の人々も含めて、世界中で個人主義的傾向が強まっていた。[*60]

いずれにせよ私たちは、東アジアなどの文化では当たり前の、自らの能力を現実的に評価する姿勢を身につけるべきだろう。それは「認知の死角」を小さくすること、さらには論理的思考力そのものを高めることにつながる。

ここまで、知的謙虚さや積極的オープンマインド思考といった特定の性質が、インテリジェンス・トラップを回避するのに役立つことを見てきた。そしてフランクリンの精神的代数や自己距離化は、判断力の改善に即効性のある有効なテクニックと言える。いずれも高い知能や教育の代わりにはならないが、優れた知能をバイアスの影響を受けず、知的な地雷を避けながら活用するのに役立つ。

「根拠に基づく知恵」の科学はまだ揺籃期《ようらんき》にあるが、次章からは感情や内省に関する最先端の理論から浮かび上がってきた、リスクの高い状況下での判断を改善するためのさまざまな実践的方法を見ていく。また寛容で謙虚な姿勢と、高度な批判的思考力が組み合わさると、危険な誤った考えや「フェイクニュース」から身を守れることを見ていく。

ベンジャミン・フランクリンは最期まで知的謙虚さを失わなかった。１７８７年の合衆国憲法の署名はその最後の功績であり、フランクリンは母国の変化に満足していた。

「大地からはすばらしい収穫に恵まれ、国民は戦争に誘発された浪費的で怠惰な生活から急速に立ち直り、むしろ節制、倹約、勤勉な生活にいそしむようになった。それは国の将来にとって非常に明るいことである」と、1789年にロンドンの知り合いに書き送っている。[*61]

1790年3月には神学者のエズラ・スタイルズが、フランクリンに神や死後の世界についての考えを尋ねている。それに対し、フランクリンはこう答えている。「英国の非国教徒の多くがそうであるように、私も（イエスの）神性については、いくばくかの疑念を抱いている。ただそれについて独善的に判断するつもりはない。この問題をじっくり研究したこともないうえに、近々にそれほど手間をかけずに真実を知る機会があろうことを思えば、今それに拘泥する必要はないと思っている」

「ただ1つ付け加えるとすれば、私自身については、長い人生を通じて神の御心によりすばらしい幸福を享受させていただいたので、ひとえにその御心を称え、来世においてもそれが続くことを微塵も疑ってはいない[*62]」。フランクリンが息を引き取ったのは、それからほんの1カ月あまり後のことだった。

第5章 なぜ外国語で考えると合理的判断が下せるか
——内省的思考

ハンバーガーとフライドポテトをせわしなく口に運びながら、レイは事業計画をまとめはじめた。セールスマンとして働く52歳のレイは、決して危険な賭けに出る人間ではなかったが、「腹のあたりで」強烈な直感がうずいたときには行動を起こさなければならないことはわかっていた。しかもこれほど強烈なやつは、生まれて初めてだ。

この手の直感が外れたことはなかった。もとは飲み屋や売春宿でジャズピアノを弾いていたが、紙コップ業界に転職してトップセールスマンになった。第2次世界大戦が終わった直後にはミルクシェイクを同時にいくつも作れるマルチミキサーの可能性に気づき、いまでは食堂にマルチミキサーを販売して相当な金額を稼いでいた。

しかしレイの心は、常に新たな可能性に開かれていた。「まだ青いうちは、成長しつづける。熟してしまったら、あとは腐るだけだ」というのが口癖だった。糖尿病や関節炎の兆候が表れるなど、体の衰えは隠せなかったが、気持ちはまだ年齢が半分程度の若者と変わらないぐらい青かった。

このためカリフォルニア州サンバーナーディーノで2人の兄弟が営むハンバーガーショップからの紹介で、大勢の顧客がマルチミキサーを買いに来ていることに気づくと、すぐに見に行かなければ、と思った。これほど大勢の業者にミキサーの買い替えを決意させるとは、そのハンバーガーショップにどんな特別な魅力があるのか。

店に入ると、まずその清潔さに驚いた。店員全員がぱりっとした制服を着ており、典型的なロードサイドのレストランのようにハエの大群はいなかった。そしてメニューは限られていたものの、サービスは迅速で効率的だった。メニューの製造プロセスは徹底的に簡素化され、お客は注文時に支払いを済ませるので、ウェイトレスにチップを渡すのに無駄な時間を費やすこともない。しかもフライドポテトは絶品だった。アイダホ産のジャガイモを切って、新鮮な油でカラリと揚げている。バーガーはしっかり火が通り、上に乗ったチーズはとろけていた。店の外には「袋に入れて持ち帰れます」と書かれていた。

レイはこんなハンバーガーショップを見たことがなかった。妻や子供を連れてきたくなるような店だ。しかも店の運営を改善する余地は大いにありそうだった。レイは腹の底から興奮した。「まるでノーヒットノーラン達成間近のピッチャーのように」緊張してきた。なんとしてもフランチャイズ展開の権利を獲得し、アメリカ中にこの店を広げなければならない。[*1]

それから数年で、レイは蓄えをはたいてオーナーであった2人の兄弟から店の権利を買い取った。それでもゴールデンアーチのシンボルマークは変えず、ケンカ別れして以降も「マクドナルド」という兄弟の名前をすべての店に掲げつづけた。

顧問弁護士はレイの頭がおかしくなったと考えた。妻は激しく反対し、結局夫婦は離婚した。それでもレイは一切疑問を抱かなかった。「腹のなかにこれは絶対間違いない、という感覚があったのだ[*2]」

歴史はレイ・クロックの直感が正しかったことを証明したと言えるだろう。マクドナルドには現在、1日あたり7000万人の顧客が来店する。しかし合理性障害の科学の視点から見ると、腹のなかに妙な感覚があったからと言って、全財産を投げ打つ男に、多少の疑問を抱くのは当然だろう。

このような直感的思考は、フランクリン流のじっくり慎重に考える精神的代数や、イゴール・グロスマンの「根拠に基づく知恵」の研究の対極にあるのではないか。本書では、自らの直感に従って最悪の結果を招いた人物の例をたくさん見てきた。クロックはそうした原則の例外に思える。知能を合理的に活用したければ、クロックのように感情や直感に振り回されるのは避けるべきではないか。

しかし、これは研究成果を完全に誤解している。直感はもちろん当てにならないし、そうした感覚を信じすぎることは合理性障害につながる。ただ感情や直感は貴重な情報源となり、きわめて複雑な判断を可能にしたり、意識的思考では抜け落ちていた細かな情報をすくいあげたりするのに役立つこともある。

問題は、一般的知能や教育水準が高く、職業的に成功している人を含めて、貴重なシグナルを正しく解釈し、とんでもない失敗につながるサインを認識するための十分な内省を怠る人が多いことだ。研究によると、認知バイアスの原因は直感や感情そのものではなく、そうした感覚が本当は何を意味するかを見きわめようとせず、都合よく無視することだ。そのうえで直感や感情に基づく誤った判断を、知能や知識を使って正当化するのが問題なのだ。

最新の実験で、直感を効果的に分析するために必要な能力とは具体的にどのようなものかが明らかになってきた。そこからは、伝統的な知能の定義には含まれていないものの、賢明な判断には不可欠な能力がさらに浮かび上がってきた。実は「腹のなかで感じた」というクロックの身体的表現は、人間の知能の働きに関する新たな知見と完璧に合致している。

幸い、こうした内省の能力は学習できるものだ。しかもそれを「根拠に基づく知恵」の原則と結びつけると、すばらしい効果がある。記憶の正確性は向上し、社会的感受性が高まって交渉はうまくいくようになり、しかも創造力が活性化する。

直感を認知バイアスから解放することで、第3章で見た専門知識の逆襲をはじめ、さまざまなタイプのインテリジェンス・トラップを回避できるようになる。すでにこうした知見を活用しはじめた業界もある。たとえば医療現場では、診断ミスを減らそうとする医師が、こうした手法を取り入れている。それは毎年、数万人の命を救う可能性がある。

脳内の仕組みに関する知識の多くがそうであるように、感情に関するこうした新たな理解も、脳の特定部分の神経に重大な損傷を受けた人々の極端な経験によってもたらされた。

今回のケースで焦点となるのは、鼻腔のすぐ上にある「前頭前野腹内側部」と呼ばれる領域で、外科手術、脳卒中、感染症、先天的欠陥によって損傷を受ける可能性がある。

一見すると、この部分に損傷に受けた人の認知機能には比較的問題がないように見える。知能テストのスコアは良好で、事実的知識も保たれている。それにもかかわらず、非常に奇異な行動を示す。ひたすら優柔不断な状態が続いたかと思えば、衝動的行動に走ったりする。

たとえば仕事の文書をどのように保管すべきか何時間も悩んだかと思えば、おかしなベンチャー事業に貯蓄を全額投じたり、よく知らない人と思いつきで結婚したりする。目の前の判断の重要性に合わせて、思考をうまく調整できないようだ。さらにまずいことにフィードバックをまったく受けつけず、自分の意志に合わない批判は無視するので、同じ誤りを何度も繰り返すことになる。

「同じような教育レベルで、正常な知性がある人間でも過ちや判断ミスはあるが、これほど一貫しておかしな結果になることはない」と、神経科学者のアントニオ・ダマシオが1990年代初頭に、この症状が確認された初期の患者の1人であるエリオットという人物について書いている。[*3]

ダマシオは当初、なぜ前頭葉の損傷がこのような奇異な行動を引き起こすのかわからず、困惑した。何カ月もかけてエリオットを観察した結果、ダマシオはようやくそれまで誰も気づかなかったある症状に気づいた。それが最終的に謎を解くカギとなった。自分の人生が目の前で崩壊しようとしているのに、エリオットの不気味なほどの冷静さはまるで変わらなかったのだ。当初ダマシオはエリオットの上唇が硬直しているのだと思っていたが、実は感情がまったく欠如していた。「エリオットは心の中の感情の揺れを抑えようとしたり、内なる混乱を鎮めようとしていたわけではなかった。鎮めなければならない混乱など、まったく感じていなかったのだ」とダマシオはのちに書いている。

こうした観察結果をもとに、ダマシオは感情や判断に関する「ソマティック・マーカー仮説」を提唱した。この理論によると、あらゆる経験は即座に無意識のうちに処理され、それが身体にさまざまな変化を引き起こす。たとえば心拍数の変化、胃が縮む感覚、あるいは肌に汗が浮いてくる、といったことだ。すると脳がこうした「ソマティック・マーカー（身体信号）」を認識し、その場の状況や感情に関する知識に基づいて解釈する。そうしてようやく、私たちは自分がどんな気分であるかを意識するのだ。

このプロセスは、進化の観点から見ると筋が通っている。脳は常に血圧、筋肉の緊張、エネルギー消費をモニタリングし、調整することで、身体的反応が必要になったときのために準備を整え、恒常性を維持できる。このようにソマティック・マーカー仮説は、生物学に基づいて感情の働きを説明する、すばらしい理論と言える。興奮で指先が震えたとき、あるいは悲しみで胸が押しつぶされそうなとき、それはこの神経学的フィードバックループの働きによるものだ。

ただ本書の議論に関してもっと重要なのは、ソマティック・マーカー仮説によって判断における直感の役割も説明できることだ。ダマシオによると、ソマティック・マーカーは瞬間的な無意識のプロセスの産物であり、意識的推論が動き出す前に特徴的な身体反応を生み出す。そこから生まれる身体感覚こそ、私たちが「直感」と呼ぶもので、なぜかは説明できないが正しいと思える答えを示してくれる。

前頭前野腹内側部は、過去の経験に基づいて身体的シグナルを生み出す中核的拠点の1つだとダマシオは指摘する。だからエリオットのような患者は感情を感じられず、頻繁に誤った判断を下す。脳が損傷を受けたことで、判断の参考となる無意識の情報へのアクセスが遮断されてしまったのだ。

案の定、エリオットのような患者は、不快な画像（残虐な殺人事件の写真など）を見ても汗をかかないなど、付随的な生理反応も示さなかった。自らの理論をさらに検証するため、ダマシオのチームは「アイオワ・ギャンブリング・タスク」と称する見事な実験を考案した。被験者の前に4組のカードを置く。カードには1枚ずつ、少額の報酬が得られるか罰金が科されるかが書かれていて、被験者は任意の組からカードを引き、その指示に従う。4組のうち2組は、プレーヤーにやや不利な組み合わせになっている。報酬はやや多いが、罰金のほうがはるかに高額だ。しかし被験者には事前にそれを教えない。イチかバチか、やってみるしかない。

健康な被験者の多くは、不利な組み合わせになっている組があることを意識的に認識する前に、選択した組によって身体が特徴的な反応を見せる。たとえば不利な組を選択すると、ストレスの兆候が表れる。自らの身体感覚（「インテロセプション」と呼ばれる）に敏感な被験者ほど、どうすれば勝てるカードを選べるか、早く気づく。

ダマシオの予想どおり、エリオットのような脳に損傷を受けた患者の多くは、特にアイオワ・ギャンブリング・タスクの結果が悪かった。他の被験者がとっくに正しい組を選択できるようになっても、繰り返し選択を誤りつづけた。その原因はエリオットらが選択する前に、特徴的な身体的変化が表れないためだ。他の被験者の場合、どの組を選択するかによって信頼性のある直感的反応が返ってきて、それが大きな損失を防ぐ警告サインの役割を果たしていたが、エリオットらにはそれが欠けていた。[*4]

ただ直感が働かないのは、脳損傷患者だけではない。健康な人のあいだでも、インテロセプションへの感度には個人差がある。これが直感的判断の優れている人と、そうでない人がいる原因かもしれない。

これは自分で簡単に確かめることができる。椅子に座って両手をだらりと垂らし、友達に脈を取ってもらおう。同時に（手では触れずに）自分の心臓を感じ、頭のなかで心拍数を数えてみよう。1分後、2人の数字を比較してみるのだ。

結果はどうだっただろう。ほとんどの人は30%ほど数字がずれるが、[*5] ほぼ100%正確な人もときにはいる。この結果で、アイオワ・ギャンブリング・タスクのような直感的判断力を測るテストでどれだけうまくやれるかを占うことができる。スコアが高い人は、自然と最も有利な組に引き寄せられていく。[*6]

この心拍を数えるテストのスコアから、現実世界における金銭的成功を占うこともできる。イギリスのヘッジファンドのトレーダーたちの利益や、彼らが金融市場でどれだけ長く生き延びることができたかを予測するのに有効であることを示した研究もある。[*7] 大方の予想に反して、最も利益をあげたのは、最も「直感」の優れた、すなわち正確なインテロセプションを持ち合わせていたトレーダーだった。

インテロセプションが重要な理由はほかにもある。インテロセプションの正確性は、ソーシャルスキルも左右する。生理機能は私たちが他者からどのようなシグナルを読み取るかを反映する。いわば基本的な共感能力だ。だから自分のソマティック・マーカーに敏感であるほど、他者の感情にも敏感なのだ。[*8]

こうしたシグナルに耳を傾けると、記憶を解釈するのにも役立つ。人間の記憶がよく間違っているのは周知の事実だが、ソマティック・マーカーは私たちが知っていると思っていることへの自信の強さ、すなわち確信があるのか、単なる憶測なのかを合図する。[*9]また慶應義塾大学の研究では、将来何かしなければならないことを覚えておくための、リマインダーの役割も果たすことが明らかになった。これは展望的記憶[*10]と呼ばれる。

たとえばあなたが夜、母親に誕生日を祝う電話を入れようと計画しているとする。インテロセプションが敏感な人は、日中、胃に何か落ち着かない感じがしたり、手足がチクチクしたりして、それは脳がその原因を思い出すまで続く。こうした体のシグナルに鈍感な人は、生理的リマインダーに気づかず、電話をすることもまるで忘れてしまう。

あるいはテレビのクイズ番組《フー・ウォンツ・トゥ・ビー・ア・ミリオネア（百万長者になりたいのは誰）》を思い浮かべてみよう。もちろん、成功するかどうかは知能や一般常識の多寡に左右されるが、ソマティック・マーカーへの敏感さも、答えに自信のない問題について賭けに出るか、あるいは自信のなさを正確に把握してライフラインを使うか判断する際に影響する。

いずれのケースでも私たちの無意識は体を通じて、意識がまだ導き出せていない答えを伝えている。特に恋愛について語るとき、「心の赴くままに」という表現がよく使われるが、ダマシオのソマティック・マーカー仮説は、このロマンチックな比喩には科学的裏づけがあることを示している。身体的シグナルは私たちのすべての判断にたしかに影響を与える。エリオットのような人々の経験は、それを無視するのが危険であることを示している。

クロックが「腹のなかで尋常ではない直感が働いた」、「ノーヒットノーラン間近のピッチャーのように緊張した」と言ったのは、おそらく長年にわたるセールスマンの経験に基づく無意識から生まれた、ソマティック・マーカーが作用していたのだろう。人材採用とクビの判断にも、この感覚が決め手となった。マクドナルドのフランチャイズ権を買うと決めたのも、マクドナルド兄弟との関係が悪化した後にその持ち分を買い取ると決めたのも、それが原因だった。自分のブランドを新たに立ち上げれば数百万ドルも安く済んだのに、「マクドナルド」という店名を維持することを選択したのも、直感のためだった。『マクドナルド』という名前しかありえない、という強い直感が働いたんだ[*11]」

クロックの表現はこのプロセスを非常に的確に表した例と言えるが、同じような経験がある人はほかにも大勢いる。特にクリエイティブ産業では、一切直感に頼らずに、純粋な分析だけで新たなアイデアの良し悪しを判断することは到底できないだろう。

ココ・シャネルは新しいデザインに対する自らの嗅覚を、こう描写している。「ファッションは風によって生まれ、宙に漂っている。それを感じるのだ。ファッションは空に、そして道にある」。あるいは1990年代にクライスラーを倒産の危機から救った、伝説的なクルマ「ダッジ・バイパー」の開発責任者、ボブ・ラッツのケースだ。市場調査の裏づけなどまったくなかったが、ラッツはクライスラーの通常の価格帯をはるかに上回るスポーツカーこそ、同社の陰気なイメージを払拭すると確信していた。過激な新しいデザインを選んだ理由を聞かれ、「無意識の直感というか……それしかないと思った」と語っている。[*12]

ダマシオの理論、そしてインテロセプションに関する幅広い研究成果は、こうした直感はどこから来るのか、そして人並みはずれて直感が研ぎ澄まされている人々が存在する理由を理解するための、強力な科学的根拠を与えてくれる。

とはいえ、ここで話は終わりではない。現実世界では、クロック、シャネル、ラッツのような人がいる一方で、直感に従って痛い目を見る人もまた大勢いる。やはりより良い判断を下すには、誤ったシグナルを見抜き、排除する方法を身につけなければならない。そのためには感情という道しるべに、さらに2つの要素を追加する必要がある。

ボストンのノースイースタン大学の心理学者で神経科学者のリサ・フェルドマン・バレットはこの分野の第一人者として、気分や感情がどのように判断を誤らせるのか、そしてそうした誤りを回避する方法を調べてきた。例に挙げるのは、大学院時代に同僚にデートに誘われたときのことだ。相手にあまり魅力は感じなかったものの、ずっと勉強漬けだったので息抜きをしたいと考え、地元のコーヒーショップに出かけることにした。おしゃべりをしていると、頬がほてってきて、胃の中がおかしな感じがした。身体的魅力を感じたときに起こるソマティック・マーカーだ。もしかして私は本当はこの人が好きなのではないか？

コーヒーショップを出るときには、すでに次のデートの約束もしていた。しかしアパートの部屋に戻った途端に嘔吐したことで、おかしな身体感覚の原因がわかった。フェルドマン・バレットは風邪を引いていたのだ。[*13]

残念ながら、ソマティック・マーカーは誤解を招くことも多く、私たちは目の前の出来事を解釈するのに誤って的はずれな感情を付与してしまうこともある。意識の隅にひっそりと存在するくせに、行動に影響を与えるような「バックグラウンド・フィーリング」と結びついたソマティック・マーカーの場合、それが特に起こりやすい。

たとえば仕事の面接を受けるのは、雨が降っていない日がいい。研究では、面接官は雨の日に初めて会った応募者は採用しない傾向があることがわかっている。[*14] また研究者が被験者におならの臭いをスプレーで噴きかけたところ、嫌悪感を引き起こし、道徳的問題に関する判断に影響を与えた。[15] ワールドカップに自国が勝利した喜びが、株価を押し上げることもある。ワールドカップの勝敗と経済の活力には何のかかわりもないのだが。[16]

いずれのケースでも、脳はこうしたバックグラウンド・フィーリングを解釈し、それが目の前の判断と関係があるかのように反応していた。「人は感じたことを信じる」とフェルドマン・バレットは指摘する。この現象は「感情的リアリズム」と呼ばれる。[17]

直感を活用しようとする試みに、水を差す結果に思えるかもしれない。しかしフェルドマン・バレットは、こうした影響を常にうまく切り離せる人が存在することを発見した。しかもそれは、自らの感情を説明するときに、どんな言葉を使うかによって決まるという。

最もわかりやすい例が、1カ月にわたってオンライン株式市場に参加する投資家たちを追いかけた調査だ。「冷静な者が勝つ」というイメージとは裏腹に、ロンドンのヘッジファンドのトレーダーに対する調査と同じように、最も成果をあげたのは、投資する際に強い感情を口にした人々だった。

ただ重要なのは、最大の成果をあげた人々は、こうした感覚を描写するのにより精緻な言葉を使っていたことだ。たとえば「嬉しい」と「ワクワクする」を同じ意味で使う人もいる一方、それぞれを非常に具体的な感情を表すものととらえる人もいる。フェルドマン・バレットはこれを「感情識別」の能力と呼ぶ。[*18]

投資成績がふるわなかった人々の語彙が乏しかったわけではない。ただ自分がそのとき抱いた感覚を描写するのに、注意深く正確な言葉を選ぼうとしなかったのだ。「満足した」と「嬉しい」は何か好ましい感情を抱いたときに、そして「腹が立つ」と「不安になる」はどちらもマイナスの感情を持ったときに使っており、その違いを特別意識していないようだった。それが最終的に投資判断に悪影響を及ぼしたのだ。

感情的リアリズムに関するこれまでの研究を見ても、これはつじつまが合う。先の例に挙げた天候や不快な臭いが引き起こす無関係の感情が、判断に影響を及ぼしたのは、それが意識下にとどまっているあいだだけだった。被験者がこうした無関係の要因をはっきりと意識すると、影響は消失した。ここから言えるのは、自らの感情を容易に描写できる人は、バックグラウンド・フィーリングにより意識的で、その影響を排除できる可能性が高いということだ。感情の意味をはっきりさせれば、批判的に分析しやすくなり、無関係とわかれば切り捨てることができる。[*19]

感情識別のメリットは、これだけではない。感情を表す正確な語彙を持ち合わせている人は、感情の出どころを見きわめることができるだけでなく、感情が高ぶったときにそれを巧みに制御する方法も心得ている。たとえばこのタイプの株式トレーダーは、損失が続いたときも絶望したり、リスクの高い賭けに出て損を取り戻そうとすることなく、冷静さを取り戻すことができる。

感情のコントロールに有効な方法として、前章で見た自己距離化や、再評価がある。後者は新たな視点から自らの感情を見直すことだ。ユーモア（緊張を和らげるためにジョークを言ってみる）や場所を変えることも有効だ。席を立ち、深呼吸するだけで、目が覚めることもあるだろう。ただどんな方法を使うにせよ、感情は意識することができて初めて、コントロール可能になる。

こうした理由から、インテロセプションが弱い人[*20]、そして感情識別が弱い人は、感情が面倒を起こす前に対処できないケースが多い。[†]つまりコントロールは、感情という判断材料の最後の構成要素だ。インテロセプション、識別、コントロールという3つの要素が組み合わさることで、直感と判断の質をしっかりと高めていくことができる。[*21]

感情は優れた論理的思考の邪魔ものではなく、それに欠かせないものであると納得していただけただろうか。意識の表面に浮かび上がらせ、その原因や影響を分析することで、感情は追加的な、場合によってはきわめて重要な情報源となりうる。逆にそのような精査を受けなければ危険なだけだ。

このようなスキルを感情的知性と呼ぶ専門家もいるが、第1部でとりあげた問題のあるEQテストとの混同を避けるため、この表現は避けたい。代わりに「内省的思考」と呼ぶことにしよう。というのも自らの思考や感情を認識・分析するために、何らかの方法で意識を内側に向ける作業だからだ。

前章でとりあげた方法と同じように、ここに挙げた能力も従来型の知能や専門知識に置き換わるものではなく、それを補完するものとしてとらえてほしい。そうすることで無関係な感情に振り回されず、論理的思考をできるかぎり生産的なかたちで実践できるようになる。

また心理学の文献でも見過ごされがちだが、非常に重要な事実がある。内省的思考の

---

†レイ・クロックの自伝『成功はゴミ箱の中に』を深読みしすぎるのは危険だが、クロックは感情が高ぶったときにコントロールする優れた手法をいくつか述べている。それは社会に出てまもなく身につけたという。自伝にはこうある。「私は神経の緊張を緩め、頭に残って離れない疑問をシャットアウトするシステムを考案した。（中略）自分の頭のなかは、緊急性の高いメッセージがたくさん書き込まれた黒板だとイメージする。それから片手に黒板消しを持って、すべて消し去るところを思い浮かべる。心のなかは完全にまっさらになった。何か頭に考えが浮かんだら、それが形をとる前にサッと消してしまう」

スキルは、カーネマンとトベルスキーが研究対象とした認知バイアスに対する最高の対策の1つなのだ。それは合理性障害を防いでくれる。

ウェンディ・ブルーン・ドブルーン（第2章で紹介した判断力テストの1つの考案者）の研究に登場する、次のシナリオを考えてみよう。

あなたは休暇の目的地へ、あと半分のところまで運転してきた。自分だけの時間を過ごすことが旅の目的だ。しかし体調が悪く、今では自宅で週末を過ごしたほうが良いのではないかという気がしている。家で過ごすほうがはるかに良いので、すでに半分まで運転してきてしまったのを非常に悔やんでいる。

さて、あなたはどうするだろう。計画どおりに旅を続けるか、それとも中止するか。これはサンクコストの誤謬のテストで、多くの人がすでに半分まで運転したことを無駄にしたくないと答える。無駄にする時間のことばかり考え、なんとかそれを有効活用しようと悪あがきをする。シナリオを読めば、その結果として休暇を心地よく過ごせないのは明らかなのに。しかしフェルドマン・バレットらの研究で示された内省的思考のできる人々には、このような誤謬が見られないことをブルーン・ドブルーンは報告している。[22]

ルーマニアの研究では、フレーミング効果について同じような結果が得られている。たとえば運に左右されるゲームでは、被験者は利益を言われたときと（「40％の確率で勝てる」）、損失を言われたとき（「60％の確率で負ける」）では、どちらの選択肢も言っていることは同じであるにもかかわらず、前者を選ぶ可能性が高かった。しかし感情のコントロールに長けた人々は、こうしたラベリング効果への抵抗力があり、結果として確率に対してより合理的な見方をした。[23]

また自分の感情を再評価する能力は、白熱した政治論争の場で、「動機づけられた推論」を防ぐ効果があることが示されている。たとえばイスラエルの学生が、政治的緊張が高まった時期でもパレスチナ側の立場を考慮できるか否かの決め手となっていた。[24]

そうだとすれば感情の自己認識が、前章で見た知的謙虚さとオープンマインドな思考の前提条件と見なされるのは、当然と言えるだろう。これはイゴール・グロスマンの「根拠に基づく知恵」の研究にも表れている。グロスマンの開発した賢明な思考力テストの成績が最も高い人々は、自らの感情にも敏感だった。感情を細かく区別でき、激情によって行動が支配されないように感情をコントロールし、バランスを保つ能力も高かった。[25]

もちろん哲学者は、かねてからこうした考えを口にしてきた。ソクラテスやプラトンから孔子まで多くの思想家が、己を知らなければ、自らを取り巻く世界についても深く知ることはできないと主張してきた。最新の科学的研究は、それが単なる高尚な哲学的理想ではないことを明らかにした。日々の生活のなかで内省の時間を持つことは、人生におけるあらゆる決定から認知バイアスを取り除くのに役立つ。

ありがたいことに、ほとんどの人の内省能力は、年齢を重ねるなかで自然と高まっていく。10年後のあなたは、おそらく今より多少なりとも自分の感情を識別し、コントロールできるようになっているはずだ。

しかし、そのプロセスを加速させる方法はないものだろうか。

有効性が明らかになっている方法の1つが、マインドフルネス瞑想だ。これは自らの身体感覚に耳を傾け、それをあるがままに見つめる訓練と言える。マインドフルネスを日常的に実践すると、健康面でさまざまな効果があることが立証されている。さらに感情という判断材料のすべての要素（インテロセプション、識別、コントロール）も磨かれることを示す強力な証拠が得られている。すなわちマインドフルネスは判断からバイアスを排除し、直感を研ぎ澄ます、最も手っ取り早く簡単な手法だということだ[*26]（マインドフルネスに懐疑的、あるいはマインドフルの話にはうんざりだという人も、もう少し私の話につきあっていただきたい。同じ効果が得られる他の方法も、順次紹介していく)。

アンドリュー・ハフェンブラックはフランスのINSEADに在籍していた2014年に、いち早くこうした認知的効果を確認した。ハフェンブラックはブルーン・ドブルーンのテストを使い、わずか15分のマインドフルネス瞑想を1回行うだけで、サンクコスト・バイアスを34%抑えられることを発見した。非常に一般的な認知バイアスを、これほど短時間の介入で大幅に減らせるというのは、驚きである。[*27]

マインドフルネスは客観的な視点から感情を分析できるようにするので、自尊心が脅かされたときに発生するマイサイド・バイアスを是正する効果もあることが示されている。[*28] つまり批判を受けたときに、それほど防御的にならず、[*29] 自らの視点に頑なにこだわらず、相手の視点を積極的に考慮しようとする。[*30]

瞑想を実践する人は、相手から不公平な扱いを受けたときの反応を調べる「最後通牒ゲーム」と呼ばれる実験でも、合理的選択をする傾向が見られる。二人一組になり、一方がお金を受け取り、パートナーにどのように分けるか決める。ここでポイントとなるのは、パートナー側は相手が不当だと思えば、オファーを拒絶できるということだ。パートナーが拒絶すると、2人とも一銭も受け取れない。

オファーが少額だと、自分も損をすることをわかっていながら意地を張って受け取りを拒絶する人は多い。これは不合理な判断だ。しかし瞑想を実践する人々は、何度かゲームを繰り返しても、そのような不合理な選択はしない傾向が見られた。たとえば相手が20ドルのうち、わずか1ドルしかくれないと言った場合、瞑想をしない人でお金を受け取ったのはわずか28％だった。一方、瞑想をする人は怒りを抑えて合理的選択ができたので、54％がお金を受け取った。重要なのはこうした寛容さは、瞑想をする人の身体感覚の敏感さと相関があることだ。これは感情プロセスがうまく機能していることが、賢明な意思決定に役立ったことを示唆している。[*31]

　ビジネス交渉では、このような感情のコントロールがとりわけ重要になる。話し合いが計画どおりに進まなくても、激しい感情に流されず、相手の微妙な感情のシグナルに注意しなければならない（トルコの研究では、感情コントロールの巧拙は、ビジネス交渉のシミュレーションの成果に43％の差異をもたらした[*32]）。

　INSEAD時代のストレスを和らげるために瞑想を始めたことで、ハフェンブラック自身もさまざまな恩恵を実感しているという。「自分の感情的反応から生じる最初の刺激を、遮断できるようになった。この1、2秒の間《ま》が、過剰反応をするか、生産的反応ができるかの大きな違いを生む」。現在、ポルトガルのカトリカ・リスボン経済経営大学院で組織科学を教えるハフェンブラックは、私にこう語ってくれた。「本当に最良の判断は何なのか、考えるのが容易になる」

マインドフルネスはどうしても好きになれないという人にも、直感を研ぎ澄まし、感情のコントロールを改善する別の方法がある。最近の研究によって、ミュージシャン（弦楽器の奏者や歌手など）やプロのダンサーはインテロセプションが優れていることが明らかになってきた。[*33] こうした分野でのトレーニングは、いずれも感覚的フィードバックに基づく的確な動きを要するもので、それが自然と身体感覚を研ぎ澄ますのに役立っているのではないか、と科学者は考えている。

感情の識別能力を磨くのに、積極的に瞑想を行う必要もない。ある研究では、被験者に不快な写真を何枚か見せた後に、自分の感情をできるだけ正確な言葉で述べてほしい、と求めた。[*34] たとえば子供が苦しんでいる写真を見せ、被験者に悲しみ、哀れみ、あるいは怒りを感じているのかを自問してもらい、さらにそれぞれの感情の具体的違いを述べてもらった。

わずか6回このプロセスを繰り返しただけで、被験者はさまざまな感情の違いにより敏感になった。そのおかげで、その後に実施した道徳的思考の課題では、プライミング（事前に刺激を与えられること）の影響を受けにくくなっていた（ついでながら、同じ方法で感情のコントロールを改善したところ、複数の被験者がクモ恐怖症を克服することができた）。[35]

非常に興味深いのは、マインドフルネスと同じように、こうした介入が驚くほど短時間かつシンプルであるにもかかわらず効果を発揮していることだ。わずか1回のセッションでも、効果は1週間以上持続している。ほんのわずかな時間を使い、自分の感情を詳しく検討してみることで、長期間にわたる効果が期待できる。

少なくとも、感情のもつれた糸をときほぐし、懸念と恐れと不安、軽蔑と退屈と嫌悪、誇りと満足と尊敬といった感情を、日ごろからはっきりと識別するよう心掛けるべきだ。こうした研究結果を受けて、フェルドマン・バレットは感情認識のすき間を埋めるような新たな語彙を学習したり、新しい言葉を生み出す努力も必要だと指摘する。

たとえば「hangry」という言葉を考えてみよう。空腹時（hungry）のイライラ感（angry）を表す、比較的新しい英単語だ。[36] 血糖値が低下すると気分が落ち込み、気が短くなることを示すのに、わざわざ心理学の研究を持ち出すまでもないが、こうした概念に名前を付けることで、それが実際に起きたときに認識しやすくなり、思考にどのような影響を与える可能性があるか想定しやすくなる。

作家で芸術家のジョン・ケーニッヒはオンライン辞書、《不明瞭な悲しみの辞書》のなかで、フェルドマン・バレットが述べたような言葉への感受性を示している。ケーニッヒが生み出した言葉のなかには、こだわりを捨てたいという願望を示す「liberosis」、何度も同じ問題に悩まされることにうんざりした気持ちを表す「altschmerz」などがある。科学的研究によると、このように語彙を増やすことは、詩作に役立つだけではない。細かなニュアンスに敏感になり、それを定義できるようになることは、モノの考え方そのものを根本的に変える。[*37]

あなたが感情という判断材料を本気で磨きたいと思うなら、多くの研究者が勧める方法を試してみよう。毎日、その日思ったことや感じたこと、さらにはそれがあなたの判断にどのような影響を与えたかをノートに書き留めるのだ。書くというプロセスによって、より深い内省や感情識別が促され、自然と直感に磨きがかかるだけではない。うまくいったこと、いかなかったことを学習し、記憶することで、同じ間違いを再び繰り返さないようになる。

このような内省をするほどヒマではない、と思うかもしれない。しかし研究では、ほんの数分を内省に費やすと、長期的には大きなリターンがあることが示されている。たとえばハーバード大学のフランチェスカ・ジーノの研究では、インドのバンガロールにあるITセンターの研修生に1日15分、ノートにその日学んだことを書き、日々の作業で直感的に思ったことを振り返ってもらった。11日後に変化を調べたところ、日誌をつけた研修生のパフォーマンスは、同じ時間をスキルの演習に費やした他の研修生を23％上回った。日々の通勤時間は、このような内省にうってつけだ。

Comprenez-vous cette phrase? Parler dans une langue étrangère modifie l'attitude de l'individu, le rendant plus rationnel et plus sage![†]

ここからは内省的思考が命さえも救う可能性があることを見ていく。ただその前に、幸運にもバイリンガルである人（あるいは外国語を学ぶ意欲がある人）には、判断を支援するツールがもう1つあることを指摘しておきたい。外国語効果と呼ばれるものだ。

外国語効果は、私たちが口にする言葉にどれほどの感情的共鳴を覚えるかによって決まる。言語学者や作家は以前から、第二言語と母国語では感情的経験が大きく異なることを指摘していた。たとえばウラジーミル・ナボコフは英語でもきわめて熟達した文体で作品を発表していたにもかかわらず、母国語のロシア語に比べて自分の英語は「やや硬く、人工的」[*39]だと語っていた。ナボコフにとり、英語はロシア語ほど深く共鳴できない言語だったのだ。これは発汗のようなソマティック・マーカーにも表れている。母国語以外でメッセージを聞いたとき、私たちの体はその感情的要素に影響を受けにくい。

この「外国語効果」[*38]はナボコフのような作家にはいらだちの種かもしれないが、シカゴ大学実践知センターのボアズ・キーザーは、感情をコントロールする手段になりうることを示した。

キーザーが2012年に発表した最初の研究は、英語を母国語とする日本語とフランス語の学習者、そして韓国語を母国語とする英語学習者を対象に、フレーミング効果を調べている。被験者はそれぞれの母国語では、シナリオが「利益」の観点で語られているのか「損失」の観点で語られているのかに全員が影響されていた。しかし第二言語ではフレーミング効果は消滅した。言葉遣いに影響されにくくなり、その結果としてより合理的な判断を下していた。[*40]

外国語効果はその後もイスラエル、スペインなどさまざまな国で、さまざまな認知バイアスに対して有効であることが何度も示されてきた。そこにはスポーツやギャンブルでたまたま成功すると、将来も同じ幸運に恵まれる可能性が高いと考える「ホットハンドの誤謬」も含まれていた。[*41]

どのケースでも、被験者は母国語で考えたときより、第二言語で考えたときのほうが

---

†「この文がわかりますか？　外国語で話すと人の態度はより理性的で賢明になります」

合理的だった。ナボコフの言うように、思考は「やや硬く」なるのかもしれないが、感情的に多少距離ができることで、目の前の問題に対してより内省的に思考できるようになる。[*42]

こうした即時的な効果に加えて、外国語学習は感情の識別を改善するのにも効果が期待できる。「翻訳不可能」な新しい言葉を学習することで、感情の微妙なニュアンスに気づくようになるためだ。さらに新しい文化的レンズを通して世界を見るようになるので、積極的なオープン思考を実践することになる。初めて見るような文章と向き合うことで、「曖昧さへの許容度」も高まる。これは感情識別に関連する概念で、許容度が高いほど確信が持てない感覚にうまく対処でき、拙速に結論に飛びつかなくなる。曖昧さへの許容度は認知バイアスを抑えるだけでなく、起業家らしいイノベーションと関連性があるなど、クリエイティビティにも重要な要素だ。[*43]

その苦労を思えば、論理的思考を向上するためだけに外国語を習得すべきだ、とはとても言えない。しかしすでに外国語を話せる、あるいは学生時代に学んだ言葉を学び直したいという気持ちがあるならば、外国語効果を感情コントロールの方法として活用し、意思決定の質を高めることができる。

少なくとも、海外の同僚との仕事をするうえで、外国語効果がどのように影響するかを考えることはできるだろう。仕事で使う言語によって、相手の発言や事実が感情の影響を受けているのか否か、判断することができる。ネルソン・マンデラはかつてこう言った。「相手が理解できる言語で話しかければ、その内容は相手の頭に入る。相手自身の言語で語りかければ、それは心に届く」

感情の認知や内省的思考に関する研究が非常に興味深いのは、それが「専門知識の逆襲」を克服する手段になりうることを示しているためだ。第3章で見たとおり、専門家は経験を積むほど、曖昧でざっくりとした情報に基づいて直感的に判断するようになる。それは迅速かつ効率的な意思決定に結びつくことも多いが、判断ミスを招くこともある。そう聞くと、効率を犠牲にするしかないのかと思えるが、最新の研究ではこうしたひらめきを活用しつつ、不要な誤りを減らす方法があることがわかってきた。

こうした研究が最も進んでいるのは医療分野で、それにはもっともな理由もある。現在、最初の診断の10～15%は誤っていると言われる。つまり多くの医師が、診察する患者6人のうち最低1人は誤診するということだ。たいてい実害が出る前に誤りは正されることが多いが、アメリカの病院だけで患者の死因の10%近く（年間4万～8万人）は誤診によるものと見られている。[*44]

思考スタイルを変えるだけで、こうした命を救うことはできないか。それを調べるため、私はオランダのロッテルダムのエラスムス医療センターに、シルビア・マミードを訪ねた。10年以上前にブラジルのセアラー州からロッテルダムへと移り住んだマミードは、「このあたりで出てくる水みたいなものとは違うわよ」と言いながら、とても濃いコーヒーを出してくれた。それからノートを手に私の向かい側に腰かけると、「鉛筆と紙を使うと、考えがよく整理できるようになるの」と説明した（たしかに心理学の研究では、話しながら鉛筆を動かすと記憶力が高まることが示されている）[*45]。

マミードは医師たちに自らと同じように、判断を下す際に内省的になることを教えたいと考えている。医師で著作家のアトゥール・ガワンデは、医療チェックリストが外科手術のあいだの記憶違いを防ぐのに非常に有効であることを示したが、マミードの提唱する方法も一見、シンプルだ。ひと呼吸おいて考え、自分の前提を問い直すのである。しかし「システム2」を活用しようとする初期の試みは、好ましい結果につながらなかった。さまざまな選択肢をすべて書き出すなど、直感の代わりに分析力を使うように指示された医師は、熟慮せず直感的に結論を導き出した医師よりもパフォーマンスが悪くなった[*46]。

ソマティック・マーカー仮説に照らし合わせると、この結果は当然と言える。被験者に内省を求めるタイミングが早すぎれば、自らの経験を参考にすることができなくなり、どうでもいい情報に振り回されたりする。感情という判断材料を使うことができないので、彼らはダマシオが研究した脳損傷患者のように「分析まひ（分析に時間をかけすぎて判断を下せない状態）」に陥るのだ。システム1かシステム2のどちらか一方だけを使うことはできない。両方が必要なのだ。

こうした理由からマミードが提案するのは、医師が直感的反応をできるだけすばやくノートに書き留めるという方法だ。そのうえで直感的反応の根拠を分析したり、それを別の仮説と比較したりする。案の定、このシンプルな方法を取り入れるだけで、医師は診断の正確性を最大40％高めることができた。これほど簡単な方法にしては大きな成果である。また医師に最初の仮説を見直すよう求めるだけで（データを見直せ、新たなアイデアを考えろといった詳細な指示はしない）、正確性は10％向上した。これもまた追加的労力がほとんどかからない方法であるにもかかわらず、大きな改善と言える。

感情に関する幅広い研究成果と一致する、重要な発見がもう1つある。内省的思考は、医師の直感に影響を与える「感情バイアス」を抑える効果もあるのだ。「患者の容姿、財力の有無、医師の話に口を挟むか、時間的プレッシャーなど、システム1に影響を及ぼす要因はたくさんある。だが内省的思考を実践すれば、医師は一歩距離を置いて状況を見られるようになる」とマミードは語る。

マミードはこのほど、こうした要因の1つを使い、医師の「難しい」患者への反応を調べた。具体的には、専門家の判断に遠慮なく疑問を挟む患者だ。本物の患者とのやりとりを客観的に観察するのは難しいため、一般開業医（家庭医）のグループに架空のシナリオを見せた。文章の大部分は患者の兆候や検査結果に関する記述だったが、その行動に関する描写もいくつか含まれていた。

医師の多くは背景情報に気づいたことすら報告しなかったが、なかにはなぜこうした余計な情報が含まれているのか困惑する者もいた。「『こんなことは関係ないじゃないか。われわれはこうした情報を無視するように、つまり患者の行動は見ないように訓練を受けている。このような情報は判断に何の影響も与えないはずだ』と言っていた」とマミードは振り返る。だが実際には、感情に関する研究では、こうした情報が大きな影響を及ぼすことが明らかになっている。複雑な症例の場合、一般内科医は相手が難しい患者であると、診断ミスをする確率が42％高くなっていた。[*47]

しかし医師に内省的手順を踏ませると、いらだちを乗り越えて、正確な診断を下せるようになる。思考を一旦停止することで、自分の感情を見きわめ、いらだちを抑えることができる。これは感情の識別やコントロールに関する理論が予測するとおりの結果だ。

マミードは入手可能性バイアスについても調査した。具体的には、最近メディアで見て頭に残っている病名を医師が診断しやすくなる現象を指す。このケースでも、マミードが入手可能性バイアスについて具体的な説明や指示を一切しなかったにもかかわらず、内省的手順を踏むことで診断ミスを減らせるという結果が出た。[*48]「こうした研究の結果には驚かされる。病気の報告を目にしていなかった医師たちの診断の正確性は71%だが、バイアスの影響を受けた医師たちの正確性はわずか50%だった。だが内省を実践すると、正確性は70%に戻った」

これほどささやかな介入によって驚くべき成果が出ているが、いずれも自己認識を高め、自分の直感について内省的に考えることの効果を物語っている。

マミードの提案に反発する医師もいるかもしれない。医師として相当な訓練を積んできたのに、こんな簡単なプロセスによってミスを直されてしまうというのは、プライドが傷つくのだろう。多くの医師が自らの迅速な直感的判断に誇りを持っているのだから、なおさらだ。たとえばマミードは会議の場で、プロジェクターで症例を提示し、参加した医師らに診断をしてもらう。「ときには文章を見せてわずか20秒ほど、すなわち4、5行読んだだけで『虫垂炎だ』と言う者もいる。『医師にモノを考えさせたければ、患者は一旦席をはずせ』というジョークまである」

しかし今では、心理学の最新の知見を医師の日々の業務に取り入れようとする動きが、医療界全体に広がっている。カナダのダルハウジー大学のパット・クロスケリーは医師のための批判的思考プログラムを指導しているが、そのアドバイスは本章で見てきた研究と重なる。たとえばマインドフルネスを使って判断に影響している感情的原因を見きわめたり、ミスが起きたときに「認知的および感情的解剖」を行って直感が誤った理由を確かめたりする。クロスケリーは「認知的接種」も勧める。医師たちにケーススタディを使ってバイアスの潜在的リスクを学ばせることで、自らの思考に影響を与える要因に注意させるのだ。

クロスケリーは今も自らの講座のデータを集め、診断の正確性への長期的効果を調べている。こうした方法によって年間4万〜8万人の死者のほんの一部でも救うことができるなら、新たな大型新薬以上の効果があると言える。[*49]

こうした取り組みが最も進んでいるのは医療分野だが、同じ考え方を受け入れつつある業界は他にもある。たとえば法曹界も認知バイアスが横行していることで有名だが、こうした研究成果を受けてアメリカ法曹協会が発行した白書には、司法判断を改善する主要な戦略の1つとしてマインドフルネスが挙げられている。さらにフェルドマン・バレットをはじめとする神経学者や心理学者が推奨するように、1人ひとりの判事が少し時間をとって「細部に注意を払い」、自分の感情を細かく問い直すようアドバイスしている。[*50]

このような研究成果によって、専門家とは何かという私たちの理解はいずれ変わるかもしれない。

かつて心理学者は、学習の4段階なるものを提唱した。まったくの入門者は、無意識的無能状態にある。自分が何を知らないかさえ知らない（第3章で見た、ダニング＝クルーガー効果の言う自信過剰につながるおそれがある）。しかし学習を始めてしばらく経つと、自分に足りないスキルと、それを習得するために何をしなければならないかがわかってくる。これが意識的無能状態だ。努力を続けると、やがて意識的有能状態になる。ほとんどの問題は解決できるが、判断をするときにはじっくり考えなければならない。そして何年も訓練や実務経験を積むと、ようやく本能的に判断ができるようになる。無意識的有能状態になったわけだ。従来はこれが専門知識の最高到達点とされてきた。しかしここまで見てきたように、第3章で見てきた専門家特有のバイアスがかかる結果、正確性は頭打ちになる。[*51] この天井を打ち破るためには、あともう1段階上に行く必要があ

■ 専門知識の5段階

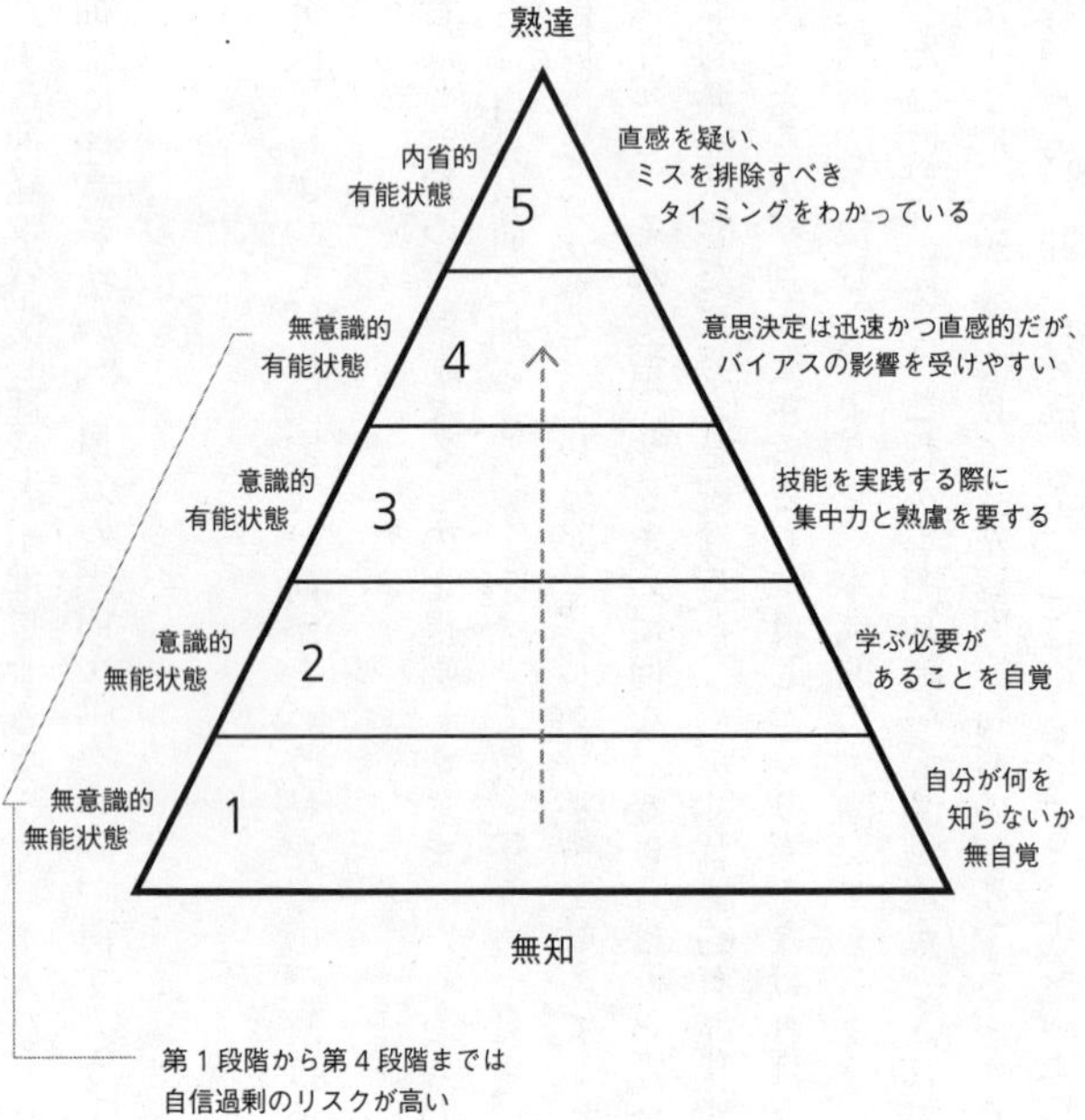
熟達
内省的
有能状態
5
直感を疑い、
ミスを排除すべき
タイミングをわかっている
無意識的
有能状態
4
意思決定は迅速かつ直感的だが、
バイアスの影響を受けやすい
意識的
有能状態
3
技能を実践する際に
集中力と熟慮を要する
意識的
無能状態
2
学ぶ必要が
あることを自覚
無意識的
無能状態
1
自分が何を
知らないか
無自覚
無知
第1段階から第4段階までは
自信過剰のリスクが高い

る。それが「内省的有能状態」だ。これは自らの感情や直感を見つめ直し、バイアスが実害を生む前にそれを特定する能力である。[*52]

レイ・クロックがカリフォルニアのハンバーガー店で実感したように、直感は非常に強力な武器になる。だがそのためには、この「腹のなかのおかしな感覚」の読み方を心得ておかなければならない。

第6章

真実と嘘とフェイクニュース

2000年代が始まろうとする頃にインターネットを使っていた人なら、「人食いバナナ」が話題になったのを覚えているかもしれない。

1999年末、インターネット上であるチェーンメールが広がりはじめた。中央アメリカから輸入された果物を食べると、「壊死性筋膜炎」に冒される、というのだ。肌に不気味な紫色の腫れ物ができ、筋肉や骨から剝がれ落ちていくという奇病である。チェーンメールにはこう書かれていた。

最近、この病気によってコスタリカのサルが絶滅した……。これから3週間はバナナの購入は控えたほうがいい。この病原菌を含むバナナがアメリカに出荷されたのは、この時期と見られるからだ。ここ2、3日のあいだにバナナを食べ、発熱し、皮膚感染を起こした人は絶対に病院に行く必要がある!!

壊死性筋膜炎による皮膚感染は強い痛みを伴い、菌は1時間あたりに皮膚を2、3センチ食べる。体の一部の切断を要する可能性が高く、場合によっては死に至る。医療機関から1時間以上離れた場所に住んでいる人は、感染の広がりを防ぐためにあらかじめ皮膚を焼いておくことを推奨する。FDA［アメリカ食品医薬品局］は全国的なパニックが起きるのを恐れて、警告を発するのに及び腰だ。FDAはひそかに1万5000人のアメリカ人がこの病気に感染することを認めたが、これは「容認できる範囲」だと考えている。このメッセージをあなたの大切な人にできるだけたくさん転送してほしい。1万5000人はおよそ容認できる数字ではないからだ。

国民の不安があまりに高まったため、2000年1月28日にはアメリカ疾病対策センター（CDC）がリスクを否定する声明を発表したほどだ。しかしCDCの対応は火に油を注ぐ結果となった。国民はリスクが否定されたことは忘れ、恐ろしい人食いバナナのイメージだけを記憶したからだ。チェーンメールのなかにはCDCを情報源に挙げるものまで出てきて、それによって噂の信憑性はますます高まった。

それから数週間で、CDCには不安を抱いた国民からの電話が殺到し、「バナナ・ホットライン」まで開設する事態となった。不安視された病気の大流行が起こらなかったことで、パニックが自然に収まったのは、もうすぐ2000年が終わろうとする頃だった。[*1]

壊死性筋膜炎のチェーンメールは、インターネット・ミーム（インターネットを通じて広まる情報）の走りと言えるだろう。しかし誤った情報というのは、別に目新しいものではない。18世紀の作家、ジョナサン・スウィフトは随筆のなかで、政治的嘘の急速な拡散について触れている。「虚偽は飛ぶように広まり、真実はその後をよたよたとついていく」

今日、いわゆる「フェイクニュース」はかつてないほど蔓延している。2016年のある調査では、フェイスブックで最もシェアされた医療関係の記事の50％以上が、医師によって虚偽だとされた。たとえば「タンポポは免疫系の働きを高め、癌を治す」といった主張や、「HPVワクチンによって癌の発症リスクが高まる」といった報告だ。[*2]

媒体は国によって異なるが、この現象は西洋諸国に限られたものでもない。たとえばインドでは、誤った噂がワッツアップを通じて3億台のスマホに野火のように広がる。そこには特定の地域で塩が不足しているといった話から、政治的プロパガンダ、架空の大規模誘拐事件まで含まれており、2018年にはそれによって多くのリンチ事件が発生した。[*3]

伝統的な学校教育はこうした嘘から私たちを守ってくれるのではないか、と思うかもしれない。アメリカの偉大な思想家、ジョン・デューイは20世紀初頭にこう書いている。「もし学校が生徒たちに、どんな分野に身を置くことになっても優れた判断ができるような思考力を育むことができたら、それは単に膨大な情報を詰め込んだり、専門分野の高度な技能を身につけさせたりするより、はるかに意義がある」[*4]

残念ながら、合理性障害に関する研究からは、現状はデューイの望んだものとは程遠いことが浮き彫りになっている。大学を卒業した人々は平均と比べて、政治的陰謀論を信じる割合は少なかったものの、医療に関する虚報にはやや騙されやすいという結果が出ている。たとえば製薬会社は利益のために癌の治療薬を発売しない、医師はワクチンが病気の原因であるという事実を隠している、といったことを信じる傾向が強かった。[*5]さらに効果が実証されていない代替医療に頼る割合も高かった。[*6]

人食いバナナの噂を最初にカナダに持ち込んだ者の1人が、オタワ大学医学部のアーレット・メンディシーノであったというのも、うなずける話だ。本来ならば、もっと懐疑的になってしかるべきだった。[*7]「自分の家族のこと、友人のことを思い浮かべ、善意でやったことです」と、騙されたことがわかったあとにCBCニュースで語っている。メンディシーノのメッセージはわずか数日でカナダ全土に広がった。

第1部では、IQが高いと、自分の見解と矛盾する情報を無視し、元の見解にさらに肩入れするようになるインテリジェンス・トラップを見てきた。しかしこれではメンディシーノのような人物がそもそもなぜこれほど騙されやすいのかという説明にはならない。ここには明らかに、従来の一般的知能には含まれていないが、嘘や噂に騙されないようにするのに不可欠な論理的思考力がかかわっている。

幸い、ある批判的思考のテクニックを使えば、騙されないようにすることはできる。だがそれを使いこなすには、まずデマやフェイクニュースのなかには意図的に熟慮を阻むようにできているものがあり、従来の対処方法ではまったく歯が立たない理由を知る必要がある。この新たな知識は、私たち自身が騙されるのを防いでくれるだけでなく、多くのグローバル組織が根拠のない噂に対処する方法を変えつつある。

まず次の文章を読み、それぞれのペアのうちどちらが正しく、どちらが誤っているか考えてほしい。

・ハチは印象派と立体派の見分け方を学習した。
・ハチは左と右を覚えることができない。

および

・コーヒーを飲むと糖尿病のリスクが下がる。
・関節を鳴らすと、関節炎の原因になる。

続いて、次の意見を読み、どちらが正しいと思えるか考えてほしい。

・昨日の敵は今日の友
・人の心はあてにならず

そしてあなたならどちらのインターネット販売業者で買い物をするか、考えてほしい。

Rifoo73　ユーザーのランキングの平均値　3・2
Edlokaq8　ユーザーのランキングの平均値　3・6

これから数ページにわたってあなたの反応を見ていくが、各ペアを読みながら、どちらかがもう一方より正しそうだ、信頼できそうだと思ったかもしれない。その理由が「真実っぽさ」という概念を理解するヒントとなる。

「真実っぽさ（truthiness）」という言葉を最初に広めたのは、アメリカのコメディアン、スティーブン・コルベアだ。2005年、ジョージ・W・ブッシュの判断やそれに対する国民の受け止め方について、「書物ではなく、直感に由来する真実」を意味する言葉として使った。まもなくこの概念はさまざまな状況に当てはまることが明らかになり[*8]、今では活発な科学的研究の対象となっている。

この分野の研究を主導しているのが、ノバート・シュワルツとエリン・ニューマンだ。詳しい話を聞くため、私はロサンゼルスの南カリフォルニア大学にある2人の研究室を訪ねた。シュワルツは前章で触れた、感情的意思決定に関する新たな研究においても主導的役割を果たしている。たとえば一見客観的選択も天候の影響を受けていることなどを明らかにしてきた。真実っぽさに関する研究はこの概念を発展させたもので、私たちは新たな情報の真実味を直感的にどう判断するのかを調べている。

シュワルツとニューマンによると、真実っぽさは2つの感覚がもたらすという。「親密性（同じようなことを以前にも聞いてなじみがあるか）」と「流暢性（その情報がなめらかに処理しやすいか)」だ。重要なのは、ほとんどの人はこの2つのぼんやりとした感覚が、自らの判断に影響していることに気づいてさえいないことだ。それにもかかわらずこの2つの感覚によって、私たちは特定の主張の前提条件に疑問を持つこともなく、そこに論理的整合性が欠如していることにも気づかず、信じようとする。

簡単な例として、シュワルツがこのテーマの初期の研究で使った質問を見てみよう。

――モーゼは方舟に、1つの種から何匹の動物を乗せたか?

正解はもちろんゼロである。モーゼは方舟など持っていなかった。方舟で洪水を乗り切ったのはノアである。だがシュワルツが一流大学のきわめて優秀な学生を対象に実験をしたとき、この事実に気づいたのは被験者のわずか12%だった。[*9] 問題はこの質問の言い回しが、私たちの聖書に対する概念的理解と基本的に合致していることだ。このため「動物の数」というおとりにまどわされ、そこに出てくる人名に注意が向かなくなる。「聖書に出てくる年取った誰かの話だったから、全体として主旨は合っている」とシュワルツは私に語った。つまりこの質問を目にすると、私たちは認知力を倹約しようとする。だからシュワルツが被験者とした優秀な大学生までが、誤りに気づかないのだ。

多くの感情がそうであるように、なじみやすさやなめらかさは正確なシグナルにもなりうる。あらゆることを、どこまでも細かく吟味するのは大変だ。聞き覚えのあることならなおさらだ。あることを何度も聞いたことがあるなら、それは多くの人が一致する見解ということであり、正しい可能性が高い。そのうえ一見、単純明快なことというのは、たいていはそのとおり、単純明快なのだ。背後に隠れた意図など存在しない。だからなめらかに感じることを信じるのは理にかなっている。

衝撃的なのは、この2つの要素を操作して少し見せ方を変えるだけで、私たちが重要な詳細をあっさり見逃してしまうということだ。

シュワルツの行った有名な実験では、先の文章がわかりやすい、読みやすいフォントで書かれていると、つまりなめらかに読めると、読みにくく処理しにくいフォントで書かれているときより、モーゼの罠に引っかかりやすいことが明らかになった。同じような理由から、私たちは理解しやすいアクセントで話す人を、なまりの強く理解しづらい人より信じる傾向がある。またインターネット・ショッピングでは、販売事業者の名前が発音しやすいと、そのランキングや他の利用者のレビューとは関係なく、信頼しやすくなる。文章がシンプルな韻を踏んでいると、脳はなじみのある音を処理しやすくなるため、「真実っぽさ」は高まる。[*10]

本章のはじめのほうに載せた質問に答えるとき、あなたはこうした要因に影響を受けただろうか。参考までに、ハチを印象派と立体派の違いを見分けるように訓練することは可能だ（左右の識別も可能なようだ）。コーヒーを飲むことで糖尿病のリスクを下げることは可能だが、関節を鳴らすのは関節炎の原因にはならない。[*11] あなたもたいていの人と同じように、文章の提示方法に影響を受けたかもしれない。薄いグレーのインク、読みにくいフォントで書かれていると、正しい文章でも読むのが難しく、結果として「真実っぽさ」が薄れる。また「昨日の敵は今日の友」と「人の心はあてにならず」は同じことを言っているが、前者のほうが語呂がいいため、頭に残りやすい。

ときには無関係の写真を見せるだけで、文章が真実っぽくなる。2012年にニューマンが行ったある実験では、有名人に関する文を読ませた（たとえば「インディー歌手のニック・ケイブは亡くなった」など）。[*12] 文を本人の写真と一緒に見せたところ、文だけを見せた被験者よりも文章の内容を正しいと信じる割合が高くなった。

言うまでもなく、ニック・ケイブの写真は人生のどの時期に撮影されていてもおかしくない。「写真を本人が亡くなった証拠ととらえる合理的理由はない。あるバンドに所属するミュージシャンということがわかるだけだ。だが心理学的観点から言うと、これは理にかなっている。対象を思い描いたり、想像したりするのを容易にするものは、判断に影響を与える」とニューマンは私に語った。ニューマンは他にもさまざまな一般常識にかかわる文章を使って、この原則を検証している。たとえば「マグネシウムは温度計に使われている液体金属である」「キリンは跳躍ができない唯一の哺乳類である」といった文を、温度計やキリンの写真と一緒に提示すると、被験者は肯定しやすくなった。ここでも写真は追加的証拠にはならないものだったが、被験者が文の内容を受け入れる割合は大幅に高くなったのだ。

興味深いことに、口頭による詳細な説明（たとえば有名人の身体的特徴など）にも、同じような効果が見られた。その人物が生きているのか、亡くなっているのかを考えるうえで、ニック・ケイブが白人男性の歌手であるという事実は何のかかわりもないはずだ。しかし、こうしたささやかな無関係な情報によって、文の説得力は確実に増す。

もしかすると文の真実っぽさを増す最も効果的な方法は、ただ反復することかもしれない。ある研究ではシュワルツの研究仲間が「ベルギー国家同盟党」（実験のために作った架空の団体）の党員が作成したとされる文書を配布した。ただ一部の文書には印刷ミスのためか、同じ人物の同じ発言が3回書かれていた。新しい情報はまったく追加されていなかったにもかかわらず、同じ発言を繰り返し読んだ被験者は、それをこの党全体のコンセンサスとして受け入れる傾向が強かった。

シュワルツが実施した実験でも、同じ効果が確認された。被験者が読んだのは、とある集団が地域の公園を保護するための措置を話し合ったときのメモだ。一部の被験者が読んだメモでは、特に発言の多い出席者が同じ主張を3回繰り返していた。他の被験者が読んだメモでは、3人の人物が同じ主張をしていたり、3人の人物がそれぞれ異なる主張をしていた。予想どおり、異なる人物が同じ主張をしているメモを読んだ被験者は、その主張に影響を受けやすかった。ただ同一人物が同じ主張を何度も繰り返したケースでも、同じように説得されていた。[*13]「2つのケースにほとんど違いはなかった。誰が何を言ったのか、被験者は気にしていなかった」とシュワルツは語る。

さらに問題なのは、私たちはよく目にする人になじみやすさを感じ、それによってその人を信頼しやすくなることだ。[*14] 何度も目にする人、耳にする声なら、嘘つきでも「専門家」になり、たった1人の声でも大合唱に聞こえてくる。

こうした方策は、デマを流すプロには常識だ。「伝道者が常に1つの根本原則を心に留め、たゆまずそれに注意を向けなければ、どれほど優れたテクニックを持っていても成功しないだろう」と、アドルフ・ヒトラーは『わが闘争』に書いている。「わずかな点に的を絞り、繰り返し語りつづけなければならない」

今日でも、こうした例は枚挙にいとまがない。インチキ薬のメーカーや流行のダイエットの提唱者などは、自らの主張をいかにもそれらしい専門的図表で解説する。実際には主張の裏づけとしてはほとんど意味がないのだが、効果は抜群だ。ある研究では脳スキャンを見せるだけでエセ科学的主張の信憑性が高まることが示されている。その写真が一般読者にはまるで意味がわからないものであっても変わりはない。[*15]

反復効果を使うと、規模は小さくても声は大きい少数派は、自分たちの意見が実際よりも支持されているかのような印象を世間に与えることができる。これは1960年代から70年代にかけて、タバコ業界のロビイストが頻繁に使った手法だ。タバコ協会副会長だったフレッド・パンツァーは内部メモで、業界が科学者を雇って圧倒的な医学的根拠に繰り返し異を唱えさせることで「健康被害を否定はしないものの、それに対する疑念を醸成するという見事な戦略」に言及している。[*16]

同じ方策は他のさまざまな疑惑に関しても使われてきたと見て間違いない。有名な気候変動否定論者（イギリス人のナイジェル・ローソンなど）がメディアに登場し、何の科学的根拠も示さずに、人間の活動と海水温上昇の関連に疑問を唱える様子を目にすることも多い。反復によって、少数派が同じメッセージを繰り返しているだけにもかかわらず、そこに信頼性があるかのように思えてくる。同じように携帯電話が癌を引き起こす、ワクチンが自閉症の原因であるといった主張を最初に聞いたとき、たいていの人は強い疑問を感じたはずだ。しかしそのような見出しを見るたびに、この主張は次第に真実っぽくなっていき、疑念は薄れていったのではないか。

さらに問題なのは、こうした主張を否定しようとしても、うまくいかず、むしろ意に反して噂を広めてしまうケースが多いことだ。シュワルツはある実験で、大学の学部生にCDCが作成した冊子を見せた。内容は、インフルエンザの予防接種を受けると具合が悪くなるといった、ワクチンに関する誤った噂を否定するものだった。だが30分も経たないうちに、被験者は誤った通説の15%を事実として記憶し、受け取った情報に基づいてどう行動するか聞かれると、予防接種は受けないと答える割合が高くなっていた。[*17]

問題は、誤った情報を訂正するためのつまらない説明はすぐに忘れられる一方、誤った主張は頭に残りやすく、その結果なじみやすさが高まるのだ。たとえ否定するためであっても、ある主張を繰り返すことで、意に反してその信憑性を高めてしまう。「警告のつもりがオススメに変わってしまう」とシュワルツは語った。

人食いバナナの噂を止めようとしたCDCは、まさにそんな憂き目に遭った。CDCの付けた見出し「バナナと壊死性筋膜炎に関する誤ったインターネット上の報告について」を見れば、それも当然と思える。人食いウイルスや政府の隠蔽といった鮮やかな（恐ろしい）イメージと比べると、かなりわかりづらく、専門用語で言う「認知の流暢性」に欠ける。

「動機づけられた推論」に関する研究からも明らかなように、私たちの世界観は、虚報への影響されやすさに大きくかかわっている。すでに抱いている意見に合致するメッセージはより流暢に（なめらかに）処理でき、親密性（なじみやすさ）を感じられるからだ。教育水準の高い人々が医学的誤情報に騙されやすい理由も、ここにあるのかもしれない。一般的に財力があり、大学を卒業している中流層のほうが、健康に関する不安は高い。医師に関する陰謀論や代替医療への傾倒は、こうした思考体系と相性が良い。

同じプロセスは、政治家の嘘が訂正されてからもずっと広がりつづける原因なのかもしれない。たとえばバラク・オバマはアメリカで生まれたのではない、といったドナルド・トランプの主張である。「動機づけられた推論」の研究を踏まえれば当然と言うべきか、とりわけそれを信じたのは共和党員だが、２０１７年になっても民主党員の14％もそれを信じていた。[*18]

この知的惰性とも言うべき現象は、広告キャンペーンのメッセージについても観察される。たとえばマウスウォッシュ、リステリンのマーケティングだ。リステリンの広告は何十年にもわたり、喉の痛みに効き、風邪を予防する効果があると消費者にアピールしてきた。しかし１９７０年代末の長期にわたる法廷闘争の結果、アメリカ連邦取引委員会は販売会社にこの作り話を訂正するコマーシャルを流すよう命じた。しかしそれまでの広告を撤回するための、1000万ドルを投じた16カ月にわたるキャンペーンにもかかわらず、その効果はごくわずかだった。[*19]

虚報に関するこうした新たな研究成果は、真実を広める役割を担う組織に猛省を促してきた。

クイーンズランド大学のジョン・クックと、西オーストラリア大学のスティーブン・ルーアンダウスキー（いずれも所属は当時）は、非常に影響力のあった白書のなかで、ほとんどの組織は「情報欠乏モデル」に基づいて行動してきたと指摘した。虚報は知識不足がもたらすという考え方だ。[*20] その場合、ワクチンに関するデマへの対処法は、事実を提示し、それができるだけ多くの人の目に留まるようにすることになる。

しかしインテリジェンス・トラップに関する新たな理解は、それだけでは不十分なことを示している。優秀で教育水準の高い人々なら、事実をそのまま受け入れてくれると想定するのは間違いだ、とクックとルーアンダウスキーは指摘する。「重要なのは彼らが何を考えるかだけでなく、どのように考えるかだ」

2人が作成した「嘘を見抜く方法」は、いくつかの解決策を示している。まず虚報と闘う組織は、誤った認識をとりあげ、事実を説明するという「嘘攻撃型」アプローチを捨てなければならない。たとえば国民保険サービス（NHS）のウェブサイトを見ると、10個の誤った通説がページの右上に太字で書かれている。[*21] ページの下のほうにも、再び太字で見出しとして列挙されている。最新の認知科学の研究は、このようなアプローチは虚報そのものを強調しすぎていることを示している。何度も見せることで、情報として事実よりもなめらかに処理されるようになり、反復によってなじみやすさも高める。すでに見てきたとおり、この2つの感覚（認知の流暢性と親密性）は真実っぽさを高める。反ワクチン派ですら、これほど効果的に自らの主張をアピールすることはできないだろう。

誤った情報を否定するためには、ウェブページ上で事実のほうを目立たせるように配慮すべきだ、とクックらは主張する。可能であれば、通説を繰り返すのは一切やめたほうがいい。たとえばワクチンへの不安を打ち消したいのであれば、科学的に証明されたプラスの効果だけに照準を合わせればいい。それでも通説に触れる必要があるならば、少なくとも伝えようとしている真実より、虚偽の主張のほうが目立たないように工夫しよう。「インフルエンザ・ワクチンは安全で有効」という見出しのほうが、『ワクチンがインフルエンザの原因となる』説の嘘」よりずっといい。

クックとルーアンダウスキーは、多くの組織が事実の提示に熱心になりすぎるあまり、主張が複雑になりすぎていると指摘する。その結果、メッセージのなめらかさが低下する。それよりは提示する証拠を厳選したほうがいい。ときには事実を2つだけ提示するほうが、10個提示するよりはるかに効果的なこともある。

賛否の分かれるテーマについては、フレーミング方法を工夫することで、受け手の「動機づけられた推論」を抑制できる。たとえば企業は二酸化炭素の排出量に応じて費用を負担すべきだと主張する場合、「税金」という言葉を使うより「カーボンオフセット」という言葉を使ったほうが保守派の支持を得やすい。税金のほうが含意のある言葉で、保守派の政治的アイデンティティを刺激しやすいからだ。

公衆衛生に関するさまざまなウェブサイトを閲覧してみると、まだ道は遠いと言わざるを得ない。それでも改善の動きはある。２０１７年、世界保健機関（ＷＨＯ）は「反ワクチン」活動家の広める誤った情報に対処するため、クックらのマニュアルを採用すると発表した。[*22]

では、私たちが自分自身を虚報から守るには、どうしたらよいのか。

この問いに答えるには「認知反射」と呼ばれるメタ認知について、詳しく知る必要がある。これは前章で触れた内省とかかわりはあるが、感情的自己認識ではなく、事実的情報への対応方法に的を絞ったものだ。

認知反射はわずか3つの質問から成る、シンプルなテストで測定できる。どのようなものか、次の例題を見てみよう。

・バット1本とボール1個は合計1ドル10セントだ。バットはボールより1ドル高い。ボールはいくらか。**答え（　）セント**

・湖面をスイレンの葉が覆っている。葉の面積は日々、倍増する。48日目に湖面全体が覆われるとすると、湖面の半分が覆われるのは何日目か。**答え（　）日目**

・機械5台を5分間動かすと、製品が5個できる。機械100台で製品を100個つくるには、何分かかるか。**答え（　）分**

小学校レベルの算数がわかれば、解けるような問題ばかりだ。しかしほとんどの人（アイビーリーグと呼ばれる名門大学の学生を含む）は、3つのうち1、2問しか正解しない。[*23] それはどの質問も一見明らかなようで、誤った答え（10セント、24日、100分）を誘発するように設計されたものだからだ。こうした誤った思い込みに疑問を持たないと、正解（5セント、47日、5分）にはたどりつけない。

これは第1章で見たIQテストの質問とはかなり異なっている。IQテストの場合は高度な計算は求められるが、一見それらしいが誤っている回答を問い直す姿勢は求められない。このように認知反射テスト（CRT）は、私たちがどのように情報を評価するか、そしてミスリーディングなサインに抗う能力があるかを調べる、簡潔でおもしろい方法だ。実際に日々の生活で直面するのは、このようなはっきりとしない問題であり、誤解を招くようなメッセージだ。[*24]

当然ながら、認知反射テストでスコアが高い人は、さまざまな認知バイアスにとらわれにくい。さらにキース・スタノビッチのRQテストのスコアも高い。

そんななか2010年代初頭には、ゴードン・ペニークックという博士課程の学生（当時はウォータールー大学に在籍）が、認知反射はモノの考え方そのものに影響を与えるのではないか、という仮説を研究しはじめた。自らの直感を疑い、他の選択肢を検討できる人は、証拠を額面どおりには受け取らず、虚報に騙されにくいのではないか、とペニークックは考えた。想定どおり、このような分析的な思考スタイルを持つ人は、根拠のない考えや代替医療を支持しない傾向が見られた。その後の研究で、進化論を否定したり、9・11の陰謀論を信じたりする傾向も弱いことがわかった。

重要なのは、知能や教育水準といった他の潜在的要因をコントロールしても、同じ結果が得られたことだ。つまり本当に重要なのは、単なる地頭の良さではない。それを使うかどうかだ。[*25]「認知能力と認知スタイルは分けて考える必要がある」とペニークックは語る。ありていに言えば「考える意欲がなければ、実質的には賢くないということだ」。思考や推論能力に関する他の評価基準でも見てきたように、自分が全体のなかでどれくらいのレベルにあるのか、まるでわかっていない人が多い。「実際には分析的（内省的）思考力が低い人が、かなり得意なつもりでいる」

ペニークックのその後の研究のなかで、特に世間の関心を集めたものがある。「最初は笑ってしまうが、その後は考えさせられる研究」としてイグ・ノーベル賞も受賞した。分析の対象となったのはソーシャルメディアでよく見かける、一見高尚で、「深みがありそうなたわごと」だ。騙されやすさを測るため、被験者には意味のないさまざまな文の「奥深さ」を評価させた。そのなかには「隠された意味が比類なき抽象的美を変容させる」といった、一見スピリチュアルな雰囲気のある、意味のない言葉の羅列も含まれていた。それと並べてニューエイジ思想のカリスマで、いわゆる「クォンタム・ヒーリング」の提唱者として20冊以上の著書がニューヨーク・タイムズ紙のベストセラーリストに載った、ディーパック・チョプラの本物のツイートも見せた。たとえば「注意と意図はマニフェステーション（現実化）のメカニズムである」「自然は意識の自律的エコシステムである」といった文言だ。

モーゼの問題と少し似ているが、こうした文章は一見、意味があるように思える。じっくり内容を分析しなければ、温かいスピリチュアルなメッセージが含まれていると思わせるキーワードも含まれている。案の定、ＣＲＴスコアの低い被験者は、分析的マインドセットのある被験者と比べて、深みのありそうなたわごとに意味があると錯覚する傾向が見られた。[*26]

ペニークックはこの「たわごと受容性」が、フェイクニュースに引っかかりやすいかどうかにも影響するかを調べている。フェイクニュースとはソーシャルメディアを通じて拡散する、本物のニュースを偽装しつつ、実際には根拠のない主張である。２０１６年の大統領選挙のあいだのフェイクニュースに関する議論を受けて、ペニークックは数百人の被験者にさまざまなニュース記事を見せた。第三者による事実確認を受けて真実だと確認されたものもあれば、虚報と判断されたものもあった。全体として、民主党に好意的な記事と共和党に好意的な記事をバランスよく含めた。

たとえばニューヨーク・タイムズ紙の《ドナルド・トランプ、「必ず」イスラム教徒に登録を義務づけると発言》という記事は、事実に基づく正真正銘のニュースだった。

一方NSCOOPERドットコムが配信した《マイク・ペンス、「同性愛転換セラピーによって離婚を免れた」と発言》という記事は、事実確認の結果、フェイクニュースと判断された。
ペニークックがデータを分析したところ、認知反射が優れている人は、ニュースソースの名前を示されたか否か、そしてニュースの内容が自らの政治信条と一致しているか否かにかかわらず、2本の記事の正誤を見分けることができた。自らの先入観を裏づけるために記事を使うのではなく、内容をしっかり読み、信憑性があるか判断していた。[*27]
ペニークックの研究は、内省的に考えるよう努めることで、虚報に騙されるのを防げることを示唆しているようだ。最近の研究では、ちょっとした働きかけにも効果があることが示されている。2014年、ウェストミンスター大学のバイアン・スワミは、被験者にシンプルな単語ゲームに挑戦してもらった。言葉のなかには「推論」「熟考」「合理的」といった思考に関する言葉や、「ハンマーで打つ」「ジャンプする」といった身体的概念が含まれていた。
思考に関する言葉を使ってゲームをした被験者に、「モーゼの方舟」の質問を与えたところ、誤りに気づく人が多かった。つまり情報をより慎重に処理するようになっていたのだ。興味深いことに、陰謀論に対してもそれまでより否定的になっていた。つまり自分がそれまで抱いていた考えについても、慎重に考えるようになったということだ。[*28] 問題は、こうした研究の成果を、どうすれば日々の生活に活かせるかだ。マインドフルネスの手法には、分析的視点を身につけ、受け取った情報から拙速に結論を導き出さないようにするのに効果的なものもある。[*29] たった一度の瞑想によって、認知反射テストのスコアが改善することを示した興味深い実験もある。今後の研究によって、瞑想が虚報の処理にどのような影響を及ぼすかが明らかにされることを期待したい。[*30]

だがシュワルツは、意思の力や意欲さえあればあらゆる虚報から身を守れるようになるという考えには懐疑的だ。私たちが日々膨大な情報にさらされていることを考えても、そのすべてに一律に疑念を持つことは難しい。「日がな一日、目にしたこと、言われたことすべてを確認しているわけにはいかない」とシュワルツは言う。[†] たとえば時事問題や政治について、信頼性のあるニュースソースはどれか、私たちに

---

† ペニークックは内省的思考とスマホの使用には負の相関があることを示している。つまりフェイスブック、ツイッター（現・X）、グーグルをチェックすればするほどCRTのスコアは悪くなる。相関が因果関係なのか、その場合はどちらが原因でどちらが結果なのかはまだわからないが、テクノロジーによって私たちが思考的に怠惰になっている可能性はある。「さまざまなことを自ら調べ、考えるのと比べて、内省をしなくなり直感的になっている可能性はある」

はそれぞれ独自の考えがある。それはニューヨーク・タイムズ紙、ＦＯＸニュース、ブライトバート、あるいはあなたの身内、叔父さんかもしれない。いずれにせよ、そうした先入観を克服するのは難しい。最悪の場合、自分がすでに持っている意見と合致する情報の大部分については疑問を持たずにやり過ごし、気に入らない情報だけを分析するかもしれない。その結果、誤った思考から身を守ろうとする善意の努力によって、むしろ「動機づけられた推論」の罠にはまってしまうおそれもある。「意見の極端化につながるだけかもしれない」とシュワルツは指摘する。

慎重さを持つことは重要だ。あらゆる虚報から身を守るための、頑丈な心理的シールドを構築することは不可能かもしれないが、それでもとんでもない誤りへの防御を固めつつ、より内省的で賢明なマインドセットを身につけられることを示す証拠はある。要は、慎重さも正しく使わなければならないということだ。

パトリック・クロスケリーが医学生のために考案した認知バイアスを排除するプログラムのように、虚報対策は「接種」のかたちをとることが多い。特定のタイプのたわごとを知ることで、他のタイプに接したときにもそうと気づけるようにするのが狙いだ。思考のなかに小さなアラームを埋め込み、必要なときには自動的に分析的で内省的な思考モードに切り替わるようにすることで、危険な兆候を察知できるようにする。

ジョン・クックとスティーブン・ルーアンダウスキー（「嘘を見抜く方法」の執筆者）の研究は、この方法がきわめて効果的であることを示唆している。2人は2017年、人間の活動が引き起こす気候変動についての誤った情報を正す方法を調査していた。特に注目したのは、科学的コンセンサスは間違っているという風説を拡散しようとする試みである。

実験では気候変動に関する誤った情報そのものを扱う前に、まずタバコ産業が喫煙と肺癌との関連を指摘する科学的研究に疑念を呈するために、どのように「ニセの専門家」を使ったかを示すファクトシートを被験者に見せた。

続いて気候変動に関する誤った情報の具体例を示した。俗にいうオレゴン請願書で、生化学者のアーサー・B・ロビンソンが中心となって科学の学位を持つ3万1000人の署名を集めたものだ。全員が人間の発生させる温室効果ガスが地球の気候変動の原因であるという説に疑問を抱いている、という触れ込みだった。だが現実には、署名には信憑性がなかった。リストにはスパイスガールズのメンバーだったジェリ・ハリウェル博士の署名まであった。[*31]しかも問い合わせを受けた署名者のうち、気候科学を正式に学んだことがあった者は1％に満たなかった。

それ以前の研究では、オレゴン請願書について資料を読んだ被験者の多くが、専門家の経歴に疑念を抱かず、その主張に納得していた。「動機づけられた推論」に関する理論の示すとおり、右派寄りの考えを持つ人のあいだでは、特にその傾向が顕著だった。しかしタバコ産業の戦術を学んだクックの被験者たちは、誤った情報に対してより懐疑的になり、全体的意見は影響を受けなかった。それ以上に重要なのは、「接種」は被験者の政治信条にかかわらず誤った情報の影響を中和する効果があったことだ。多くの場面で私たちが嘘を受け入れ、真実を拒絶する原因となる「動機づけられた推論」が、まったく見られなかった。[*32]「接種は政治信条にかかわらず効果がある。私にとってはこの部分が最も興味深かった」とクックは語る。「どんなイデオロギーを持っているにせよ、論理的に誤ったことに騙されたい人間はいない。これは非常に心強い、興味をそそる発見だ」

同じように興味深いのは、ある分野の誤った情報（喫煙と肺癌の関連の有無）に関する「接種」が、別の分野（気候変動）での誤りの予防に役立ったという事実だ。まるで被験者は頭のなかに小さなアラームを埋め込まれたように、「真実っぽく」感じた情報をただ受け入れるのではなく、目を覚まし、分析的思考を効果的に使っていた。「接種によって防御のシールドができていた」

「接種」の効用を知った学校や大学のなかには、学生たちに誤った情報について明確な教育を実施するところも出てきた。[*33]

もちろんすでに多くの教育機関が批判的思考の授業を実施しているが、その内容は理念的、論理的原則を学ぶ無味乾燥なものであることが多い。それに対し接種理論は、私たちがどのような主張に騙されやすいのか、実例を使って明示的に教えることの必要性を示している。[*34] 世の中にどれほど誤った情報が蔓延しているか、そしてそれが私たちの判断にどのような影響を及ぼすかを示さなければ、学生たちが学んだ批判的思考を実践することは期待できない。

これまでのところ「接種」の講座をわずか1学期受講しただけで、学生のエセ科学、陰謀論、フェイクニュースへの支持が大幅に低下するなど、心強い結果が出ている。それ以上に重要なのは、こうした講座によって批判的思考力を示すさまざまな指標に改善が見られることだ。たとえば統計を解釈する力、論理的誤謬を発見する力、別の見解を考える力、そして結論を導き出すために追加情報が必要なことに気づく力などだ。[*35]

ここに挙げた批判的思考の基準は、第5章で見た賢明な思考力のテストと完全に一致はしないが、重複する点はいくつかある。たとえば自らの前提を疑う能力、起こった出来事について別の見方を考える能力などだ。重要なのは、イゴール・グロスマンの「根拠に基づく知恵」の研究や前章で見た感情の識別やコントロールのスコアと同じように、このような批判的思考の評価には一般的知能とそれほど強い相関は見られないことだ。また標準的な知能テストより、人生の成果を予測するのに有効だ。[*36] 批判的思考のスコアが高い人は、たとえば効果の実証されていない流行のダイエットに飛びついたりしない。またオンラインで見知らぬ相手に個人情報を教えたり、避妊をせずにセックスをしたりしない。ここから明らかなように、賢くても愚かな過ちを犯す人間になりたくなければ、批判的思考を身につけることが不可欠だ。

こうした研究成果は、本書の読者には朗報と言えるだろう。誤った通説や考えにかかわるさまざまな心理学理論を学ぶことによって、すでに虚偽の主張から身を守る力を身につけているかもしれない。接種理論に基づく既存の教育プログラムからは、まず取り組むべきことについて、さらに多くの示唆が得られる。

虚偽から身を守る第一歩は、正しい質問をする癖をつけることだ。

・この主張をしているのは誰か。どのような経歴か。私を説得しようとする動機は何か。
・この主張の前提はどのようなものか。そこに欠陥はないか。

・私がもともと持っていた前提はどのようなものか。そこに欠陥はないか。
・この主張に対し、別の見方はできないか。
・主張の根拠は何か。別の見方と比べると、どうか。
・判断を下す前に、どんな追加情報が必要か。

真実っぽさに関する研究からは、主張の提示方法にも注意する必要があることがわかる。その提示の仕方は、主張に追加的根拠を付与するものか。それとも証拠のような幻想を与えるだけか。同じ人が繰り返し同じ主張をしているだけか、それとも本当に複数の人が同じ意見に収束したのか。エピソードは有益な情報を伝えているか。それはハードデータに裏づけられているのか。それともストーリーのなめらかさを高めているだけなのか。アクセントが自分と似ていて、理解しやすいというだけの理由で、その人物を信頼していないか。

最後に、よくある論理的誤謬について、少し資料を読むことをお薦めしたい。それによって頭のなかに「アラーム」が埋め込まれ、「真実っぽい」が実は誤った情報に騙されそうになったとき警報が発せられるかもしれない。参考までに、最も一般的な論理的誤謬のリストを252～253ページにまとめておいた。

論理的誤謬	解説	例
無知に訴える	証拠のないことが、一種の証拠とされる。	「古代エジプト人がどのようにピラミッドを造ったか説明できないので、造ったのは異星人に違いない」
権威に訴える	誰かの経歴を見て、その主張が他の証拠と矛盾していても、正しいに違いないと思うこと。その専門家の意見が自らの専門領域でも支持されていない場合は問題である。	ノーベル賞受賞の生物学者のキャリー・マリスは、HIVはエイズの原因ではないと主張する。「これほど優秀な人がそう思うのであれば、正しいに違いない」。スポーツ選手が健康サプリメントを薦めると、同じ効果がある。彼らがすばらしく健康だからといって、その栄養に関するアドバイスが妥当とは限らない。
相関性を因果関係の証明と見る	2つの事象が偶然重なると、他の要因を考慮せずに片方がもう一方の原因だと考える。	流行のダイエットを実践する人は長生きするかもしれないが、その原因は健康への意識が高く、よく運動するためかもしれない。
論点のすり替え	わざと論点を歪めて、議論をおかしく見せる。会話では「つまりあなたが言っているのは……」と言いながら、相手の議論を不正確に、あるいは過度に単純化してまとめる。	「ダーウィンの理論は人種差別を正当化するために使われた。このため進化論そのものが人種差別的イデオロギーである」(これはルイジアナ州議会が教育政策を見直すにあたり、実際に検討している論拠である*37)。ちなみに同じような議論はIQを否定するためにもよく使われる。しかしルイス・ターマンの政治信条に問題があったとしても、それは科学的な実験結果を否定する根拠にはならない。

論理的誤謬	解説	例
群れの心理に訴える	多くの人が支持することを、その主張に価値があることの証明と見なす。	「何百万という人がホメオパシーによって症状が改善したと言っている。だから有効な治療法に違いない」
誤った二分法	複雑なシナリオにおいて、本当はたくさん選択肢があるのに、まるで選択肢が2つしかないかのように提示する。	「すべての地域の、すべての国家が今、判断を迫られている。われわれと組むか、テロリストと組むかだ」9・11後のブッシュ大統領の発言。
おとり情報	無関係の情報を使って、主張の欠陥から聞き手の注意をそらせる。	「間接喫煙は危険かもしれないが、たとえタバコを禁止したとしても、食べすぎたり酒を飲みすぎたりする人は必ずいるはずだ」。後半部分は前半とは無関係だが、前半を支持する根拠であるかのように示されている。
手前勝手な議論	問題となっている事例には、通常の理屈や証拠は当てはまらない、とする主張。	霊能者は、科学的実験(や科学者による懐疑的見解)によって自分の霊能力が発揮しにくくなる、と主張することが多い。アーサー・コナン・ドイルは特にこの誤謬に陥りやすかった。

このような防御策は、当たり前のことを言っているように思えるかもしれない。しかし、それを現実生活で活かすすべを身につけずに大学を卒業してしまった人が大勢いることを示す厳然たる証拠がある。[*38] また自信過剰バイアスは、自分にはすでに免疫があると思っている人こそ、実は最もリスクが高いことを示している。

たわごとに騙されるのを本当に防ぎたいと思うのであれば、こうしたルールを身につけ、できるかぎり実践していくことが重要だ。それも疑わしいと思う主張だけでなく、自分が賛同する議論についても当てはめる必要がある。このプロセスが有意義だと感じたら、こうしたスキルをさらに伸ばすためのオンラインコースがたくさんあるので、ぜひ活用してほしい。

接種理論によると、最初は比較的議論の分かれない無難なテーマ（たとえば人食いバナナなど）を選び、懐疑的思考の基本を学ぶのが好ましい。それから頭に深く刻み込まれ、疑問を持つのが難しい信念（気候変動など）に移っていく。いずれにおいても、自分はなぜ特定の立場に強く共感するのか、それは本当に自分のアイデンティティの根幹にかかわる問題なのか、あるいはそれほど重大な問題ではないととらえなおすことができないか、自問してみよう。

数分間かけて、自分自身について前向きで自己肯定的なこと、自分にとって本当に重要なことを書き出してみるといったシンプルな作業をするだけで、新しい考え方によりオープンになれる。この作業によって、自分の価値は特定の問題について正しいと認められることにかかっているわけではないと理解し、特定の意見を自分のアイデンティティと切り離すことができるため、「動機づけられた推論」が抑えられることが研究で示されている[*39]（たとえば気候変動を信じることは、保守派という政治的立場を崩すことにはならない。それは新たなビジネスやイノベーションの機会とすら言えるかもしれない）。そうすればそもそも自分がなぜそうした結論に至ったか改めて考えたり、目の前の情報を見直して自分がなじみやすさやなめらかさに影響されていないかを確認したりといったことが可能になる。

自分でも驚くような発見があるかもしれない。私自身、こうした手法を実践することで、遺伝子組み換えなど、いくつかの科学的問題に関する意見が変わった。リベラル派のご多分に漏れず、私もかつては環境への配慮から遺伝子組み換え作物に反対の立場だった。しかしニュースソースに意識的になるほど、自分がグリーンピースなど少数の団体からの否定的意見ばかりに耳を傾けていることに気づいた。その結果こうした懸念が、実態よりも多くの人に共有されていると思うようになっていた。しかも有害な副作用に関する警告や、フランケンシュタイン的植物の蔓延といったイメージには、認知の流暢性があり、私の直感的な環境に対する考えと一致していた。しかし証拠をじっくり見てみると、リスクはきわめて小さい反面（しかもほとんどが裏づけの乏しいデータに基づいていた）、害虫に強い作物を生み出すことで殺虫剤の使用を抑える潜在的メリットは非常に大きいことがわかった。

　グリーンピースの元リーダーでさえ最近では「人道的行動よりイデオロギーを優先させるのは、道徳的に容認できない」として、かつての同僚たちの不安を煽るような姿勢を批判している。[*40] 私は気候変動を否定する人々や反ワクチン活動家を長らく軽蔑してきたが、別の問題について自分も同じくらい狭量だったことに気づいた。

　たわごと探知技術の最後の講師として、私はカリフォルニア州サンタバーバラに住む、著述家のマイケル・シャーマーを訪ねた。過去30年にわたり、シャーマーは懐疑主義の活動家として主導的役割を果たしてきた。主な目的は一般市民に対し、日々の生活で合理的思考と批判的思考を実践するよう促すことだ。「最初にターゲットとしたのは、テレビに出てくる心霊現象、占星術、タロットカード占いなどやりやすい分野だが、次第に地球温暖化、特殊創造説、反ワクチンといった『本丸』に切り込むようになってきた。今はフェイクニュースだ」と私に語った。

シャーマーもずっとこういう人間だったわけではない。自転車競技の選手として、かつてはパフォーマンスを上げるために（合法だが）効果の実証されていない治療法に頼ったこともある。たとえば消化を促すための腸の洗浄や、「ロルフィング」と呼ばれる、体の結合組織に働きかけ、「エネルギーフィールド」を強化するというふれこみの荒々しい（痛みを伴う）理学療法などだ。夜は癒し効果のある脳の「α波」を強めるという「電気アキュスコープ」装置を頭に装着していた。

シャーマーが目覚めるきっかけとなったのは、1983年のカリフォルニア州サンタモニカからニュージャージー州アトランティックシティまでを走る「レース・アクロス・アメリカ」だ。このレースのためにシャーマーが雇った栄養士は、新たな「マルチビタミン療法」を勧めた。ひどいにおいのする高価な錠剤を口いっぱい飲み込まなければならない。その結果は「アメリカで一番高価で色鮮やかな尿」が出てきただけだった。だが3日目には、もう十分だという気になった。そしてコロラド州ラブランドパスの険しい上り坂で苦い錠剤をすべて吐き出すと、二度と騙されないと誓った。「人を疑うほうが信じるよりずっと安全に思えた」とのちに書いている。[*41]

数日後には早速、身につけたばかりの懐疑主義が試される場面がやってきた。ちょうどレースの中盤であるネブラスカ州ハイグラー付近で、シャーマーはひどい疲労と闘っていた。45分間のうたた寝から目覚めたとき、自分はスタッフに変装した異星人に囲まれ、母船に連れていかれるのだと確信したという。だが再び眠りにおち、すっきり目覚めてみると、自分は身体的、精神的疲労から生じる幻覚を見たのだとわかった。記憶は鮮明で、まるで実際に起きたことのようだった。自己認識がもっと弱かったら、かつてそう信じた多くの人々のように本当に誘拐されそうになったと誤解していたかもしれない。

その後シャーマーは科学史家、ライター、講演者として、霊媒者、インチキ医師、9・11陰謀説の提唱者、ホロコースト否定論者に立ち向かってきた。その過程で知性の強力な働きによって、真実が見えることも、逆に見えなくなることもあるのを目の当たりにしてきた。

これほど長きにわたってたわごとの論破に取り組んできた人物なら、さぞ厭世的でひねくれているのだろうと思うかもしれない。だが会ってみると、シャーマーは驚くほど人好きのする人物だった。その後わかったことだが、この温和な態度は多くの敵の警戒心を解き、その動機を理解するのに欠かせないものだった。「私は（ホロコースト否定論者の）デビッド・アービングのような人間ともつきあうんだ。少しお酒を飲めば、彼らも打ち解けて、自分の本当の考えを話すからね[*42]」

「接種」という言葉こそ使わないが、シャーマーがチャップマン大学で教える「懐疑主義入門」は、最も包括的な接種講座の1つと言える。[*43] 最初のステップは「車に乗る前にタイヤを蹴ったり、ボンネットの中を確認したりするようなもの」だと言う。「その主張をしているのは誰か。情報源はどこか。それが正しいことを別の誰かが証明しているのか。証拠は何か。証拠はどれくらい確かなものか。その証拠が誤っていることを証明しようとした者はいないか。これがでたらめ探知のイロハだ」

私が話を聞いた他の多くの心理学者と同じように、シャーマーもこうした原則を教えるには、虚報とはどのようなものかを示す鮮烈な実例を見せることが不可欠だと確信している。通常の学術的教育によって、私たちに必要な防御システムが備わると考えるのは誤りだ。「教育のほとんどは、特定分野の事実や理論を学生に教えることに費やされる。物事全般を懐疑的かつ科学的に考える方法は必ずしも教えていない」

シャーマーは講座の雰囲気を伝えるため、陰謀論の多くが用いる「ささやかな齟齬を証拠とする戦術」を説明してくれた。何かが誤っているという、一見説得力のある主張を生み出すための方便だ。たとえばホロコースト否定論者は、アウシュビッツ＝ビルケナウ強制収容所の（大きな損傷を受けた）ガス室「クレマⅡ」の構造が、ナチス親衛隊（SS）がガスのペレットを天井の穴から放り込んだという目撃者の証言に矛盾する、と主張する。それをもとに、だからクレマⅡで毒ガスによって死亡した者はいないはずだ、それゆえにアウシュビッツ＝ビルケナウで毒ガスで殺された者はいない、つまりナチスが組織的にユダヤ人を殺した事実はない、だからホロコーストは存在しなかったという主張を展開する。

このような主張が流暢に展開されたら、私たちの分析的思考はそれを受け入れてしまうかもしれない。クレマⅡの天井の穴の有無にかかわりなく、大量虐殺を示す航空写真、合同墓地に葬られた数百万人の遺骨、そしてナチス協力者自身の証言など、ホロコーストに関する膨大な証拠があったとしても、である。クレマを再現する試みにより、穴があったことは確認されているので、この主張そのものが誤った前提に基づいている。重要なのは、たとえ齟齬が事実だったとしても、それだけでホロコーストの歴史そのものを覆すには不十分である、ということだ。

同じ戦術は、9・11のテロ攻撃を「内部の犯行」と主張する人々にもよく使われる。彼らの中心となる主張の1つが、航空機のジェット燃料は燃えたとしても、ワールドトレードセンターのツインタワーの鉄骨を溶かすほどの高温には達しないので、それで高層ビルが崩壊したのはおかしい、というものだ（鋼鉄の溶解温度は摂氏1510度近く、一方ジェット燃料の燃焼温度は摂氏825度前後）。実際、ジェット燃料の燃焼温度では鋼鉄は溶けないが、その強度は大幅に低下すること、つまり鉄骨は建物の重みを支えられなくなっていたことを技術者は証明している。ここから得られる教訓は、変則的事象を使って膨大なデータに疑問を投げかける戦術には注意すること、そしてちょっとした疑問によって歴史そのものの書き換えを認める前に、別の説明ができないか考えてみる必要があるということだ。[*44]

シャーマーはオープンマインドを保つことの大切さを訴える。たとえばホロコーストについては新たな証拠の発見によって、当初の証言が修正される可能性を認めつつ、確認された膨大な事象を否定しないことが重要だ。

シャーマーはまた、誰もがそれぞれの「エコーチェンバー」(価値観の近い人ばかりのコミュニティ)を出て、他の世界観に触れようとすることが必要だとアドバイスする。たとえば気候変動否定論者と話すときに、彼らが不安視する化石燃料の消費規制による経済への影響について質問してみると、彼らの科学的見解の前提がわかるかもしれない。「地球温暖化に関する事実は政治的なものではない。それは紛れもなく科学的なものだ」。これは本書で見てきたさまざまなルールと重なる。調べる、他人の話を聞いて学習する、ぱっと頭に浮かぶものとは違う説明や見解を求める、そして自分がすべての答えを持っているわけではないと受け入れることが重要だ。

シャーマーは学生にこうした手法を教えることによって、新たな情報に対してオープンマインドで接しつつ、出所を分析する姿勢を身につけてほしいと期待する。「それが学生たちを未来に向けて備えさせ、彼らが20年後に今の私には想像もつかないような主張に直面したとき、『ああ、あのときシャーマーの授業で習ったことに似ているな』と思ってほしい。これは誰もがさまざまな場面で活用すべきツールだ。あらゆる学校で教えるべきだと思うね」

第1部でインテリジェンス・トラップの根本原因を考察したのに続き、第2部では「根拠に基づく知恵」という新たな研究分野から明らかになった、さまざまな思考力や性質を見てきた。たとえば知的謙虚さ、積極的なオープンマインド思考、感情の識別とコントロール、認知反射などで、それらを活用することで知能という強力な思考エンジンをコントロールし、知的で教育水準の高い人が陥りやすい落とし穴を回避する方法を学んできた。

さらに判断の質を高めるための実践的方法もいくつか見てきた。ベンジャミン・フランクリンの精神的代数、自己距離化、マインドフルネス、内省的思考、さらには感情的自己認識を高め、直感を研ぎ澄ますためのさまざまなテクニックだ。そして本章では、こうした方法を高度な批判的思考スキルと組み合わせれば、誤報や虚報から身を守れることを見てきた。ここで学んだことを実践すれば、認知の流暢性の罠に注意し、政治、健康、環境、ビジネスについて賢明な意見を持てるようになるだろう。

ここに共通するのは、インテリジェンス・トラップが生じるのは、立ち止まり、最初に頭に浮かんでくる考えや感情をコントロールして、身の回りの世界を別の視点から眺めてみることが難しいからだ、という認識である。基本的には、想像力の欠如が問題なのだ。ここに挙げたテクニックは、そうした状況を回避する方法を教えてくれる。またシルビア・マミードが示したように、思考を少しのあいだ止めるだけで、すばらしい効果がある。

しかし個々のテクニック以上に注目すべきは、ここに挙げた研究成果はある重要な考えを裏づけていることだ。それは標準的な学力テストが測るもの以外にも、重要な思考力はたくさんある、ということだ。それは知能を正しい方向に導き、より精度高く、正確に使いこなすために必要なものだ。しかもこうした思考力は現在、一般的な教育現場では育まれていないものの、学習によって身につけることが可能である。自らトレーニングを積むことで、誰もがより賢明に思考できるようになる。

第3部ではこうした考えをさらに発展させ、「根拠に基づく知恵」によって、学習と記憶の質を高められることを見ていく。その過程で、新たな思考力を身につけるためには従来型の知能を犠牲にしなければならない、という考えにはっきりと終止符を打つ。そのためにまず、まれにみる興味深い人物を紹介しよう。

第3部 実りある学習法

――「根拠に基づく知恵」が記憶の質を高める

第7章 なぜ賢い人は学ぶのが下手なのか

——硬直マインドセット

さて、ここで1920年代末のアメリカに話を戻そう。カリフォルニア州ではルイス・ターマンの天才たちが高校に進学した頃で、まだ彼らの前途は洋々としていた。しかし、今回私たちが注目するのはリッティという名の少年だ。ニューヨークのファー・ロッカウェーの自宅の研究室で機械いじりに夢中になっている。

「研究室」と言っても、古い木製の荷箱のなかに棚、暖房機、蓄電池、電球の電気回路、スイッチ、抵抗器などを詰め込んだだけの場所だ。リッティの一番の作品はお手製の盗難警報機で、自分の部屋に両親が入ったらベルが鳴る仕組みになっていた。顕微鏡で自然を研究し、ときには化学セットを戸外に持ち出して他の子供たちにショーを披露していた。

実験が常にリッティのもくろみどおりうまくいったわけではない。あるときフォード車の点火コイルで遊んでいた。火花によって紙切れに穴を開けることはできるだろうか、とリッティは考えた。実際穴は開いたが、あっという間に紙は燃えあがった。熱くて持っていられなくなり、リッティがそれを紙くず入れに落とすと、もちろんそれにも火がついた。階下で母親がブリッジをしていたので、こっそり扉を閉め、古い雑誌で火を覆って消すと、燃えさしは窓から外の道に捨てた。[*1]

こうしたエピソードは、リッティが特別な子供であったことをうかがわせるものではない。この世代の子供の多くは化学セットを持っていたし、電気回路で遊んだり、顕微鏡で自然観察をしたりするのも珍しくなかった。学校では「いい子ぶっていた」と本人は語っているが、特段すばらしい成績を収めていたわけではない。文学、絵画、外国語には苦労した。言語能力がさほど高くなかったためか、学校のIQテストのスコアは125と、平均以上ではあるが、当時のカリフォルニア州で「天才」と見なされるレベルにはまったく達していなかった。[*2] 192という圧倒的なスコアを叩き出したベアトリス・カーターのような子供たちと比べれば、ルイス・ターマンの興味を引くような存在ではなかった。

いずれにせよリッティは学びつづけた。家にあった百科事典をむさぼるように読み、10代前半から数学の入門書を独学で学んだ。ノートには三角法、微積分、解析幾何学を学んだ跡が残っている。頭の体操のために、自分で問題を作ることも多かった。[*3] ファー・ロッカウェー高校に進学すると、物理クラブに入り、学校対抗の代数トーナメントに出場した。ニューヨーク大学が毎年主催する数学選手権では、ニューヨークのあらゆる生徒を抑えてトップに立った。翌年にはMIT（マサチューセッツ工科大学）に入学した。その後の歩みは周知のとおりである。

今やリッティのフルネーム、リチャード・ファインマンは、20世紀の最も偉大な物理学者の1人として教科書にも載っている。ファインマンが生み出した量子電磁力学への新たなアプローチは、原子以下の粒子の研究に革命を起こした。[*4] この功績により、1965年には朝永振一郎、ジュリアン・シュウィンガーとともにノーベル物理学賞を受賞している[*5]（ターマンの子供たちの誰ひとりとして獲得しなかった賞である）。放射性崩壊の物理学の解明にも一役買った。第2次世界大戦中にはアメリカによる原爆開発にも参画したが、後年にはそれを心から悔いている。

他の科学者は、ファインマンの思考の深さは想像を超えるものだったと見ている。「天才には2種類いる。『ふつう』と『魔術師』だ」と、ポーランド人数学者のマーク・カッツが自伝に書いている。「ふつうの天才は、われわれにもまねできる。何倍か努力すればいい。ふつうの天才の思考には、わからないところは何もない。彼らの成し遂げた成果を見れば、自分たちでもできた、と思える。だが魔術師は違う。あらゆる意味で彼らの思考は理解不能だ。彼らの成果を見ても、どうやってそれを成し遂げたかはまったくわからない。リチャード・ファインマンは最高レベルの魔術師だ」[*6]

しかもファインマンの天才ぶりは、物理学だけにとどまらなかった。物理学を研究していたカリフォルニア工科大学からサバティカル（特別研究休暇）を与えられたときには、遺伝子の研究に取り組み、遺伝子内の変異のなかには、互いを打ち消し合うものがあることを発見した。絵を描くことや外国語は苦手だったはずだが、子供時代から変わらない貪欲な学習意欲によって、芸術家としても秀作を残し、ポルトガル語と日本語を話せるようになったほか、マヤ語の象形文字も読めるようになった。他にもアリの行動の研究、ボンゴの演奏、そしてラジオの修理には生涯情熱を燃やしつづけた。1986年のスペースシャトル「チャレンジャー号」事故の後には、調査委員会のメンバーとして粘り強く捜査に取り組み、爆発の原因となった技術的欠陥を突き止めた。

ファインマンの伝記を書いたジェームズ・グリックは、ニューヨーク・タイムズ紙に寄せた追悼記事にこう書いている。「自らの知っていること、あるいは他者の知っていることだけで決して満足しようとしなかった。（中略）偏見なく知識を追い求めた」[*7]

ルイス・ターマンの「天才たち」の物語から、すばらしい一般的知能に恵まれた人でも、その可能性を十分に開花できないケースが多いことはすでに見てきた。幼い頃には有望と思われたターマンの子供たちの多くは晩年、自分の才能があればもっと多くを成し遂げられたのではないかと、忸怩たる思いを抱えていた。イソップの有名な「ウサギとカメ」の寓話に出てくるウサギのように、もともとすばらしい強みを持っていたのに、その可能性を活かすことができなかったのだ。

対照的にファインマンは「限られた知性」しか持ち合わせていなかったと自ら語っている。[*8] しかし大人になっても成長を続け、思考を鍛えつづけることで、持って生まれた知性を最大限に活かしたのだ。亡くなる2年前の1986年には、ファンへの返信にこう書いている。「人生の本当の喜びとは、あらゆる可能性をどこまで広げていけるのか、挑戦しつづけることにある」[*9]

学習と自己啓発に関する最新の心理学の知見には、本書で見てきた「根拠に基づく知恵」の科学と驚くほど一致する点が多い。その結果、ファインマンのように成功できるか否かを左右する、知能以外の認知的特性や知的習慣が明らかになってきた。

こうした特性は、私たちに頭を働かせ、難しい課題に取り組むよう促す。それによって学習が活発になり、新たな課題に直面したときもうまく対処できるようになり、本来の可能性が開花していく。ただもう1つ重要なのは、こうした特性はインテリジェンス・トラップにつながる認知的怠惰や一面的思考を防ぐ働きもあることだ。思考力は全体として賢明になり、バイアスの影響を受けにくくなる。

これは子供を持つ親や教育に携わる人には特に興味深い知見であるとともに、自らの知能をより効果的に活かしたいと思うすべての人に役立つものでもある。

最初に、ファインマンをはじめ、多くの成功者に共通して見られる、好奇心という特性を見ていこう。

チャールズ・ダーウィンもファインマンと同じように、子供の頃はさほど勉強に秀でていたわけではなかった。自分に人並み以上の知能があるとは思っておらず、「飲み込みが特段早いわけではなく、賢い人々のようなウイットも持ち合わせていない」と語っている。[*10]

「学校を出たときには、同じ年ごろの人々と比べて特に優れていたわけでも劣っていたわけでもなかった」と、自伝的エッセイに書いている。

——どの教師も父親も、私のことをありふれた少年で、むしろ知性は標準より低いほうだと思っていたようだ。(中略)学生時代の自分の性質を振り返ってみると、唯一の長所は、興味の幅が広く、また強かったことだ。興味を持ったものには何でも夢中になり、複雑な対象や事柄を理解することに強い喜びを感じていた。[*11]

ダーウィンに知識と理解への渇望がなければ、ビーグル号での大変な研究を、乗船中からその後にわたり続けることはできなかっただろう。目先の富や名声はまったく求めていなかった。研究は何十年もの時間を要したが、見返りはほとんどなかった。しかし、もっと知りたいという意欲に突き動かされ、ダーウィンは調査にいそしみ、定説を疑いつづけた。

進化論という画期的業績に加えて、身の回りの世界に対する飽くなき興味は、好奇心というテーマに関する世界初の科学的文献も生み出した。そこでは幼い子供が飽くなき実験を通じて、自然と身のまわりの世界について学んでいく過程が説明されている。[*12]

その後、児童心理学で明らかになったように、この「もっと知りたいという欲求」は幼い子供にとって基本的な生物的欲求、いわば空腹感に近い。このような科学的伝統があったにもかかわらず、心理学者はごく最近まで好奇心が私たちのその後の人生においてどのような影響を持ちうるのか、また好奇心に個人差があるのはなぜか、体系的に研究することを怠ってきた。[*13] 好奇心がこの世界において知的活動の第一歩を踏み出すのに欠かせないものであることはわかっていたが、そこまでだった。

その一因は実務上の難しさにある。一般的知能と異なり、好奇心についてはこれといった標準的な検査方法が確立されておらず、心理学者はいささか信頼性に欠ける指標に頼ってきた。たとえば子供が質問をする頻度を観察する、あるいはどれだけ熱心に環境を探索するかを観察する、といったことだ。玩具にいろいろな仕掛けや謎を仕込んでおき、子供が遊んだ時間を測るといった方法もある。一方、大人の場合は自己申告式の質問票を使ったり、新たな資料をじっくり読むか、無視するかといった行動観察をしたりする。このような手法で調査した結果、幼少期から青年期、さらにはその後の人生を通じて、私たちの成長にとって好奇心が一般的知能に匹敵する重要性を持つことが明らかになった。

好奇心に関する研究の多くは、それが記憶や学習において果たす役割についても調べている。[*14] その結果、好奇心は被験者が記憶する資料の量、理解の深さ、記憶の保持期間の長さに影響することがわかった。[*15] これは単にモチベーションの問題ではない。モチベーションが高いことによる努力の多さや情熱を差し引いても、好奇心が強い人ほど事実を容易に記憶できるようだ。

今では脳スキャンによってその理由が明らかになった。好奇心は「ドーパミン作動系」と呼ばれる脳領域のネットワークを活性化するのだ。神経伝達物質のドーパミンは通常、食べ物やドラッグ、セックスへの欲望に関係しているとされる。つまり神経レベルでは、好奇心は空腹や性欲と変わらないのだ。ただドーパミンはそれに加えて、海馬での長期的な記憶保持も強化すると見られる。これで好奇心が強い人は学習意欲が高いだけでなく、特定の問題の学習に費やす時間が長いことを割り引いても記憶力も高い理由の説明がつく。[*16]

最も興味深い発見は、「スピルオーバー（漏出）効果」だ。被験者が本当に興味のあるものによって好奇心が刺激され、ドーパミンが分泌されると、関係ない情報でも記憶するのが容易になったのだ。脳があらゆることを学習する態勢に入るのだ。

重要なのは、身のまわりの世界にずっと高い関心を持ちつづける人がいることが、研究によって明らかになったことだ。しかもこの好奇心の個人差と一般的知能の相関はわずかだ。つまり2人の人物のIQが同じでも、その好奇心によってその後の成長に劇的な違いが生じる可能性があり、成功しようという意思よりも、対象に心から興味を持つことのほうが重要なのだ。

こうした理由から、心理学者のあいだでは一般的知能、好奇心、誠実さを学業的成功の「三本柱」と見なす動きが出てきた。3つのうちいずれが欠けても、うまくいかない。

好奇心の恩恵があるのは、教育だけにとどまらない。仕事においても第1章で触れた「暗黙知」を学ぶのに、好奇心は不可欠だ。また厳しい状況でも意欲を保つのを助け、ストレスや燃え尽きから守ってくれる。さらに好奇心があると他の人々が目を向けようともしない問題を考えたり、「こうだったらどうか」という反事実的思考が促されたりするので、創造的知能も高まる。[*17]

周囲の人々のニーズに心から関心を持つことで、ソーシャルスキルは高まり、最適な落としどころも見つけやすくなる。その結果、感情的知能は高まる。[*18] このように好奇心のおかげで相手が言葉にしない動機に目を向けるようになると、ビジネスの交渉でも良い成果につながりやすいようだ。

それは豊かで充実した人生につながる。800人近い被験者に個人的目標を尋ね、その結果を6カ月にわたって追跡するという調査を2回繰り返した画期的な研究がある。そこでは自己申告式の調査票を使って、自己コントロールや積極性など10個の属性について尋ねたが、個人的目標を達成する能力を占うのに最も有効なのは好奇心だった。[*19]

この実験に参加した人々に比べて自分はどうかと思った人は、次のサンプル質問に答えてみよう。それが自分の感じ方や行動をどれくらいよく表しているかを、「1（まったく表していない）」から「5（きわめてよく表している）」までの5段階で評価してほしい。

・新たな状況に直面したときは、新しい情報をできるかぎり多く、積極的に集めようとする。
・どこへ行っても、新しい事柄や経験を求める。
・知らない人、出来事、場所を進んで受け入れるタイプだ。[*20]

このような文章に強く同意する人は、設定した目標を達成する可能性が高い。好奇心は調査が行われた12カ月間にわたり、幸福感を高めることに役立った唯一の属性でもあった。要するに、好奇心は成功の確率を高めるだけでなく、そのプロセスを楽しめるようにしたのだ。

こうした研究成果を踏まえると、ダーウィンやファインマンのような人々が生涯を通じてこれほど多くを成し得た理由がわかってくる。飽くなき探究心は2人を、新たな経験や既存の常識に合致しない発想へと導いた。さらに自分が目にしたことを深く理解し、発見した問題へのまったく新しい解を見つけるよう後押しした。

もともと知能が高い人は、幼い頃はダーウィンやファインマンよりも複雑な情報を容易に処理できたかもしれない。しかしあふれ出る好奇心がなければ、その優位性を維持することはできない。ここから改めて浮かび上がるのは、一般的知能は優れた思考の重要な構成要素の1つではあるが、真の成功には他にも多くの補完的属性が必要だということだ。

不可解なのは、なぜ子供のような好奇心を保てる人がこれほど少ないのか、だ。ほとんどの人は幼児期を過ぎると、好奇心が急激に衰えることが多くの研究で示されている。誰もが生まれつき学習への意欲を持っているならば、そしてその属性が大人になってもこれほど多くのメリットをもたらすのであれば、何が原因で多くの人は年齢を重ねるとともにそれを失ってしまうのか。それを止める手立てはないのか。

マサチューセッツ州のウィリアムズ・カレッジのスーザン・エンゲルは、ここ20年あまり、この疑問と向き合ってきた。その研究結果は衝撃的である。エンゲルは著書『*The Hungry Mind*（好奇心）』（未邦訳）のなかで、幼稚園児を対象にした興味深い実験を挙げている。子供たちは一方向しか見えない窓を通じて、別室にいる親の様子を見る。親の目の前のテーブルにはある物体が置かれており、親は他の大人と会話をしながらそれに触れるか、視線を向けるか、あるいは完全に無視するかを指示されている。その後子供たちに同じ物体を見せると、親が触れていた子供のほうが実際に触れて調べる傾向が見られた。

親のほんのわずかな行動が、子供に好奇心を持って調べるのは好ましいことなのか否かを伝え、その好奇心を高めたり抑えたりする。時間が経つなかで、こうした姿勢は子供たちの脳に刻みこまれていく。「好奇心は伝播する。親が自らの人生で好奇心を経験していなければ、子供の好奇心を育むことはとても難しい」とエンゲルは語る。

親の影響は、子供との会話を通じても伝わる。エンゲルが12家族の夕食の食卓での会話を記録したところ、一部の親は子供の疑問にすぐに正解を与えた。その内容は間違っておらず、特段その話題に興味がないようにも見えなかったが、他の家族では子供の疑問をきっかけに議論が起こり、それがさらなる疑問につながっていった。その結果、子供の好奇心は高まり、積極性も増していた。

エンゲルの研究からは、現在の教育システムについてかなり悲観的な結果が出ている。幼児は家庭で、1時間あたり26個もの質問を発する（観察中に145個も質問をした子供もいた）。しかし小学校に上がると、それがわずか1時間に2個に減ってしまう。同じような好奇心の減退は、ほかの尺度（玩具など興味を引く物体をどれくらい熱心に調べるか）にも表れ、子供の年齢が高くなるにつれてその傾向は一段と顕著になる。小学5年生の授業を観察したときには、子供たちが積極的関与の兆候を一切示さないままに2時間が過ぎてしまうこともあった。

教師が混乱を避けて計画どおりに授業を進めたがるからかもしれない。だがエンゲルはそれを考慮しても、子供たちが自らの疑問を掘り下げることより授業計画を重視するあまり、厳格になりすぎている教師が多いと指摘する。たとえばアメリカの独立戦争に関する授業を観察していたとき、教師が一方的に15分話したところで、ある少年がおずおずと手を挙げたという。すると教師は厳しい口調で「今は質問には答えられないわ。話を聞く時間よ」と伝えたという。このような態度が子供の好奇心を萎えさせることは想像に難くない。これではどれほど知能が高い子供でも、興味を持ったことを追求しようとは思わないだろう。

ちなみにダーウィンは、ウェルギリウスやホメロスの作品の暗唱を強いる厳格な教室での授業によって、好奇心がしぼみそうになったと振り返っている。「私の知性の発達において、あれほど有害なことはなかった」と書いている。幸い、少なくともダーウィンの親は好奇心の追求を後押しした。しかし自宅でも学校でもそのような働きかけがなければ、学習や探究への意欲はすぐに失われてしまうだろう。

エンゲルはさらに、不安感も好奇心を減退させる要因で、しかもごくわずかな刺激が大きな影響を及ぼすことを指摘する。授業中に教師がほほ笑んだ回数には、生徒たちの好奇心の表現と直接的な相関が見られた。

別の実験では、9歳児の理科の授業を観察した。子供たちに与えられた課題は、レーズンの粒を酢、重曹、水のなかに落とし、泡によって浮かんでくるか確かめる、というシンプルなものだった。半数の授業では、教師は子供たちに作業の指示を与えると、すぐに教室を離れた。一方、残りの半数では、教師は授業計画から少しだけ脱線した。小粒のキャンディを取り出して、「レーズンの代わりにこれを落としたらどうなるかしらね」と言ったのだ。

ささやかな行動ではあったが、教師が好奇心を表したのを見た子供たちのほうが課題に夢中になった。教師が教室を離れた後も実験に取り組んだのだ。対照群の子供たちが注意散漫になり、落ち着きをなくし、生産的ではなくなったのとは対照的だった。

エンゲルの研究はまだ続いているが、こうした発見を教育現場に取り入れるべき時期が来ている、とはっきりと言い切る。「まだわからないことはたくさんあり、科学者としては非常に興味をそそられる。でも学校が（積極的に）好奇心を伸ばすべきだと考えるだけの根拠はすでに十分ある。しかもその効果は計り知れない。子供が心から何かを知りたいと思ったら、もう学習は止められない」

ファインマンが好奇心を保ち、可能性を開花させた方法、さらにはそれが推論や思考にも役立つことを見ていく前に、もう1つ、個人的および知的充実感を味わうのに不可欠な要素を紹介したい。「しなやかマインドセット（growth mindset）」と呼ばれる特性である。

この概念を提唱したのはスタンフォード大学の心理学者、キャロル・ドゥエックで、その先駆的研究は2007年に発表したベストセラー『マインドセット「やればできる！」の研究』で一躍有名になった。ただ、それはほんのはじまりにすぎなかった。ここ10年で、一見優秀な人が自らの誤りから学べない原因もマインドセットにあることが、優れた実験で示されてきた。つまりドゥエックの理論は、インテリジェンス・トラップの理解にも不可欠なのだ。

ロバート・スタンバーグと同じように、ドゥエックの研究のきっかけとなったのも自らの子供時代の経験だった。ドゥエックが小学6年生のとき、担任の教師がIQの高い順に生徒を座らせた。「一番できる子」が最前列に、「一番できない子」が一番後ろの席を与えられた。IQスコアの低い子供たちは、国旗を運んだり、校長にメモを届けに行くといったつまらない仕事さえ任せてもらえなかった。ドゥエックは最前列の一番目の席を与えられたものの、教師からの期待の重みに苦しんだ。[*21]「先生はIQこそが知性と人格の究極の評価基準だと思っていることを、はっきりと伝えていた」[*22]。ドゥエックは自分もいつ躓くかわからないと思うと、不安で新しいことに挑戦できなくなったという。

発達心理学の研究を始めたときも、このときの気持ちは忘れていなかった。そこで10歳から11歳の子供を集め、難しい論理パズルを解かせてみた。パズルに成功するかどうかは、必ずしも知能と関係していなかった。最も優秀な子供のなかにも、すぐにいらだち、投げ出してしまう子もいれば、粘り強く取り組んだ子もいた。

その違いは、どうやら自分の才能に対する考え方にあるようだった。しなやかマインドセットの子供は、練習すればうまくできるようになると信じていたのに対し、「硬直マインドセット（fixed mindset）」の子供は才能は生まれつき決まっており、変えられないと思っていた。その結果、難しい問題を与えると、今できなければ、この先もできることはないだろうと考え、投げ出してしまった。「失敗をこの世の終わりだと思う人もいれば、新たなチャンスだと胸を躍らせる人もいる」[*23]

ドゥエックは学校や大学、企業での幅広い実験を通じて、優秀な人が硬直マインドセットを持つ原因となる、さまざまな考え方を発見してきた。たとえばあなたは、次のような考えを抱いていないだろうか。

- ・目の前の仕事をうまくできるかどうかで、自分の価値が決まる。

・新しい、なじみのない仕事を学ぶことは、恥をかくリスクを伴う。
・努力するのは無能な人間だけである。
・自分は優秀なので、懸命に努力する必要はない。

ここに挙げた文にだいたい同意するという人は、硬直マインドセットを持っているのかもしれない。そのためにコンフォートゾーン（安全地帯）から一歩踏み出し、新しい挑戦をすることを意識的に避け、将来の成功するチャンスの芽を摘んでしまうおそれがある。*24

たとえばドゥエックは香港大学で、新入生のマインドセットを調べている。大学ではすべての講義が英語で行われるので、英語の流暢さは成功を左右する。しかし多くの学生は家庭では広東語を話すので、英語は完璧とは言えない。調査の結果、硬直マインドセットの学生は英語のレッスンを受けるのにあまり乗り気ではなかった。英語を習うことで長期的な成功の可能性が高まるかもしれないのに、レッスンを受けることで英語力の低さがあらわになることを恐れたのだ。*25

マインドセットは挑戦や失敗への考え方に影響を及ぼすだけではなく、実際に失敗したとき、そこから学ぶ能力にも影響を与えるようだ。この差異は脳の電気的活動に表れるため、頭に電極を取り付けることで測定できる。硬直マインドセットの人は否定的フィードバックを与えられると、前頭葉に強い反応が見られる。これは社会的および感情的処理に重要な領域として知られており、神経活動からは自尊心が傷ついたことがうかがえる。ただ強い感情的反応を示す反面、情報の深い概念的処理にかかわるとされる側頭葉の反応はあまり見られない。おそらく傷ついた感情ばかりに意識が向かい、相手に具体的に何を言われたのか、それによって次はどのようにパフォーマンスを改善できるかという情報に集中していないのだ。その結果、硬直マインドセットの人は同じ誤りを何度も繰り返し、才能は開花せずにしぼんでいくリスクがある。[*26]

このような知見は教育現場で、それも恵まれない環境で育つ子供たちにとって特に重要だ。ドゥエックの研究チームは2016年、チリの高校1年生16万人以上を対象とする、調査票を使ったマインドセット調査の結果を発表した。国全体でこのようなサンプル調査が行われたのは初めてだった。それまでの研究から予想されたとおり、しなやかマインドセットは母集団全体の学業的成功を予測するのに有効だった。ただもう1つ、研究チームが注目したのは、それが母集団のなかで特に恵まれない子供たちにどのような影響を与えているかだ。最貧困層（所得の下位10％）に属する子供たちは硬直マインドセットを持っている割合が高かったが、そのなかでもしなやかマインドセットの子供たちは、母集団のなかで最も豊かな（世帯所得が13倍も高い）子供たちと同じくらい優れた成績を収めていた。相関的研究を深読みしすぎるのは避けるべきだが、しなやかマインドセットは貧困から生じるさまざまな障害を克服するのに役立つようだ。[*27]

ドゥエックは教育現場以外でも、レースドライバー、プロのサッカー選手、オリンピックレベルの競泳選手を対象に、マインドセットを変えることでパフォーマンスを高める研究に取り組んできた。[*28]

それぞれの分野でトップレベルにいる人でも、硬直マインドセットにとらわれているケースはある。たとえばテニスの世界チャンピオンだったマルチナ・ナブラチロワ。彼女は1987年のイタリア国際で当時16歳のイタリア人選手、ガブリエラ・サバティーニに敗れたことを、後年こう振り返っている。「若い選手たちのことを、私はひどく恐れていた。彼らとの試合では、絶対に100％の力を出さなかった。全力で戦って負けるのが怖かった[*29]」

ナブラチロワは自分の問題に気づいてこのような姿勢を改め、その後ウィンブルドンと全米オープンで優勝している。しかし一生、困難を避けつづける人もいるだろう。「それによって人生の幅は狭まってしまう」とドゥエックは語る。「安全策に逃げるという経験を積み重ねていくと、いつまで経っても自分の可能性をまったく広げることができない」

ドゥエックの研究は各方面から高く評価されているが、その解釈は必ずしも的を射ているとは言い難い。内容を誤解しているケースも多い。たとえば2016年のガーディアン紙の記事は、「努力すれば誰でも成功するという理論」と説明しているが、それはドゥエックの見解を正しく示しているとは言えない。[*30]ドゥエックはしなやかマインドセットによって、一切適性がなくても奇跡が起こるとは主張していない。重要な要素の1つであり、特に自分の才能に不安を感じつつ新たな挑戦をするときなどは意味を持つと言っているだけだ。常識的に考えれば、成功するにはやはり一定以上の知能が必要だが、マインドセットはコンフォートゾーンの外に出たときに自らの可能性を活かせるかどうかを左右する。

しなやかマインドセットを育てるために、子供が何か達成するたびにベタ褒めし、問題には目をつぶるべきだと言う人もいる。しかしドゥエックのメッセージはまさにその逆で、子供の努力や成功を褒めすぎるのは、失敗を叱るのと同じくらい有害だ、と言っている。たとえば子供が良い成績をとったときに「あなたは優秀なのね」と言うのは、硬直マインドセットを強めることにつながるようだ。子供は勉強を頑張ると優秀ではないと思われるような気がして、勉強するのを恥ずかしく感じるようになるかもしれない。あるいは評価を下げるようなリスクのある新たな挑戦を避けるようになるかもしれない。アムステルダム大学のエディー・ブルメルマンの研究では皮肉なことに、自尊感情の低い子供には過剰な称賛は特に逆効果であることが示された。褒められると、親の期待に応えられなくなることを恐れるようになるからだ。[*31]

もちろん子供が何かを成し遂げたときに、誇らしさを見せないようにする必要はない。子供が失敗したときに、批判するのを避けるべきでもない。どちらの場合も、親や教師は結果そのものではなく、目標に到達するまでの過程に注目すべきだと研究者はアドバイスする。[*32]ドゥエックはこう説明する。「大切なのは子供の今の達成状況を率直に語り、そのうえでより賢くなれるように、一緒に行動することだ」

下着ブランド「スパンクス」創業者のサラ・ブレイクリーは、まさにそれを経験した人物だ。子供時代には学校を終えると、毎晩父にこう聞かれたという。「今日はどんな失敗をしたんだい?」。それだけを聞くとひどい発言のようだが、ブレイクリーには父の真意がわかっていた。何も失敗しなかったというのは、コンフォートゾーンから踏み出さなかったということであり、結果として自分の可能性を活かしていないことを意味する。

「父が私に与えてくれたのは、失敗とは結果ではなく、挑戦しないことだという意識だ。おかげで私は自由にさまざまなことに挑戦し、人生において翼を広げることができた」とCNBCに語っている。しなやかマインドセットとすばらしいクリエイティビティを併せ持ったブレイクリーは、FAXを販売する仕事を捨て、5000ドルをはたいて起業した。そのビジネスの価値は今、10億ドルを超える。[*33]

ドゥエックが最近研究しているのは、大規模に展開できる、比較的短期間のマインドセット・トレーニングだ。その結果、小学生に神経可塑性（脳には機能的、構造的に変化する力があること）に関するオンラインコースを受けさせると、知能や才能は生まれつきの硬直的な資質であるという考えが薄れることがわかった。[*34]

しかし一般的には、こうした一度きりの介入の長期的効果は、平均してみると有意だが控えめなものだ。[*35] 本格的な変化を起こすには、周囲からの頻繁な働きかけや意識的配慮が間違いなく必要だ。

突き詰めると、目標は最終結果ではなく過程を評価すること、学ぶという行為そのものに、たとえそれが困難であっても喜びを見いだすことだ。それ自体が、才能は生まれつき決まっていて、成功はすぐにたやすく得られるものだとずっと考えてきた人には努力と忍耐力を要するだろう。

こうした研究成果を理解すると、工作好きの少年から世界一流の科学者へというファインマンの驚くべき成長も腑に落ちる。

幼い頃から、ファインマンは身の回りの世界を理解したいという驚くべき情熱であふれていた。これは父親から学んだ特性だ。「山、森、海と、どこへ出かけても、いつも新たな驚きを与えてくれた[*36]」

このあふれんばかりの好奇心さえあれば、学習への意欲は十分だった。学生時代には答えを見つける喜びのために、一晩中問題に取り組むことも珍しくなかった。科学者となってからも、好奇心は仕事上の焦りやいらだちをやり過ごすのに役立った。

たとえばコーネル大学の教授となった当初は、同僚の期待に応えることなどできないのではないかという不安を抱いた。燃え尽きに悩まされ、物理学について考えるだけで「吐き気」がするほどになった。そんなとき、かつて自分にとって物理学はおもちゃのような「遊び道具」だったことを思い出した。そのときから誰がなんと言おうと、自分が本当に興味を持てる問題だけと向き合うことを決意した。

ほとんどの人が興味を失ってしまう時期に、ファインマンはもう一度自らの好奇心に火をつけたのだ。こうして複雑な概念と「遊びつづける」意欲を持ったことが、やがて偉大な発見につながった。あるときコーネル大学のカフェテリアで、男性が皿を宙に投げ、キャッチしているのを目にした。ファインマンは皿の動きに疑問を持った。その揺れ方、回転速度との関係である。皿の動きを数式に置き換えようとするなかで、電子の軌道との驚くべき類似点に気づいた。これがやがて大きな影響力を持つことになる量子電磁力学の理論に発展し、ノーベル賞獲得につながった。「私にノーベル賞をもたらしたさまざまな図やアイデアは、すべて皿の揺れ方についてぼんやり考えるところから生まれたんだ[*37]」

さらにこう付け加えている。「想像力は、理解のさらなる高みを求めて、繰り返し手を伸ばす。するとある日突然、美しく荘厳な自然のパターンが新たに姿を現す場面にたった1人で立ち会うことになる。それが私の喜びだった[*38]」

その間ファインマンを支えたのはしなやかマインドセットであり、それによって失敗や落胆を乗り越えてきた。そんな思いを、ノーベル賞受賞スピーチで語っている。「科学の学術誌に載せる論文は、研究を完全なもののように書く傾向があります。やるべきことはすべてやったと誇示し、研究が行き詰まったことや、当初は誤った考えを抱いていたことにも触れない」。だがこのスピーチでは、自分が直面した困難について触れたい、と言った。「うまくいったことと同じくらい労力を傾けたのに、うまくいかなかった事柄についても語りたい」

自分の当初の理論には致命的欠陥があったことにまったく気づかず、それは物理学的にも数学的にも成り立たないものであったと説明したうえで、メンターにその欠陥を指摘されたときの落胆を驚くほど率直に語った。「その瞬間、自分はなんてバカな男なんだと思った」。またこうした問題点を解決したのも、たった1つの天才的ひらめきではなかった。ひらめきとひらめきの間には、長い「苦闘」の時間があった（スピーチのあいだに「苦闘」という言葉を6回使っている）。

同じ物理学者のマーク・カッツはファインマンを「最高レベルの魔術師」「理解不能な天才」と評したが、ファインマン自身は自らに対する見方を変えていなかった。他の多くの成功者とは異なり、「今、自分が目にしているとんでもない可能性は、まだ誰も見たことがないものかもしれない」というワクワク感を得るためだけに、血と汗と涙、そしてときには退屈な骨折り作業を重ねてきたことを率直に認めた。[*39]

ここまで述べてきたように、好奇心としなやかマインドセットは学習を促し、失敗を克服するのを助けるという意味で、一般的知能の高低にかかわりなく、私たちの人生を変えうる重要な知的特性と言えることがおわかりいただけただろう。自らの知的可能性を最大限活かしたければ、この2つはなんとかして伸ばす必要のある重要な資質である。

しかし両者の価値はこれにとどまらない。最近の研究によって、好奇心としなやかマインドセットは、私たちが本書で見てきたような、危険なほど独善的で一面的な思考に陥るのを防いでくれることが明らかになった。その点で「根拠に基づく知恵」の理論と驚くほどよく似ている。より生産的な「学習」を可能にする特性は、より賢明な「思考」を可能にするものであり、その逆もまた正しい。

その理由を理解するために、イェール大学のダン・カハンの研究を改めて見てみよう。すでに述べたようにカハンは、知能や教育水準が高いと気候変動のようなテーマについて「動機づけられた推論」をしやすく、意見の極端化につながることを指摘した。ただ実験では、被験者の好奇心については考慮していなかった。そこでカハンは好奇心のもたらす新たな情報への欲求は、別の見解を受け入れる能力に影響を及ぼすか、確かめたいと考えた。

まず被験者の科学的好奇心を調べる測定方法を考えた。そこには日ごろの読書習慣（娯楽のための読書として科学の本を読むか）、新たな科学ニュースに常に注意を払っているか、そして友人や家族と科学について話す頻度といった質問項目が含まれていた。カハンが驚いたのは、膨大な知識はあっても好奇心が低い人や、その反対もいたことだ。この発見は、気候変動など政治的側面を持つ問題について被験者の見解を聞くという実験の第二段階で、大きな意味を持つことになった。

それまでの実験で明らかになったとおり、科学的知識が豊富にあることは、左派と右派の両極化を促しただけだった。しかし好奇心については違う結果が得られた。左派と右派の差異を抑える効果があったのだ。たとえば好奇心旺盛な共和党員ほど、地球温暖化に関する科学的コンセンサスを受け入れるなど、保守派の一般的見解とは違う立場を示した。

理解したいという自然な欲求は、偏見を乗り越え、自らの立場とは異なる資料を積極的に読むことを促したようだ。2つの記事を選ばせると、好奇心旺盛な被験者ほど、自分のイデオロギーと一致するものではなく、それに異を唱える記事を選んでいた。「たとえ自らの政治信条と矛盾するものでも、新しい情報を求める傾向がはっきりと見られた」とカハンは論文で指摘している。[*40] 要するに好奇心のおかげで、ふだんならば自分のアイデンティティに最も近い信念を守るはずの「理屈で固めた小部屋」に、科学的根拠がするりと入ってきたのだ。

カハンは調査結果に「当惑した」と漏らす。アイデンティティの圧倒的な力は、好奇心の誘惑など凌駕すると予想していたというのだ。しかし好奇心があれば不確実性を許容しやすくなることを考えれば、この結果にも合点がいく。好奇心の低い人は想定外のことに恐怖を覚えるが、好奇心旺盛な人はわからないことを楽しむ。驚きを楽しむのだ。何か新しいことを発見すると、ドーパミンが湧いてくる。またその新たな情報からさらなる疑問が湧いてくれば、積極的に食いつく。このように好奇心が旺盛な人はオープンマインドになり、意見を変えることを厭わず、独善的立場に固執しない。

カハンは研究を続けるなかで、銃の所有、不法移民、マリファナ合法化、ポルノの影響といった問題に対する意見についても、同じようなパターンが見られることを発見した。いずれのケースでも、新しいことや驚きを発見したいという欲望は、「動機づけられた推論」を防ぐのに役立った。[*41]

最新の研究では、しなやかマインドセットは知的謙虚さを高め、同じように独善的思考を防ぐことが明らかになっている。スタンフォード大学のキャロル・ドゥエックの下で博士課程の研究に取り組むテネレ・ポーターは、知的謙虚さを測るテストを設計した。被験者に「私は何かを知らないとき、率直にそれを認める」「自分のアイデアに対して、批判的なものを含めて積極的にフィードバックを求める」「他者の優れた知性を称賛するのが好きだ」といった文を評価してもらう。その回答が現実の行動を反映したものであるかを調べるため、スコアを銃規制など意見の分かれる話題への反応と比較してみた。被験者が自分の立場と矛盾する証拠を求め、受け入れるかを調べたのだ。

それから被験者を2つのグループに分けた。1つのグループには、脳には順応性と可変性があることを強調する、しなやかマインドセットを裏づけるようなポピュラーサイエンスの記事を読ませた。もう一方のグループには、私たちの可能性は生まれつきの固定的なものだとする記事を読ませた。それから被験者の知的謙虚さを測定した。実験では、ポーターが想定したとおりの結果が出た。脳の柔軟性について理解を深めると、しなやかマインドセットが助長され、硬直マインドセットを助長する記事を読んだ人より知的謙虚さが高まっていた。*42

ポーターは私にこのように説明した。「硬直マインドセットの人は、常にヒエラルキーのなかでの自分の順位を気にしている。あらゆる人に順位がある。自分がトップならば、そこから滑り落ちたくない。また引きずりおろされたくもない。自分が何かを知らない、あるいは誰かが自分より多くを知っているという事実は脅威となる」。だから自分の地位を守るために、過剰に防御的になる。『自分のほうがよくわかっているのだから、おまえの意見など聞く必要はない』と思い、他者の考えを否定する」

対照的にしなやかマインドセットの人は、自分の相対的地位をそれほど気にしていない。どれほど知識があるかによって、人間としての価値が決まるとも思ってはいない。「しかもより賢くなるために、学習しようとする意欲が強い。だから自分が知らないことを認めるのが、はるかに容易なのだ。それによって何らかのヒエラルキーにおける自分の立場が弱くなるわけではない」

イゴール・グロスマンの最近の研究でも、同じような結果が出ている。しなやかマインドセットと、日常生活における優れた思考力を測るグロスマンのテストのスコアには、正の相関が見られたのだ。[*43]

好奇心としなやかマインドセットを併せ持っていたファインマンは、自らの限界を認めることを、まったく恥とは思っていなかった。そして他者にも知的謙虚さの大切さを説いた。「私は疑問、不確かさ、無知を受け入れる。何も知らずに生きるほうが、誤った答えを信じて生きるよりずっとおもしろい」と、1981年のBBCとのインタビューで語っている。「さまざまな事柄について、私なりにおおよその答え、こうかもしれないという考え、それぞれに応じた確信の度合いはあるが、何事についても絶対的な確信は持っていない[*44]」

ベンジャミン・フランクリンも同じだった。フランクリンは人間の心には可変性があり、陶冶し、高めることができると信じていたため、美徳を磨くことに熱心だったことで知られる。またその「科学的娯楽」には、電池の発明、風邪の伝染、蒸発の物理学、さらには運動に起因する生理学的変化などが含まれていた。歴史家のエドワード・モーガンはこう書いている。「フランクリンはわからないことを考えつづけることを、決して止めなかった。紅茶を飲むときですら、なぜ茶葉がこのような形に集まるのかと考えずにはいられなかった[*45]」

ファインマンと同じように、フランクリンにとっても新たな知識の発見そのものが喜びだった。この飽くなき探究心がなければ、政治家としてもあれほどの寛容さを持ちえなかっただろう。

ダーウィンはどうか。その探究心は『種の起源』刊行後も変わらず、懐疑的あるいは批判的な相手と長々と交信を続けている。独自に考えをまとめることができるだけでなく、他者と議論し、そこから学ぶ力もあった。

このような資質は、今日のような変化の激しい時代こそ重要なのかもしれない。ジャーナリストのタッド・フレンドはニューヨーカー誌にこう書いている。「19世紀には技術者の『知識の半減期』、すなわち専門知識の半分が時代遅れになるまでの期間は35年だった。それが1960年代には10年になり、いまや最大5年、ソフトウエア技術者に至っては3年に満たなくなっている[*46]」

ポーターも、今日を生きる子供たちは自らの知識を更新していく力を身につける必要がある、と認める。「上手に学習する技術は、特定の教科を学んだり、特定の技能を身につけたりすることよりも重要かもしれない。多くの人が職業を変えるようになっており、またグローバリゼーションの進展によってさまざまな視点や仕事の仕方に接する機会も増えているからだ」

ポーターによると、グーグルをはじめ、ＩＱやＧＰＡ（成績平均値）の高さといった伝統的な学力の指標より、情熱と知的謙虚さのような性質を兼ね備えた人材を求める方針を明確に打ち出す企業も出てきた。「謙虚さがなければ、学ぶことはできない」と、グーグルの人事担当バイスプレジデントだったラズロ・ボックはニューヨーク・タイムズ紙に語っている。[*47]

「勝ち組の優秀な人はめったに失敗しないので、失敗から学ぶ方法を知る機会がない。そのために『基本的な帰属の誤り』を犯してしまう。何かがうまくいけば自分が天才だから、うまくいかなければ誰かがバカだからとか、自分に必要なリソースが与えられなかったからとか、市場が変化したから、となる。私たちの見るかぎり、グーグルで最も成功している人たち、そして私たちが採用したい人たちは、強い意見を持っている。とことん議論し、自分の立場を情熱的に主張する。でも『これが新たな事実だ』と提示すると、彼らは『ああ、なるほど、それなら話は違う。あなたが正しいよ』となるんだ」

ボックのコメントは、ＳＡＴの得点などを知的能力の表れと見なす、従来の認識が変わりつつあることを示している。しかし知能を評価する古い方法と新たな方法は、必ずしも対立するものではない。第8章では世界のトップスクールではこうした資質を伸ばす取り組みが始まっていること、そして誰もがそこから学べる真の学習方法について見ていく。

この研究にやる気を刺激されたという人には、好奇心を高める一番シンプルな方法の1つを紹介しよう。それは何かを学ぶとき、意識して自律的になることだ。たとえば学習するテーマについて、自分がすでに知っていることを書き出し、それから本当に答えを知りたいと思う疑問を書き出していく。目的は知識の欠落部分を明らかにすることだ。解明すべき謎を生み出すと、好奇心が高まることが示されている。さらに学習が個人的なものになり、それもさらに興味を刺激するだろう。

自分の立てた問いが実際に試験に出るかどうかといったことは問題ではない。ドーパミン分泌に伴うスピルオーバー効果によって、他のさまざまな事実も記憶しやすくなる。学習への積極性を高めるちょっとした工夫によって、記憶力そのものが高まると同時に、学習プロセスそのものが楽しく感じられる。役に立つと思って資料を学習するより、おもしろいと思って取り組んだほうが、学習ははるかに効率よく進むことに気がつくはずだ。

好奇心の研究による、すばらしい発見がある。学習は学習を生むのだ。つまり学習するほど興味が湧き、学習するのが楽になる、という好循環が生まれる。このため新たな素材をどれだけ学習できるかを予測するのに最も有効なのは、IQではなく、すでにそのテーマについてどれだけ知っているかであることを示す研究もある。小さな種をまくと、知識は瞬く間に、雪だるま式に膨れ上がっていく。ファインマンもこう言っている。「どんなことも、ある程度足を踏み入れればおもしろくなる」

自分は好奇心に火をともすには歳をとりすぎているのではないか、と不安を感じる人には、ファインマンの生涯最後のすばらしい挑戦を紹介しよう。ノーベル賞につながった有名な発見と同じように、この発端となったのも一見ささいな出来事だ。1977年夏、とある夕食の席で、ファインマンの友人のラルフ・レイトンがたまたま地理ゲームをやろうと言い出した。プレーヤーが順番に、まだ誰も言っていない独立国家の名前を挙げていくのだ。

「君は自分が世界のすべての国を知っていると思っているんだね」とファインマンはいたずらっぽく問いかけた。「それならタンヌ・トゥヴァはどうだい」。子供の頃、トゥヴァの切手を手に入れたのを覚えていたのだ。「地図上では、外蒙古近くの小さな紫色の点だった」とファインマンが言うので、家にあった地図帳で調べたところ、確かにファインマンの記憶は正しかった。

そこで話が終わってもおかしくはなかったが、2人はこの未知の国の魅力にとりつかれた。ソビエト連邦の一部となっていたトゥヴァについての言及がないか、ラジオ・モスクワに耳を傾けたり、大学の図書館で同地での人類学調査の記録を漁ったりした。その結果、トゥヴァには海水と淡水の美しい湖があること、そして印象的な喉歌《フーメイ》とシャーマンの存在を特徴とする宗教があることが判明した。首都クズルには「アジアの中心」と書かれた記念碑があること、ただそれを建てたのが誰かは不明であること、さらにトゥヴァにはソ連最大のウラン鉱床があることもわかった。

その後、レイトンとファインマンはロシア語とモンゴル語とトゥヴァ語を併記した会話表現集を見つけ、友人の手を借りて英語に翻訳した。そのうえでトゥヴァ言語・文学・歴史研究所に文化交流を求める手紙を送りはじめた。しかし文化交流が実現しそうになるたびにソ連の官僚システムに阻まれた。それでも2人は諦めなかった。

1980年代末、ファインマンとレイトンはようやくトゥヴァへの切符を手に入れたかに思えた。モスクワを訪問したレイトンが、ソ連によるユーラシア遊牧民文化の展覧会をアメリカに招聘する契約をまとめ、自らも主催者の仕事の一環としてトゥヴァへの研究と映像記録の旅に出かける約束を取りつけたのだ。展覧会は1989年2月にロサンゼルス自然史博物館で開催され、多くの人が西側でほとんど知られていないこの国の文化に触れる機会となり、すばらしい成功を収めた。

残念ながら、ファインマンはついにトゥヴァを訪問することはなかった。ずっと望んでいた旅が実現する前に、1988年2月15日に腹部の癌で亡くなったのだ。しかし最後までトゥヴァへの情熱は、ファインマンの力になった。「トゥヴァについて話し出すと、彼の病は消えてしまうようだった。表情がぱっと明るくなり、瞳は輝き、生きることへの情熱が伝わってきた」とレイトンは回顧録『ファインマンさん最後の冒険』に書いている。ファインマンの手術の後、散歩をしながら互いにトゥヴァ語の会話文を言えるか問題を出しあったり、一緒にクズルの街を歩いているところを想像したりしたという。するとファインマンは元気が出て、痛みがまぎれたという。

こうしてファインマンは晩年、多くの人の好奇心を刺激し、自らの情熱を分かち合うため「トゥヴァの友達」という名の小さな団体を立ち上げた。ファインマンの好奇心が、鉄のカーテンを超えるささやかな架け橋となったのだ。レイトンはついにクズルを訪れたとき、ファインマンを記念するプレートを設置した。ファインマンの娘のミシェルも2000年代末にトゥヴァを訪れている。「マゼランと同じように、リチャード・

ファインマンの最後の旅も、私たちの心の中で幕を閉じた」とレイトンは回顧録に書いている。「周囲にインスピレーションを与えることにより、ファインマンの死後もその夢は生きつづけた」

第8章

努力に勝る天才なし

――賢明な思考力を育む方法

ジェームズ・スティグラーの鼓動は速まり、手には汗をかいていた。窮地に立たされていたのは、スティグラー自身ではなかったのだが。

ミシガン大学の大学院生だったスティグラーは、初めての研究旅行で日本を訪れており、仙台市で小学4年生の授業を観察しているところだった。この日は立方体の描き方を学んでおり、子供たちにとってはそれほど簡単な作業ではなかった。生徒たちの様子を見回っていた教師は、とりわけできの悪い図を描いていた男の子を見つけ、黒板に描いてみなさいと命じた。みんなの前で。

元教師だったスティグラーは、すぐに興味を持った。なぜ一番上手な子ではなく、一番できの悪い子を選んだのか、と。まるで有益な演習というより、見せしめのようではないか。

少年の受難は続いた。少年が黒板に線を引くたびに、教師はクラスメートに合っているか、と尋ねる。子供たちが首を振ると、また描きなおしだ。結局少年は45分間、黒板の前に立ちつづけ、間違いを全員の前でさらすことになった。

かわいそうな子供の姿に、スティグラー自身も居心地の悪さを感じた。「拷問のようだと思った」。少年はきっと泣き出すだろう。アメリカなら、子供にこんな仕打ちをすれば、教師はクビになってもおかしくない。少年はまだ9歳か10歳だ。その失敗をあんなふうにみなの前でとりあげるなんて、残酷ではないか。[*1]

西洋で育った人なら、おそらくこのエピソードを読みながら、スティグラーと同じ気持ちになったのではないか。ヨーロッパやアメリカの文化では、子供の誤りをこのように人前でとりあげるのは考えられない。こんなことをするのは最悪の教員だけだ。これは東アジアの教育システムの重大な欠陥を示しているのではないか、とさえ思うかもしれない。

ＯＥＣＤの学習到達度調査（ＰＩＳＡ）などの教育に関する調査で、日本、中国本土、台湾、香港、韓国のような国々が、大方の西洋諸国を上回る成績をあげることは、よく知られている。しかし西洋の評論家のあいだでは、こうした成果は苛烈な授業環境によるものではないかという根強い疑念がある。東アジア諸国は機械的な暗記型学習や規律を重んじ、想像力、自立的思考、そして子供自身の幸福を犠牲にしているのではないか、と。[*2]

スティグラーが仙台で目にした光景は、一見そうした疑惑を裏づけるものに思える。しかし研究を続けるなかでスティグラーは、東アジアの教育に対するこのような疑惑は事実無根だと気づいた。無味乾燥な丸暗記に頼るどころか、日本の教育方法は優れた論理的思考の原則（知的謙虚さや積極的なオープンマインド思考など）の多くを自然と助長していた。それは認知バイアスを防ぐと同時に、事実的学習も促進していた。さまざまな意味で、柔軟で自立的な思考を阻み、基本的事実を教えるのにも失敗していたのは、アメリカやイギリスなど西側の教育制度のほうだった。

このように考えると、仙台の教師の行動と黒板前での少年の苦闘は、実は記憶に関する最新の神経科学の知見に沿うものだということがはっきりしてくる。

前章で見てきた研究をもとに、文化横断的比較をしてみると、新しい分野に習熟するためのシンプルな実践的テクニックと、若き学習者たちをインテリジェンス・トラップから守るために学校に何ができるかという新たな気づきが得られる。

仙台の小学校に話を戻す前に、学習方法についてのあなた自身の考えと、それを裏づける、あるいは否定する科学的証拠を見ていこう。

あなたが新たなスキルを身につけようとしているところだと想像してほしい。ピアノ、新たな言語、あるいは新たな仕事でもいい。それから次の文について、それぞれ賛成か反対か考えてみよう。

・日々たくさん学ぶほど、最終的な学習量も多くなる。
・理解しやすい内容ほど、たくさん覚えられる。
・わからない状態は学習にマイナスであり、避けるべきだ。
・忘れることは非生産的である。
・早く上達するには、一度に1つのことを学ぶべきだ。
・簡単に思えるときより、苦労しているときのほうが多くを覚える。

このなかで神経科学と心理学によって裏づけられているのは最後の文だけで、それ以外はすべて、学習に関するよくある誤解だ。

ここに挙げた考え方は、キャロル・ドゥエックのしなやかマインドセットと硬直マインドセットの研究と関連はするものの、違いも大きい。しなやかマインドセットは自分自身に対する考え方であり、才能は時間をかければ伸ばせるものか否かという認識だった。それは必要なときに困難に立ち向かう能力を左右するが、しなやかマインドセットを持っていても、わからない状態やいらだちそのものが学習を促進するということを知らない、ということもあり得る（むしろ知らない可能性のほうが高い）。

しかし最新の神経科学では、わからないと思っているときこそ学習効果が最大に高まることが明らかになっている。また1日の成果を意識的に抑えるほど、翌日の成果が高まることもわかっている。こうした事実を知らないことが、IQの高い人を含む多くの人が効率的に学ぶことのできない主な原因となっている。

こうした現象を明らかにした初期の研究の1つは、イギリス郵便公社の依頼で行われた。1970年代末、心理学者のアラン・バッデリーは郵便公社から、効率の良い職員研修の方法を調べるよう依頼された。[†]

郵便公社は郵便番号で手紙を仕分けする機械に多額の投資をしたところで、それを使いこなすためには1万人の職員にタイピングとキーボードの使い方を覚えさせる必要があった。最も効率的な研修スケジュールはどのようなものか、明らかにするのがバッデリーの任務だった。

当時心理学者のあいだでは、集中的トレーニングのほうが効果的である、という見方が大勢を占めていた。職員に1日あたり数時間の技能訓練を実施すべきだ、と。職員自身もこのやり方を好んだ。数時間のあいだに、自分の進歩を実感できたからだ。研修が終わる頃には、始めた頃よりずっとスムーズにタイピングできるようになった気がして、それは長期記憶にも刻まれたはずだ、と思われていた。

ただバッデリーは比較のために、いくつかのグループには、1日あたり4時間ではなく1時間だけといった具合に、短い時間の研修を長期間にわたって受けさせた。こちらの方法は職員には受けが悪かった。毎回研修が終わる時点でも、習熟したという実感がなく、より長い時間研修を受けた者たちのように速く進歩している気がしなかった。

だがその認識は誤っていた。1回あたりの研修で上達した実感を得ていた職員と比べて、毎回の研修の満足度は低かったが、投じた時間あたりの学習量と記憶量ははるかに多かったのだ。平均すると、「分散」アプローチの職員はタイピングの基本を35時間以内にマスターしたのに対し、集中的アプローチの職員は50時間かかっていた。実に30%の差である。個人別に見ると、1日1時間のグループで一番上達の遅い職員でさえ、1

†ちなみにアルファベットと数字から成るイギリスの郵便番号が人間の作業記憶の最大値である6、7文字になったのも、バッデリーの功績である。できるだけ記憶しやすいように、数字と文字の並びについても具体的にアドバイスをした。

日4時間のグループの一番上達の速い職員よりも短い時間で技能を習得していた。数カ月後のフォローアップ調査では、分散的学習者のほうが集中的学習者より依然としてタイピングは速く、正確だった。[*3]

今日、分散効果は心理学者や教師のあいだで広く知られており、休憩をとることのメリットや詰め込みのリスクを示していると見られている。しかしその真の原因はもっと直感に反するものだ。実は、職員たちを悩ませたフラストレーション（イライラ感）そのものが重要だったのだ。

学習を小さな塊に分割することで、学んだことを忘れてしまう時間ができる。つまり次に学習を開始したとき、何をすべきか頑張って思い出さなければならなくなる。この一度忘れ、再び覚え直すというプロセスが記憶痕跡を強め、長期的により多くを覚えていられるようになる。1回あたりの学習時間を長くすると、この一旦忘れて学習し直すという、重要なステップがなくなってしまう。このプロセスはつらいからこそ、長期記憶が促されるのだ。

このようにバッデリーの研究は、記憶は「望ましい困難」によって促されることを示す、初期の成果と言える。望ましい困難とは、その時点では学習成果にマイナスに思えるが、実際には長期記憶を促す効果のある学習上のハードルを指す。

カリフォルニア大学ロサンゼルス校（UCLA）の神経科学者であるロバート・ビョークとエリザベス・ビョークはこの分野の第一人者であり、望ましい困難が数学、外国語、美術史、楽器演奏やスポーツなど幅広い領域で非常に効果的であることを示してきた。

たとえば物理学の授業で、試験前の復習をするとしよう。西洋では教師がまず法則を説明し、それから正答率が100％近くになるまで生徒に同じような問題をひたすら解かせる、というやり方が一般的だ。しかしビョーク夫妻は、生徒が以前記憶した学習内容を思い出すのに必要なだけ問題を解かせたら、別の（関連する）テーマに移り、しばらく時間が経ってから最初のテーマに戻ったほうが効果的であることを示した。

分散効果と同じように、複数の作業を切り替える「インターリービング」と呼ばれるこのプロセスでは、1つのテーマだけに集中する授業より、生徒は混乱し、負担が大きすぎると感じる。しかしその後試験をすると、インターリービング・アプローチの生徒のほうが、はるかに多くを学習できていることがわかる。[*4]

望ましい困難の他の例には「事前テスト」あるいは「生産的失敗」と呼ばれるものがある。テストとしてまだ学習していない事柄を聞いたり、解き方を教わっていない複雑な問題を与えることを指す。

実際に試してみよう。315ページの答えを見ずにイタリア語の意味を選んでみてほしい。

・I pantaloni	・ネクタイ
・L'orologio	・ズボン
・La farfalla	・ブーツ
・La cravatta	・蝶
・Lo stivale	・時計

それでは315ページの解答を見てみよう。†

英語やフランス語と似ているので、あるいは過去にイタリア語を学んだことがあるので、正解できたというケースもあるだろう。しかし事前テストで意外なのは、正解できてもまったくわからなくても、関係ないということだ。学習を促すのは、考えるという行為そのものだからだ。分散的学習で生じる意味のある忘却と同じように、単語の意味がわからないというフラストレーションによって情報がより深く頭に刻まれる。ふだんは外国語を覚えるのがあまり得意ではないという人でも、ここに挙げた単語は頭に残るはずだ。[*5]

（ちなみに本章の冒頭で、6つの文の真偽を考えてもらったのも、このためである。既存の知識を問い直したことで、その後提示された情報がより鮮明に記憶に残るはずだ）。

生産的失敗は、数学のような分野で特に有効なようだ。教師が正しい解き方を教える前に、生徒に問題を解かせるのである。長い目で見ると、生徒はより多くを学習し、基本的概念の理解も深まり、さらに学習した内容をそれまで見たことのない新しい問題に応用する能力も高まることが研究で示されている。[*6]

望ましい困難を取り入れると、教科書などの内容も改善することができる。さまざまな概念を凝縮し、見栄えのする図や箇条書きなども含めて、できるだけまとまりのある、わかりやすいかたちで提示することは、かえって長期記憶を妨げる。生徒の多く、特に優秀な生徒は、専門的表現や微妙な言い回しを多用し、潜在的問題や矛盾する証拠を示す複雑な資料を読ませたほうが学習成果があがる。たとえばオリバー・サックスの難解な散文を読んだ人のほうが、箇条書きで内容を説明したわかりやすい教科書で学習した人より、そこに描写される視覚的イメージをよく覚えていた。[*7]

いずれのケースも、教育システムが避けようとしているわかりにくさの要素が、生徒に多少のフラストレーションを感じさせ、より深い思考や学びにつながっていることを示している。

「今の成績は、（情報が）現時点でどれくらいわかりやすいかという指標に過ぎない。しかし学習で重要なのは、時間が経った後に表れる本質的変化であり、その学習を別の分野に応用できるかだ」。ＵＣＬＡの研究室でビョーク夫妻と会った際、ロバートが私に説明してくれた。「だから今の成績を学習の成果としてとらえると、多くの問題が出てくる」

科学的な結論はすでに議論の余地のないものとなっている。すでに確固たる科学的証拠がそろっている。学習の分散化、インターリービング、生産的失敗といった望ましい困難を授業に取り入れることで、すべての生徒がより効果的に学習できるようになる、と。

残念ながら、このような知見はなかなか浸透しない。バッデリーの研究した郵便職員がそうであったように、生徒、保護者、教師までもが誤った認識に基づいて、今日何かを楽に学べることが明日の成果につながると思い込んでいる。「誰もが間違った学習方法のほうを好むことが、実験で示されている。だから正しい方法を取り入れても、すぐに生徒の満足度は上がらない」とロバートは話す。[*8]

エリザベスも同意見だ。「わからないということは否定的にとらえられがちだ。実際にはそれは何かを学び、深く理解するチャンスなのだが」

これでは筋肉を鍛えるためにジムに行って、一番軽いダンベルしか持ち上げずに帰ってくるようなものである。ビョーク夫妻はこのような「メタ認知的誤解」は驚くほど根が深く、科学的根拠を見せられ、効果を実際に体験した人でさえ、なかなか考えは変わらないことを明らかにしている。その結果、望ましい困難を活用する学校はがっかりするほど少数にとどまり、わからない状態を受け入れることを学べば、はるかに効果的に学習できるはずの何百万人もの生徒が不利益を被っている。

少なくとも、それがアメリカとイギリスの状況だ。

しかし先にも述べたとおり、WEIRD諸国に見られる偏りを、普遍的問題ととらえるのは早計だ。東アジア諸国の研究では、まったく異なる考え方が多数報告されている。西洋では、学習は容易なほうがいいと思われているのに対し、スティグラー自身の研究をはじめさまざまな調査から、日本など東アジアの生徒は教育には困難がつきもので

---

† I pantaloni＝ズボン、L'orologio＝時計、La farfalla＝蝶、La cravatta＝ネクタイ、Lo stivale＝ブーツ

あることを理解しているという結果が示されている。むしろこうした国々の生徒は、勉強が十分難しくないと不安を感じる。

同じ考えは、保護者や教師にも見られる。「努力に勝る天才なし」ということわざもあり、そうした教訓を伝える民話も多い。たとえば日本では19世紀の思想家、二宮尊徳の物語は有名だ。貧しい少年時代を送った尊徳は、森で薪を集めるときでも寸暇を惜しんで勉強した。かつて多くの小学校の校庭には、薪を背負って本を読んでいる尊徳の銅像があった。日本の子供たちは幼い頃から、苦労や困難を許容する文化のなかで育つのだ。

重要なのは、苦労を容認する姿勢は、子供たち自身の能力に対するマインドセットにも影響することだ。日本の生徒は、自らの能力を発展途上のものと見る傾向が強く、それがしなやかマインドセットにつながっている。「日本人が個人差を認めないというわけではない。それを私たちほど絶対的な限界ととらえないだけだ」とスティグラーは指摘する。その結果、失敗や誤りはずっと続くもの、避けられないものとは見なされない。それは「学ぶ必要があることのサイン」なのだとスティグラーは言う。

こうした考え方は、東アジアの生徒たちが一般的に長時間勉強する意欲があり、生まれつき才能に恵まれていなくても努力によってそれを補おうとする理由を理解するのに役立つ。それと同じように重要なのは、これは教師の指導方針にも影響しており、望ましい困難を授業のなかに取り入れる一因となっていることだ。日本では、学習と理解を促すために、あえてわかりにくさを取り入れるという教育方法が実践されることが多い。たとえば日本の教師は数学や科学で新しいテーマを教えるときに、まだ解法を教えていない問題を与えるということをよくやる。少し前で触れた「生産的失敗」だ。それから生徒たちは数時間かけて、この問題に取り組む。もちろん教師は多少のヒントは与えるが、基本的には生徒たち自身に考えさせる。

アメリカやイギリスの生徒は、このようなわかりにくい授業に尻込みするだろう。そして生徒たちが頭を抱えていると、教師はあきらめて答えを教えそうになる。[*9] しかしスティグラーの見るところ、日本の生徒たちは難しさを楽しんでいるようだった。その結果、問題の本質を深く考えるようになり、最終的な理解度や長期記憶は向上する。

また生徒たちは問題に取り組むとき、一番わかりやすいもの以外にも解き方がないか考えたり、誤ったときはそのやり方のどこが悪かったのか（クラスメートとともに）徹底的に考えるよう促される。小さい頃から問題を全体的視点でとらえ、異なる考えの共通点を見いだすよう指導される。

スティグラーの研究のなかでは、ある小学校の算数教師のこんな言葉が引用されている。「現実の世界では日々、さまざまな問題に直面する。そうした問題を解決する方法は1つではないことを、私たちは覚えておく必要がある」

対照的にイギリスやアメリカの学校では、そのような探究は生徒を混乱させるだけだとして、避ける傾向がある。たとえば数学や科学の授業では、1つの問題に対して答えを導き出す方法を1つしか教えない。しかし科学的研究は、異なる解き方を比較検討すると、当初生徒が混乱したとしても、最終的には土台となる原則の理解が深まることを示している。

「日本の教育現場には、こうした混乱の時間を長引かせようとする文化がある。混乱した状態が長く続くほど、生徒たちはより多くを学べると考えているのだ。それに対して欧米では(単に)正解を求めることだけに照準を合わせている。そして生徒が正解できるように、問題をできるだけ簡単にしようとする」

こうした観点に立つと、スティグラーの研究に出てきた黒板に立方体を描けずに苦労していた少年のエピソードも腑に落ちる。アメリカ人やイギリス人なら少年の躓きに注目し、それを学力の低さや愚かさのサインととらえるところを、日本のクラスメートは少年の粘り強さに注目した。「少年が間違えたことは、たいした問題ではなかった。間違いを直す努力をしないほうが、よほど大きな問題だった」。スティグラーの予想に反して少年は泣き出さなかった。それは日本の文化的文脈のなかでは、西欧人が感じるほどの屈辱を覚えるような場面ではなかったからだ。むしろ授業が進むなかで、少年は「クラスメートと教師のやさしさを強く感じるようになった」とスティグラーは語っている。「少年がやり遂げるまで、その努力を『もういいよ』などと打ち切ろうとする者は1人もいなかった。むしろ全員が少年を助けようという気持ちになっているのがわかった」。少年が学び、クラスメートに追いつくためには、この苦労が必要であることを誰もがわかっていた。

もちろん教科によっては、基本的事実を記憶し、簡単に思い出せるように丸暗記学習が必要なものもある。しかしスティグラーの研究からは、日本の教育現場は西側の評論家が思うより、はるかに自立的思考を促していることが明らかだ。その成果はPISAのスコアだけでなく、創造的な問題解決能力や柔軟な思考力のテストの結果にも表れている。いずれにおいても日本の生徒はイギリスやアメリカを上回っており、新しい予想外の問題に既存の知識を応用する能力が優れていることを示している。[*10]

強力な科学的根拠には日本を研究対象とするものが多いが、努力を重んじる価値観は中国本土、香港、台湾など他のアジア諸国の教育文化にも共通するようだ。たとえば標準中国語の「嘗胆（苦い胆《きも》をなめる）」という言葉は、成功を手にするために苦しみや辛さを味わうことを意味する。その後スティグラーはオランダをはじめ、アメリカやイギリスを上回る成果を上げている他の国々にも研究対象を広げてきた。学級の規模や教師の教材の教え方などさまざまな違いもあるが、高い成果をあげている学校はすべて、子供たちにわかりにくさと闘う時間を与えていた。

すでに数十年にわたってこうした概念を研究してきたスティグラーは、その成果を「優れた教育の3段階」としてまとめている。[*11]

- **生産的格闘** 生徒たちがその時点の理解を超える複雑な概念と格闘する、長い混乱の時間。
- **つながりを見つける** 知的格闘に取り組むとき、生徒たちは比較や類推によって、異なる概念に共通するパターンを見抜くよう促される。それによって混乱は単なるフラストレーションではなく、有益な学びへとつながっていく。
- **意識的練習** 教師は基本的概念を教えたら、生徒たちにできるだけ生産的な方法でそのスキルを実践させる。重要なのは、西洋の数学の授業によく見られるように、吐き気を催すまでひたすら同じような問題ばかりを解かせるのではなく、問題にバリエーションを持たせ、難易度を変えていくことだ。それによってさらに

――生産的格闘が続くことになる。

これは教育を改善し、学力を向上させる確かな道筋を示す、重要な研究成果と言える。本章の後半ではあらゆる人に有効な、望ましい困難を活用しながら新たなスキルを学ぶための方法を見ていく。

ただこうした研究成果が興味深いのは、人間の記憶について新たな事実を明らかにしているためだけではない。インテリジェンス・トラップの文化的起源についても、深い洞察を与えてくれる。

たとえばイギリスやアメリカの学校では、誰が一番早く手を挙げるかによって、頭の良さが判断されるきらいがある。それは細かい事実を熟慮せず、迅速かつ直感的に答えることが良いという価値観を示す、さりげないシグナルとなる。また自分が答えを知らないことを認めても、褒められはしない。知的謙虚さが積極的に奨励されてはいない。

さらに問題なのは、生徒たちが教材をできるだけ早く理解できるように、授業内容が単純化される傾向があることだ。その結果、生徒たちは熟慮を必要とする複雑な資料より、「なめらかな」情報を好むようになる。特に学年が低いほど、歴史的証拠に対する複数の解釈や、科学的概念の進化といった細かな説明を省き、事実を絶対確実なものとして提示し、覚えさせようとする。[*12] 幼い生徒たちに複雑なことを教えると混乱するだけだ、という認識が背景にある。高校や大学の教授方法はもう少し柔軟な思考を許容するが、多くの生徒がすでに硬直的な考え方を身につけてしまっている。

教育改革のための善意の努力のなかにも、こうした罠に陥っているものがある。たとえば子供の学習スタイルが視覚型なのか、聴覚型なのか、それとも体感型なのか見きわめることを良しとする風潮だ。進歩的な考えのようだが、それは個人の学習方法の好みは固定的だという認識や、生徒にわかりにくい問題と格闘させるより、できるだけ学習を簡単にしたほうがいいという考えを助長するものだ。

イゴール・グロスマンの「根拠に基づく知恵」のテストや、誤った情報に対する騙されやすさを予測する批判的思考力のテストで、アメリカやイギリスの生徒たちのスコアが低いのも、当然と言える。

こうした考え方を、日本の教育システムと比べてみよう。日本では小学校の生徒たちも日々、複雑さと格闘することを奨励されている。問題の新しい解決方法を自分の力で考え、1つの解き方を見つけたら、別の方法がないか考えるよう指導されている。何かすぐに理解できないことがあれば、無視したり自分の考えに固執したりするのではなく、さらに探究し、細部まで検討しなければならない。考えるのに長い時間を要するのは、弱さや愚かさの表れではない。深い理解に到達するための苦労を厭わない資質を示しているのだ。最初に間違えたら、すなおに認めればいい。能力は伸ばせるものだとわかっているからだ。

日本の生徒たちのほうが大人になると直面する、現実世界の複雑で微妙で曖昧な問題に対処する備えができている。そしてそれはオープンマインドで柔軟な思考力のテストにおいてスコアが高いことに表れている。[*13] さまざまな研究で、議論の分かれる環境問題や政治問題について聞かれたとき、日本人（そして他のアジア諸国の人々）は反射的に答えるのではなく、時間をとって熟慮する傾向が見られる。そして相反する立場を考慮し、さまざまな政策の長期的影響を考えようとする。[*14]

再び知能を車にたとえると、イギリスやアメリカの教育システムはできるだけなめらかな走行ルートを造り、誰もがエンジンの許すかぎりのスピードで走れるようにしている。一方、日本の教育システムはレースコースというより軍事訓練場に近い。車を走らせるときには障害物を避けるためさまざまな代替ルートを考慮する必要があり、でこぼこ道でも辛抱強く走りつづけなければならない。生徒は単にエンジンをふかすだけでなく、燃費の良い走りをするように訓練されている。

1つはっきりさせておくと、ここで話題にしているのはあくまでも平均値であり、どの文化でも個人差は大きい。しかしここでとりあげた研究結果はすべて、インテリジェンス・トラップは学校教育のなかで育まれる文化的現象という側面もあることを示している。ひとたびこうした事実を認識すると、ささやかな介入によって本書のなかで見てきた多様な思考スタイルを促すことができ、同時に現在の学校教育が伸ばそうとしている学力を高める効果もあることがわかる。

たとえば戦略的にひと呼吸おくだけで、とても大きな効果がある。

平均的なアメリカの教師は、クラスに質問を投げかけてから、1秒もしないうちに子供を指名する。これは複雑な思考よりも速さを重視するという強力なメッセージだ。しかしフロリダ大学の研究では、教師が子供を指名するまでにあと少しだけ（わずか3秒）時間をおき、それから子供に回答を考える時間を与えると、魔法のような変化が起きることを示している。

最もわかりやすい変化は、子供の回答の長さだ。ほんの少しの時間を与えることで、子供にとって考えをまとめる時間が3倍から7倍伸びる。それによって自分の意見を支持する証拠や、他の考え方を考える余裕が生まれる。教師が待つ時間を伸ばすと、子供たちが互いの意見を聞き、自分の考えを持つことも助長される。さらに好ましい点として、思考の深まりは子供たちの書く力にも影響を与え、より細やかで複雑な文章を書くようになる。教師が少し辛抱するだけで、これほど良い変化があるというのは驚きだ。[*15] 研究者のメアリー・バッド・ローは最初の論文にこう書いている。「スローダウンすることが、スピードアップにつながる」

一方ハーバード大学の心理学者、エレン・ランガーは、今の学校では複雑な学習内容が曖昧さを回避するために簡略化されていること、そしてそれが思考に及ぼす影響について調べている。たとえば物理学や数学では、1つの問題を解くのにさまざまな方法があるが、1つの解法しか教えず、それ以外について考えることは奨励しない。その前提にあるのは、少し複雑なことを教えるだけで生徒は混乱し、それは学習を阻害するという考えだ。1つの解き方を知っていれば十分なのだから、いろいろ教えて混乱させる必要はないというわけだ。

しかしランガーの研究では、教師の言葉遣いを少し変えて曖昧さを残すことで、深い学習が促されることが明らかになった。ある高校の物理の授業で、生徒にいくつかの基本法則を示す30分のビデオを見せ、その情報に基づいて質問に答えさせた。いくつか注意点を説明したあと、一部の被験者にはこう伝えた。「このビデオは物理学に関するさまざまな観点のうち、1つしか示していないので、みなさんの役に立つかどうかはわかりません。問題を解く際に別の方法を使いたければ、ぜひそうしてください」。このシンプルな働きかけによって、生徒たちは目の前の課題について自由に考え、新たな課題に対して工夫しながら資料を使うようになった。[*16]

別の実験では、生徒たちにある数学の問題を解く方法を教えた。そのときわずかに言葉遣いを変えてみた。「これはこの問題を解く方法の1つです」と言われたグループは、「これがこの問題を解く方法です」と言われたグループよりも、正解率が50%近く高かった。さらに土台となる概念の理解も深まり、それが当てはまるときと当てはまらないときを識別する能力も高かった。[*17] 同じことが人文科学や社会科学についても言える。地理学の授業で「これが都市近郊の発展の原因かもしれません」と言われた生徒は、資料を疑いようのない絶対的事実として提示された生徒よりも、その後のテストでの理解度が高かった。

さりげなく曖昧な表現をすることは、生徒の混乱を招くどころか、他の解釈を考え、見過ごしていたかもしれない可能性を探究するきっかけとなっていた。結果として生徒たちは、第4章で見たような内省的思考や積極的オープンマインド思考を実践していた。条件付きの言葉で質問を投げかけることも、創造的思考を要する問題の正答率を改善する効果があった。

ベンジャミン・フランクリンが意識的に、絶対確実だという印象を与える「独善的表現」を避けていたこと、また不確実性を受け入れることが超予測者の意思決定の質を高めていたことを覚えているだろうか。ランガーの研究では、この細やかな思考は幼い頃から養えることを示す、さらなる証拠が得られている。[*18]不確実さを示すと、生徒は少し混乱するかもしれないが、それが学習への積極性を高め、最終的な学びの質を高めることになる。

言葉遣いのようなささやかな働きかけに加えて、たとえば歴史の授業では多様な視点に立ち、そこから生まれる主張をもとにした歴史に関する記事を書かせてみる、といった方法も考えられる。科学では、学習するトピックに対して一見矛盾するような2つのケーススタディを示し、どちらの証拠のほうが説得力があるか尋ねたり、異なる立場を融和させるよう促してみたりすることもできる。そうした演習は一見、非生産的で、生徒の関心を学ぶべきことからそらせるように思われるが、実際には望ましい困難を追加することにほかならない。その結果、単に教科書を暗記するよう指示するより、子供たちは多くの事実を学ぶことになる。[*19]

こうした方法を、第5章で見た感情識別のトレーニングや、第6章でとりあげた批判的思考など、本書で学んできたさまざまな方法と組み合わせると、学校教育において優れた論理的思考に不可欠な思考技術や資質を総合的に教えることは可能だということが

科学的証拠によって示されている。

わかる。[20] こうした訓練は認知能力が低い人の学力を高めるだけでなく、[21] 知能が高く専門知識が豊富な人が独善的で狭量で怠惰な思考に陥るのを防ぐことが、さまざまな研究で科学的証拠によって示されている。

ここに挙げたようなメリットは、小学校から大学の学部生まで教育システム全般を通じて確認されている。学校にあがったばかりの子供を含むすべての生徒たちに、消化しやすい情報ばかりをスプーンで口に運んでやるのではなく、ときには混乱やフラストレーションを味わわせる。それこそが賢明な思考力を養う道だ。

このような研究成果の恩恵を享受できるのは、教師や子供ばかりではない。多くの人が仕事のため、あるいは楽しみのために、大人になってからも学習を続ける。学習の機会を最大限活かしたいのであれば、自らの学習をコントロールする能力が不可欠だ。研究では、知能が高い人を含めたほとんどの人が、成果の上がりにくい学習方法を実践していることがわかっている。望ましい困難を戦略的に使うことは、記憶の質を高めるとともに、脳を鍛えてどんなときでも混乱や不確実性に対処できる力を身につけるのに役立つ。[22]

たとえば次のような方法を実践してみよう。

・勉強時間を分散する。数日間、数週間にわたって比較的短時間の学習を繰り返す。バッデリーの郵便職員に対する実験で明らかになったように、集中的に勉強するより当初の進歩は遅く感じられるかもしれない。しかし毎回学んだ内容を、時間を空けて思い出すよう努力することで、記憶痕跡と長期記憶を強化できる。

・なめらかな資料には注意する。すでに述べたとおり、一見わかりやすい教科書を使っていると、よくわかった気になるが、実際には長期記憶が低下する。だからたとえ当初はわかりにくいと感じられても、深い思考を必要とする複雑な資料を使うようにしよう。

・自分に事前テストを与えてみよう。新しいテーマを研究するときには、まず自分がすでに知っていることをできるかぎり絞り出してみよう。その最初の理解がとことん間違っていたとしても、その後の学習によって誤りは是正され、深い学習と優れた記憶につながることが実験によって示されている。

・環境に変化をつけよう。長期間にわたってずっと同じ場所で勉強していると、その環境のなかの手がかりが学習内容と関連づけされ、知らず知らずのうちに知識を思い出すヒントとなる。意識して勉強の場所を変えることで、そうしたヒントに頼ることができなくなる。それは望ましい困難となり、一時的にパフォーマンスは落ちるかもしれないが、長期記憶は促進される。ある実験では勉強中に部屋を変えるだけで、記憶量が21％増えることが明らかになった。

・教えることを通じて学習する。勉強が終わったら、メモを見ずにその内容を誰かに説明するところを想像してみよう。学習したばかりの内容を誰かに教えると、学習効果が最大化されることを示す結果はたくさんある。それは説明するという行為が、情報の深い理解を促すためだ。

・自分自身を頻繁にテストする。いわゆる「想起練習」は、記憶を促す最高の手段だ。ただテストのときは、すぐに諦めて答えを確認しないようにする。答えが頭に浮かばないと、すぐに調べたくなるものだが、本気で思い出そうと努力する時間を自分に与える必要がある。そうしなければ長期記憶を改善するために記憶を鍛えていることにならない。

・混ぜる。自分自身をテストするときには、1つのテーマに集中するのではなく、さまざまな分野の問題を組み合わせるようにしよう。テーマを変えることで、記憶には一見無関係な事実を思い出すための負荷がかかる。さらにそれは、学習していることの背後にある共通のパターンを見抜く力をつけることにつながる。

・コンフォートゾーンの外に出て、現在の習熟度では難しいと感じられる問題に取り組んでみよう。そして1つの問いに対して1つの答えを見つけるだけではなく、複数の解き方を考えてみよう。どの解き方も完璧ではなかったとしても、その生産的失敗は概念的理解を深めるはずだ。

・間違えたときには、混乱した原因を説明してみよう。誤解はどこから生じたのか、間違いの原因は何か。これは同じ間違いを繰り返すのを防ぐだけではなく、そのテーマに関する記憶そのものを強める。

・先読みバイアスに注意しよう。ロバート・ビョーク、エリザベス・ビョーク夫妻が示したように、私たちは現在のパフォーマンスに基づいて学習のレベルを判断するのが苦手なことがわかっている。事実の記憶に自信があるほど、その後それを覚えている確率は低い。これもなめらかさに起因する問題だ。すんなり頭に入った情報については自信があるが、そうしたなめらかな事実は深く処理していないことが多い。だからよくわかっていないと思う事柄だけでなく、よくわかっていると思う事柄についても頻繁に自分をテストしよう。

望ましい困難は事実の学習に役立つだけでなく、楽器の演奏など、運動技能を身につ

ける のにも効果的だ。現在、一般的に正しいとされる楽器の練習法は、長時間にわたり同じ何小節かを完璧に弾けるまで繰り返す、厳しく、反復的なものだ。

しかしビョーク夫妻の研究は、楽曲の異なる部分を数分ずつ交互に練習するほうがはるかに効果的であることを示している。ある部分に時間をおいて戻るたびに、記憶がリフレッシュされるためだ。[*23]

音楽の演奏法そのものに変化を持たせるのも効果的だ。エレン・ランガーは「条件的学習」の研究のなかで、ピアノを練習する生徒の一部に「数分おきに演奏スタイルを変えて、1つのパターンに固定化しないこと。練習するときには、自分の感情、感覚、思考の微妙な変化など、音楽の背景に注意しよう」と伝えた。第三者の審査員の評価では、伝統的な丸暗記型の練習をした生徒と比べて、実験群の生徒はその後のテストで上達が確認された。

その後ランガーは同じ実験を、大規模な交響楽団でも実施した。交響楽団は無限に続く反復練習で燃え尽きる団員が多いことで知られる。演奏方法に微妙な変化をつけるよう求められた団員は、練習をより楽しいと感じ、演奏も第三者的立場の音楽家から改善したと評価された。[*24]

交響楽団と学校はまったく違う環境に思われるかもしれないが、学習において変化や複雑さを意識的に受け入れるという理念は、どんな状況にも応用できる。

UCLAにビョーク夫妻を訪ねた後、私はそこからほど近いカリフォルニア州ロングビーチのある学校に向かった。「根拠に基づく知恵」の原則を最も包括的に取り入れようとしている学校かもしれない。

「インテレクチュアル・ヴァーチューズ・アカデミー（IVA）」というその学校は、ロサンゼルスのロヨラ・メリーマウント大学の哲学教授、ジェイソン・ベアーのアイデアから生まれた。ベアーの研究テーマは「美徳の認識論」、すなわち知的謙虚さ、好奇心、優れた思考を積極的に受け入れる姿勢といった人格特性の哲学的重要性だ。近年は心理学者と共同で、知的謙虚さを研究してきた。

当初IVAのアイデアは、純粋に理論的なものだった。それが変わったきっかけは、ベアーの友人で同じ哲学者のスティーブ・ポーターからの電話だ。ポーターはラジオで、オバマ夫妻の娘たちの学校選びについてのニュースを耳にした。そこでとりあげられていたのが「チャータースクール」という制度だ。州が運営資金を出し、民間組織がそれぞれの教育理念やカリキュラムに基づいて運営する。

2人の哲学者にはそれぞれ幼い子供がいた。それなら自分たちでチャータースクールを創ったらどうだろう、とポーターは提案した。2人はたびたびコーヒーショップで会い、好奇心のような知的美徳（インテレクチュアル・ヴァーチュー）を意識的に育むような教育モデルを実践する方法を議論した。「添え物の課外活動としてではなく、すべての教育活動を『どうすれば生徒がこうした資質を伸ばせるか』という観点に基づいて実践する学校だ」とベアーは私に説明した。

このような理念は校舎に足を踏み入れた瞬間からはっきりと伝わってきた。すべての教室の壁には、IVAが質の高い思考や学習に欠かせないと考える9つの「大切な美徳」が、その説明とともに貼られていた。大切な美徳は3つのカテゴリーに分かれる。

〈始める〉

- **好奇心**　驚き、考え、「なぜか」と疑問を持つ姿勢。理解したい、探究したいという渇望。
- **知的謙虚さ**　社会的地位や名誉にこだわらず、自らの知的限界や誤りを率直に認める姿勢。
- **知的自立性**　積極的、自発的に考える能力。自分で考え、結論を導き出す力。

〈やり遂げる〉

・**集中**　学習プロセスに「全身全霊で」取り組む姿勢。注意を散らさない。意識的かつ積極的に学習するよう努力する。

・**知的慎重さ**　知的落とし穴や誤りに気づき、回避する姿勢。正確さの追求。

・**知的徹底**　説明を求め、また与える姿勢。表面的な答え、簡単な答えに満足しない。深い意味と理解を探究する。

〈困難を乗り越える〉

・**オープンマインド**　既存の枠組みにとらわれずに考える力。反対意見にも公平かつ真摯に耳を傾ける。

・**知的勇気**　恥ずかしさや失敗の不安など、不安に負けずに粘り強く考え、意見を伝える。

・**知的粘り強さ**　知的困難や苦闘を受け入れる姿勢。目的から意識をそらせず、諦めない。

見てのとおり、知的謙虚さやオープンマインド、好奇心など、ＩＶＡの知的美徳のなかには、イゴール・グロスマンの日常的出来事に関する賢明な思考力の研究に含まれていた要素とまったく同じものが見られる。一方、「知的慎重さ」や「知的徹底」などは第6章で見た懐疑的姿勢と密接な関連がある。「知的勇気」「知的粘り強さ」「知的自立性」は、スティグラーやビョーク夫妻が熱心に研究してきた知的格闘や混乱といった概念と一致する。

ＩＶＡの教育モデルに興味があるかないかにかかわらず、その知的美徳はインテリジェンス・トラップを回避したいと願う人に欠かせない資質のチェックリストとして、非常に優れている。

生徒たちは毎週開かれる「アドバイザリー・セッション」で、こうした概念について教師や保護者から具体的に教わる。たとえば私が訪問したときには、子供たちに他者と対話する方法について考えさせる、「効果的傾聴」に関するアドバイザリー・セッションが開かれていた。生徒たちは対話をするときに知的謙虚さや好奇心といった知的美徳がどのように役立つか、さらに重要なこととしてそのような美徳が不適切な場面とはどのようなものか、考えるよう求められた。セッションの最後には《ディス・アメリカン・ライフ》というポッドキャストのエピソードを聞いた。医者で仕事中毒の父親とのコミュニケーションに悩むロージーという少女に関する実話で、子供たちにとっては共感しやすく、その人物の視点に立って考えやすい内容だった。セッション全体の目的は、子供たちを自らの考え方に対してより分析的かつ内省的になるように導くことだ。このようなストレートな指導に加えて、知的美徳は通常の教科の指導のなかでも教えられる。私はアドバイザリー・セッションの後、キャリー・ノーブルによる7年生（12歳と13歳）の授業に参加した。授業のテーマは多角形の内角を計算する方法だったが、教師がすぐに原則を教えるのではなく、生徒たちは自ら論理的に考え、計算式を導き出さなければならなかった。私はスティグラーが描写した、日本の授業風景を思い出した。その後参加した英語の授業では、音楽鑑賞がテーマになっていた。生徒たちは指揮者のベンジャミン・ザンダーによるTEDトークを視聴し、ザンダー自身がピアノを習うのにどれほど苦労しているかという話を聞いた。進歩には知的格闘が欠かせないという考えが伝わったはずだ。

学校生活全体を通じて、教師たちは知的美徳を「率先垂範」していた。答えがすぐにわからないときは自らの無知を率直に認めて、知的謙虚さを体現したり、何かに興味を引かれたら好奇心をあらわにしたりといった具合に。ドゥエック、エンゲル、ランガーが一様に示しているとおり、このようなさりげないシグナルは確実に子供自身の思考に影響を及ぼす。

私はＩＶＡをたった1日訪問したに過ぎない。しかし教職員との会話から、同校の指導方法は確固たる心理学研究に基づいており、優れた論理的思考がすべての教科で実践されること、またそれによって通常の学力の育成が犠牲にならないように配慮されていることを感じた。ジャッキー・ブライアント校長は私にこう言った。「難易度の高い複雑なカリキュラムに取り組まなければ、生徒たちは知的美徳を鍛錬することはできない。またペーパーテストやフィードバックがなければ、教師が生徒の理解の深さを測ることもできない。思考力と学力は車の両輪なのだ」

私の見るかぎり、生徒たちのメタ認知、すなわち自分の考えが誤っているかもしれないという自覚と、そうした誤りを修正する能力は、一般のティーンエイジャーと比べて驚くほど優れていた。

保護者の評価もきわめて高かった。「本当にすばらしい。こうしたことを大人になるまで学ばない人が多いし、大人になっても学ばない人もいる」。アドバイザリー・セッションの途中、保護者アドバイザーの1人であるナターシャ・ハンターはこう語った。地元の大学で教鞭をとるハンターは、これほど年少の子供たちが高度な論理的思考をする様子に興奮していた。「論理的思考はこの年代で教えなければいけないと思う。というのも大学に来る学生たちには、大学で必要なレベルの思考力が身についていないからだ」

生徒たちの学業成績は、ＩＶＡの教育の質を物語っている。ＩＶＡは創設初年度にはロングビーチ統合学区の学校のなかで、上位3校に入っていた。また２０１６〜17年度のカリフォルニア州全体の学力テストでは、各校において国語で期待される水準に達している生徒の割合は州平均50％であったのに対し、ＩＶＡでは70％の生徒が水準を満たしていた。[*25]

ＩＶＡの成功を過大に評価するのは禁物だ。理念実現に意欲的な教師のそろった1つの学校の例に過ぎない。私が会った心理学者の多くは、効果的な教育改革を大規模に進めることは難しいかもしれないと指摘していた。

それでもＩＶＡは、多様な思考スタイルを教え、社会生活に必要な優れた思考力を持つ若い世代を育てるために、西洋の教育システムが目指すべき方向性を示しているように思える。

第4部

知性ある組織の作り方

第9章

天才ばかりのチームは生産性が下がる

アイスランドはそもそも、サッカーの欧州選手権「ユーロ2016」に出場するのすらおかしい、というのが大方の評論家の見立てだった。その4年前の世界ランキングは131位。[*1] 合計24カ国が参戦するこのハイレベルなトーナメントで、そんな国がどうやって戦うのか。

最初の衝撃が走ったのは2014年から2015年にかけて開催された予選ラウンドで、オランダを破り、トーナメント史上最小の参加国となることが決まったときだ。続いて本選のグループステージではポルトガルと引き分けた。この予想外のドローにはポルトガルのスター選手、クリスティアーノ・ロナウドも動揺し、アイスランドの戦い方に不満を漏らしたほどだ。「アイスランドにはツキがあった。プレーをせずに、とにかくディフェンスという戦い方は、ぼくに言わせれば臆病だし、トーナメントではたいした結果を残せないと思う」

しかしアイスランドの快進撃は続いた。次のハンガリーとの試合も引き分け、オーストリアには2対1で勝利した。評論家らは幸運もそう長くは続かないと信じていたが、決勝トーナメントで再びサプライズをやってのけた。世界のトップ20に入る一流サッカーチームのメンバーばかりをそろえたイングランドに勝利したのだ。イギリスのテレビでは、最終ゴールを見たコメンテーターが言葉を失った。[*2] ガーディアン紙はこの試合を「イングランド史上最も屈辱的な敗北の1つ」と報じた。[*3]

結局アイスランドは準々決勝で開催国フランスに敗れ、夢は潰《つい》えた。しかし世界中のサッカー評論家はアイスランドの活躍に驚愕した。タイム誌のスポーツライター、キム・ウォールはこう書いている。「アイスランドが大会に出場したこと自体が予想外だった。アイスランドは1年中氷河の残る火山島であり、サッカーのシーズンが世界一短い。国立競技場のピッチの芝は北極圏の風雪に耐えられる品種を選んでいるにもかかわらず、ときには凍って枯れてしまうほどだ」。[*4] しかも人口はわずか33万人と、潜在的プレーヤーの数はロンドンの一部の自治区よりも小さいぐらいだ。代表チームのコーチの1人は、歯科医と兼業である。[*5] 最終的に優勝国となったポルトガルより、アイスランドのほうが真のヒーローだと思った人も多かった。

本書執筆時点（2018年）で、アイスランドは世界ランキング20位前後で、史上最小の参加国としてワールドカップにも出場した。ロナウドの批判とは裏腹に、アイスランドの成功は単なる幸運ではなかったわけだ。なぜこのちっぽけな国が、20倍以上の規模を持ち、サッカー界のスーパースターを擁する国々に勝てたのか。スタープレーヤーがほとんどいないという事実が不利な要素ではなく、実はそれこそが予想外の成功をもたらしたということがあり得るのだろうか。

スポーツの歴史には、大番狂わせの例が山ほどある。最も有名なのはアイスホッケーの「氷上の奇跡」だろう。1980年の冬季五輪で、アメリカの大学生から成るチームが、選り抜きの選手ぞろいのソ連チームに勝利した一件だ。最近では2004年のオリンピックのバスケットボールで、アルゼンチンが優勝候補筆頭のアメリカを下して金メダルを獲得した例がある。いずれのケースでも挑戦者のほうはメンバーの顔触れでは見劣りしていたものの、能力の総和で相手を上回った。しかし当初の勝ち目のなさと、圧倒的優位な相手を打ち負かしたチームワークのすばらしさという点で、最も示唆に富むのはアイスランドの例かもしれない。

スポーツの才能は、本書で見てきた知能とはかなり異なる。しかしこのような予想外の成功には、サッカーコート以外でも通用する教訓が含まれているかもしれない。多くの組織が知能が高く、経歴も抜群の人材を集めるのは、そういう人材が集まれば自然と全員の能力を結集して魔法のような成果を出すのではないかと考えるからだ。しかしどういうわけか、そういう集団は才能を発揮しきれず、創造力に乏しく、効率が低く、ときとして過度にリスクの高い判断を下したりする。

第8章では高い知能や専門知識が、ときとして個人にとってマイナスに作用することを見てきた。それとまったく同じことがチームにとっても言える。個人が高い成果を発揮するのに役立つ資質が、集団全体に害を及ぼすこともある。チームに「才能が集まりすぎる」ということが、本当にあり得るのだ。

これは1つではなく、たくさんの脳が一緒に陥るインテリジェンス・トラップだ。そしてアイスランドにイングランドへの勝利をもたらした要因は、あらゆる組織で起こりうる「職場内闘争」への理解を深めるのに役立つ。

イングランドのサッカーチームと企業の取締役会に共通する力学を見ていく前に、まずは集団の思考に関する一般認識を考えてみよう。[*6]

よく知られている概念が「群衆の英知」、すなわち大勢の脳が一緒に働くことで互いの判断ミスが打ち消され、集団として判断の質が高まるという考えだ。[†] 学術誌に掲載された科学者の論文を分析すると、この見方を裏づける優れた証拠が見つかる。共同で執筆された論文のほうが、単一筆者による論文よりも引用される回数ははるかに多いのだ。天才は孤独というイメージとは異なり、対話やアイデアの交換はチームメンバーの最良の部分を引き出す。その知力を組み合わせることで、それまで気づかなかった関連性が見えてくることもある。*7

しかし集団による思考が誤った結論につながった有名な事例もたくさんあり、なかには多大な犠牲を伴うものもあった。集団思考に批判的な人々がよく挙げるのが、イェール大学の心理学者、アービング・ジャニスが最初に指摘した「グループシンク（集団浅慮）」という現象だ。ジャニスは1961年に発生したピッグス湾事件をきっかけに、ケネディ政権がキューバ侵攻を決断した理由を分析した。そしてケネディのアドバイザーたちには、早く結論を出したいという焦りと、互いの判断に疑問を呈することへの躊躇があったと結論づけた。それによってそれぞれの既存のバイアスが強化され、互いの「動機づけられた推論」を助長することになった。同調欲求によってまともな判断ができなくなると、もはや各自の高い知能はなんの意味も持たなくなった。

集団的思考に懐疑的な人々は、集団が何も決められず袋小路に陥ったり、さまざまな立場に配慮して問題を必要以上に複雑にしてしまったりするケースを挙げる。このような膠着状態はグループシンクのもたらす拙速さとは真逆だが、いずれも組織の生産性を大きく阻害しかねない。「船頭多くして船山にのぼる」という状況は避けたい。

最新の研究は、こうしたさまざまな見解を融合し、優秀な人材の集団がそれぞれの能力を活かせるか、それともグループシンクの罠に陥るかを判断する、優れた方法を生み出している。

アニタ・ウィリアムズ・ウーリーはこの分野の第一人者として、グループ・ダイナミクスに関する私たちの理解を一変させるような「集団的知能テスト」を考案した。私はウーリーが新たな実験に取り組んでいる、ピッツバーグのカーネギー・メロン大学を訪ねた。

---

†群衆の英知という考えは、チャールズ・ダーウィンのいとこであったフランシス・ゴルトンにさかのぼる。ゴルトンは1907年にネイチャー誌に発表した記事のなかで、品評会で通りがかりの客に雄牛の体重を推測してもらった結果を書いている。予想の平均は1198ポンドと、正解との誤差はわずか9ポンド(0・8%)だった。そして予想の50%以上は正解の前後4%の範囲に収まっていた。この結果に基づき、集団の合意を見いだすことが判断の正確さを高める最善の方法であり、できるだけたくさん有能な人材を集めることによって大きな成功を確保できるとする評論家もいる。

集団的知能テストはたいへんな苦労の産物だ。最も難しかったのは、集団に求められる多様な思考をすべて反映することだ。たとえばブレーンストーミングにはある種の「発散的思考」が求められるのに対し、合意をまとめる際にはより抑制のきいた批判的思考が求められる。結局ウーリーの研究チームは、合計5時間かかる作業を通じて、4つの異なるタイプの思考をテストすることにした。新しいアイデアを「生み出す」、健全な判断によって選択肢を「選ぶ」、妥協を見いだすために「交渉する」、そして「作業を遂行する」（行動や活動を調整する）ための思考力だ。

個人の知能を測るテストとは異なり、テストの大部分は実践的なものだ。たとえば交渉力のテストは、シェアハウスの同居人が一緒に車に乗って街へ買い出しに行く場面を想定し、買い物リストに含まれるアイテムを、できるだけ安く、できるだけ少ない運転時間で買い集めなければならない。また健全な判断力のテストでは、陪審員になったつもりで、コーチに賄賂を贈ったバスケットボール選手を裁くよう求められた。作業の遂行能力のテストでは、グループのメンバーがそれぞれパソコンの前に座り、共通のオンライン文書に単語を打ち込む作業を与えられた。一見簡単そうな作業だが、メンバーは重複を避け、互いの貢献を無駄にしないように調整しなければならない。[*8] 伝統的なIQテストに出てくるような、言語課題や抽象的思考を求める問題もあったが、個人単位ではなく集団として答えることを求められた。

興味深い実験結果はいくつかあるが、1つはそれぞれのグループの一分野でのスコアには、他の分野のスコアと相関があったことだ。要するに(一般的知能の場合の「知的エネルギー」のような)全体に共通する要因があるようで、一部のグループは一貫して常に他のグループを上回る成績をあげていた。

個人の創造力、判断力、学習に関する研究と重なる、重要な発見もあった。グループの成績はメンバーのIQの平均値とはわずかしか相関がなかった(集団的知能の差異への寄与率は2・25%)。またグループ内のIQの最高値とも強い相関は見られなかった(集団的知能の差異への寄与率は3・6%)。各グループは一番優秀なメンバーに、考える役割を一任したわけではなかったのだ。

ウーリーの研究チームは2010年にサイエンス誌に初めての論文を発表して以降も、さまざまな場面でテストを検証し、それが多くの現実世界のプロジェクトの成否を予測するのに有効であることを示してきた。実験のなかには、大学という身近な環境で行われたものもある。たとえば経営学のコースの学生たちに、2カ月間にわたるグループ・プロジェクトに取り組んでもらった実験がある。想定したとおり、集団的知能のスコアはさまざまな課題での各グループの成績を予測するのに有効だった。興味深いのは、集団的知能の高いグループはプロジェクトの期間を通じて、ますます優秀さに磨きをかけていったことだ。実験開始時に他のグループより知能が高かっただけでなく、8週間後の伸びも最も大きかった。

ウーリーはこのテストを軍、銀行、コンピュータ・プログラマーのチーム、そして大手金融機関でも行った。皮肉なことに大手金融機関のスコアは、テストを始めて以来最低の部類に入った。残念ながら、二度とお呼びはかからなかったそうで、それも集団的思考力の低さの表れかもしれない。

ただ、このテストは集団的知能の診断ツールにとどまらない。ウーリーはこのテストを通じて、集団的知能が高いグループと低いグループを分ける根本的理由を調べ、グループ・ダイナミクスを改善する方法を明らかにしてきた。

集団的知能を予測するうえで最も寄与度が大きく、一貫性がある要因は、チームメンバーの社会的感受性である。この性質を測定するのにウーリーが使ったのは、感情の認識力を測る古典的な方法である。被験者に俳優の目の部分写真を見せ、そこにどんな感情が表れているか読み取ってもらう。その目は嬉しそうなのか、悲しそうなのか、怒っているのか、おびえているのか。メンバーのスコアの平均値は、集団の成績を予測するのに非常に有効だった。驚くべきことに、インターネットを通じてリモートで共同作業をするチームについても、まったく同じ結果が得られた。[*9] メンバー同士が直接会わずに仕事をする場合でも、それぞれの社会的感受性が高いほどメッセージから互いの真意を読み取り、協力的にふるまう傾向が見られた。

「目から感情を読み取る」テスト以外にも、ウーリーは集団の人間関係がどんな状態にあるとき思考の質が高まるのか、あるいは低くなるかを研究してきた。企業では集団に明確な上下関係がないときに、自然とリーダーシップを発揮する人が重用される傾向がある。「生まれつきのリーダー」を自認するタイプの人だ。しかしウーリーの研究チームが、集団のメンバーの発言回数を測定したところ、パフォーマンスの高いグループではすべてのメンバーが同等の発言機会を与えられていることがわかった。反対に最もパフォーマンスの低いグループは、1人か2人に議論が仕切られる傾向があった。

議論を仕切る人は、必ずしも声が大きかったり高圧的なわけではないが、自分はすべてわかっているという印象を与える。他のメンバーは自分には貢献する余地がないと思ってしまうので、集団から貴重な意見や別の視点を聞く機会を奪ってしまう。[*10] むやみに情熱的なのも、ときとしてマイナスなのだ。

集団的思考を最も損なうのは、チームメンバーが互いに競争関係にあるときだ。先述の金融機関やその企業文化の問題はそこにあった。この会社では毎年、業績評価に基づいて一定数の社員だけを昇進させていた。つまり社員は互いを脅威と感じており、その結果共同作業はうまくいかなかった。

ウーリーが実験結果を発表して以来、特に注目を集めてきたのは職場における性差別に関する洞察だ。一部の男性に見られる女性に対する「上から目線」な行動、たとえば女性の話をさえぎったり訂正したりする不愉快な習性は、近年多くの専門家が指摘している。女性との対話を打ち切ったり、女性が自らの知識を共有するのを妨げたりする行動は、グループのパフォーマンスを損なう。

ウーリーの研究でも(少なくともアメリカでの実験では)、女性の割合の高いグループは、男性の割合が高いグループと比べて、集団的知能が高くなる傾向が見られた。全体として女性の社会的感受性が高いことと関連しているのかもしれない。[*11] オンラインゲーム《リーグ・オブ・レジェンズ》で、アバターによってプレーヤーの性別が互いにわからない状況でも、チームの集団的知能には同じ傾向(女性比率が高いほど集団的知能は高い)が見られた。女性がいるとわかっていると男性は行動を変える、という単純な話ではないようだ。[*12]

性別による違いが生じる正確な原因はまだわからない。生物学的バイアスが作用している可能性もあるが(たとえばテストステロンは行動に影響を与えることがわかっており、テストステロンが高い人は行動が衝動的で支配的になる傾向が見られる）、社会的感受性の差異は文化的に学習される部分もあるのかもしれない。

ウーリーはこのような研究成果を受けて、すでに世論は変わりつつある、と私に語った。「私たちの実験結果を取り入れ、女性の採用を増やした組織もある」

こうした知見に基づいて意識的にジェンダーバランスを変えるかどうかはともかく、男女を問わず社会的感受性の高い人を採用するのは、組織の集団的知能を高める確実な方法と言えるだろう。

社会的知能を「ソフトスキル」と呼ぶこと自体、それが他の知能に劣後する二次的なものという印象を与える。また対人関係力学を調べるのに使われるＭＢＴＩ（マイヤーズ・ブリッグス・タイプ・インディケーター）などの性格テストは、実際の行動を予測するのにはあまり効果がない。[*13] ウーリーの研究は、優れたチームをつくるにはこのようなソーシャルスキルは最も重要な判断要素であり、標準的テストを使って認知能力を測るのと同じように、ソーシャルスキルを評価するのにも科学的に検証された方法を取り入れるべきであることを示している。

集団的知能とＩＱの相関がこれほど低いことを明らかにしたウーリーのテストは、知能の高い人々の集団がときとして失敗する理由の一端を示している。ただ私が興味を惹かれるのは、個人のインテリジェンス・トラップの研究成果から判断すると、優秀な人の集団も平均的な人々の集団よりも失敗するリスクがむしろ高いのではないか、ということだ。

直感的に、特別優秀あるいは特別能力のある人同士は、それぞれの地位がもたらす自信過剰や偏狭さが災いして、仲良くやっていくのは難しいのではないかという気はする。それによって集団としてのパフォーマンスも阻害されるのではないか。そうした直感は、果たして正しいのだろうか。

コーネル大学のアンガス・ヒルドレスが、こうした疑問への答えを示している。ヒルドレスが研究を始めたきっかけは、グローバルなコンサルティング企業で勤務し、経営幹部の会合をたびたび観察した経験だった。

「個人としては非常に優秀で、仕事ができるからこそ幹部ポストに上り詰めることのできた人たちばかりだ。しかし集団としての彼らは驚くほど何もできず、苦労していた。とびきり優秀な人々が一堂に会せば、当然すばらしい成果が出るのだろう、と思い込んでいた。しかし実際には何も決断できず、スケジュールには常に遅れが出ていた」

組織行動学で博士号を取得するため、カリフォルニア大学バークレー校に戻ったヒルドレスは、この現象をさらに研究することにした。
2016年に論文として発表した実験では、あるグローバルな医療企業の経営幹部を集め、グループに分かれて、ダミーの候補者のなかから最高財務責任者（CFO）として誰を選ぶか話し合ってもらった。ただグループによって権力のバランスに変化を加えた。一部のグループには大勢の部下を抱える最高幹部ばかりを集めた。一方、残りのグループには彼らの部下のレベルの人間だけを集めた。実験結果に既存のライバル関係が影響しないように、各グループのメンバーはそれまで一緒に仕事をしたことのない者同士にした。「そうしないと過去のポジション争いでどちらが勝利したか、といったことが影響するためだ」。すばらしい経歴や経験を持ち合わせていたにもかかわらず、最高幹部だけを集めたグループは合意に達しないことが多かった。最高幹部だけのチームは64％が結論を出せずに終わったのに対し、もっと地位の低い幹部だけのチームではその割合は15％に過ぎなかった。グループの実務能力に実に4倍の差があったのだ。[*14]
1つの問題は「地位争い」だった。最高幹部たちは目の前の作業に集中せず、グループで誰が決定権を握るか、誰が勝者になるかばかりを考えていた。また情報を共有せず、互いの意見を融合しようとしなかったので、妥協点を見いだすのがはるかに難しかった。

出世するような人というのは、もともと自信過剰なのだろう、と思うかもしれない。ふだんから利己的な人ばかりを集めたから、このような結果になったのではないか、と。しかし学生を被験者としたさらなる別の実験によって、驚くほどわずかな働きかけで、誰もがこの幹部たちのように利己的にふるまうようになることが示された。

学生たちに最初に与えられたのは、シンプルな作業だった。2人組になり、ブロックで塔をつくるのだ。それぞれのペアのうち、1人をリーダーに、もう1人をフォロワーに指名し、その根拠は事前の質問票である、と説明した。塔をつくるのに成功するか否かは重要ではなかった。ヒルドレスの目的は、被験者の一部に権力意識を持たせることだった。次の作業では学生たちを3人組に再編した。最初の作業でリーダーに指名された者ばかりの組と、フォロワーに指名された者ばかりの組だ。そして新しい組織を立ち上げ、ビジネスプランを考えるという創造力を問うテストを与えた。

最初の作業でささやかな権力意識を与えられた元リーダーたちは、あまり互いに協力しようとせず、情報を共有したり、解決策について合意したりすることができず、グループとしてのパフォーマンスは低迷した。要するにウーリーがグループの集団的知能にとってマイナスであることを明らかにした、足の引っ張り合いをしていたのだ。

グループの話し合いを見ていると、権力闘争が起きていることははっきりとわかった、とヒルドレスは話す。「やりとりは非常に冷淡だった。当然ながら、グループの少なくとも1人が離脱した。人間関係があまりにも不愉快だったからだ。あるいは自分の意見がまったく聞いてもらえないので、話し合いに加わるのを嫌がった。『決めるのは自分だ、自分の判断が一番良い』と誰もが思っていた」

ヒルドレスは医療企業1社の人間関係を調べただけだが、それが多くの組織で見られる現象であることを、さまざまな研究が示している。たとえばオランダの通信会社と金融機関の分析では、企業のすべての階層のチームの行動を調べた。その結果、ヒエラルキーの上層部ほど、人々は激しい対立を感じていた。重要なこととして、そこには社員が序列における自らの位置を認識しているか否かが影響しているようだった。メンバーのあいだでそれぞれの相対的地位について共通認識があれば、チーム内で権力争いは起きず、生産性は高かった。[*15] 最も結果が悪かったのは、地位の高い個人だけで構成されるグループで、互いの上下関係が明らかではないときだった。

このような権力闘争の衝撃的な例で、チーム内に才能がありすぎるとかえって生産性が下がることの明白な証拠と言えるのが、ウォール街の金融機関のなかで「スター」と呼ばれる株式アナリストを対象とした調査だ。インスティテューショナル・インベスター誌は毎年、各セクターのトップアナリストのランキングを発表する。選ばれたアナリストは業界でロックスターのような地位を与えられ、年俸は何百万ドルも増える。メディアにも評論家として頻繁に登場するようになる。言うまでもなく、こうしたスターアナリストの多くは同じ名門企業に所属することが多いが、それは必ずしも会社が期待するほどのリターンをもたらさない。

ハーバード・ビジネススクールのボリス・グロイスバーグは、5年間にわたって金融業界のデータを調べた。その結果、たしかにスタープレーヤーが多いチームのパフォーマンスは優れているが、それには限界点があり、そこを過ぎるとスタープレーヤーを増員してもプラス効果は減少することを明らかにした。リサーチ部門の人員の45%以上をインスティテューショナル・インベスター誌のランキング入りしたアナリストが占めるようになると、部門の効率は低下する。

特にスター同士の専門分野が重なると、直接的な競争関係が生まれ、グループが弱体化するようだった。セクターが違えば、直接的競争は起きないので、そうした問題は起こらなかった。その場合、会社はさらにスタープレーヤーを採用できるが、それも全体の70%程度までで、それを超えるとエゴのぶつかりあいによってチームのパフォーマンスは一気に低下した。[*16]

ヒルドレスの理論は、権力のある人々の集団的相互作用に基づいていた。ただ地位争いはコミュニケーションと協力を妨げるのに加えて、個々のメンバーの脳の情報処理能力も阻害する。少なくとも会議のあいだはお互いとのやりとりの結果、個々のメンバーはわずかにバカになるのだ。

バージニア工科大学で行われた調査では、被験者を少人数のグループに分け、それぞれに抽象的問題を解かせた。そして各自の進捗状況を他のメンバーと比較するかたちで、それぞれのコンピュータ画面に表示した。このフィードバックによって、被験者のなかには何もできなくなって事前テストよりスコアを落とす者もいた。IQのレベルはみなおおよそ同じだったにもかかわらず、競争にことのほか敏感な被験者がいたために、最終的にスコアは二極化した。[*17]

脳の活動の低下はテスト中に撮影されたfMRIスキャンからも明らかだった。扁桃体（脳の奥にあり、感情的処理と関連があるとされるアーモンド形の神経細胞の集まり）の動きは活発になる一方、問題解決にかかわる額の奥にある前頭前皮質の活動は低下したのだ。

研究チームは、認知能力は社会環境と切り離せないものである、と結論づけた。知力をどれだけ発揮できるかは、常に周囲の人々をどう認識するかによって影響を受ける。[*18]

こうした結果を踏まえると、集団に優秀だが傲慢なメンバーがいると、集団的知能と、繊細なメンバーの個人的知能の両方が悪影響を受けることがよくわかる。このダブルパンチによって、集団の生産性が全体的に低下するのだ。

研究チームに参加したリード・モンタギューはこう語る。「会議中は脳が死んだような気分になるとジョークを言う人がいるが、実際にそれに近いことが起きることを私たちの研究は示している」

スポーツのフィールドは企業の会議室とはかけ離れているようだが、多くのスポーツでもまったく同じ現象が見られる。

たとえば2010年代初頭のバスケットボール・チーム、マイアミ・ヒートの顛末を振り返ってみよう。レブロン・ジェームズ、クリス・ボッシュ、ドウェイン・ウェイドの「ビッグスリー」と契約を結んだチームには、才能という点では不足はないはずだった。しかし2010〜11年のシーズンは、いくつか予想外の負けを喫して首位をとれなかった。チームがNBAチャンピオンシップを制覇したのは、ボッシュとウェイドがケガで離脱した翌年だ。スポーツライターのビル・シモンズはこう書いている。「才能が減ったことが勝利を呼び込んだ」[*19]

これがありがちな現象なのか確かめるため、社会心理学者のアダム・ガリンスキーはサッカーワールドカップの2010年南アフリカ大会と、2014年ブラジル大会の参加チームの成績を調べた。各国の「一流選手」の比率として、ナショナルチームのメンバーのうち、長者番付のサッカークラブ版「デロイト・フットボール・マネー・リーグ」の上位30チーム（レアルマドリード、FCバルセロナ、マンチェスターユナイテッドなど）と契約している選手の割合を計算した。それからこの数値と、各国の予選ラウンドの順位を比較した。

グロイスバーグがウォール街の分析で明らかにしたのと同じように、ガリンスキーの研究チームはパフォーマンスが「逆U字の関係」にあることを発見した。チームに何人かスター選手がいるとプラスだが、その割合が60％前後に達するとバランスが崩れ、それ以上になるとチームは苦戦していた。

その最たる例がオランダ・チームだった。「ユーロ2012」が惨憺たる結果に終わったことを受けて、ルイ・ファン・ハール監督はチームの編成を見直した。「一流選手」の割合を73％から43％に下げたのだ。異例の措置ではあったが、ハール監督はチームのダイナミクスを正しく把握していたようだ。ガリンスキーらが論文で指摘しているとおり、オランダは2014年ワールドカップの予選ラウンドで一度も負けていない。

「才能過剰効果」を別の状況でも確認するため、ガリンスキーは同じ方法をバスケットボールにも当てはめた。材料となったのは、2002年から2012年までのNBAシーズンの成績だ。スタープレーヤーの特定には「推定追加勝利」という方法を使った。試合の統計データを使い、特定のメンバーが試合結果の決定的要因であったか否かを計算するのだ。その結果ガリンスキーの研究チームは、このランキングで上位3分の1に入った選手を「一流選手」と見なすことにした。恣意的な線引きであることは否めないが、多くの組織で優れたパフォーマンスを判断する基準とされるものだ。重要なこととして、ガリンスキーのランキングで一流選手と認められたプレーヤーの多くは、NBAのオールスター・ゲームに選出されていた。ここからも一流選手の基準として有効だったと言えるだろう。

研究チームは今回も、各NBAチームのスタープレーヤーの割合を算出し、それをシーズンごとの勝利数と比較した。そこから浮かび上がったパターンは、サッカーワールドカップの結果とほぼ一致していた。

最後にもう1つ、ガリンスキーの研究チームは野球のメジャーリーグのデータを分析した。選手同士の協調がそれほど必要とされないスポーツで、才能過剰効果の証拠はまったく見られなかった。ステータスが問題となるのは、チームのメンバーが協力しあい、互いの最良の部分を引き出さなければならないときだけだという考えを裏づける結

▪サッカーにおける才能過剰効果

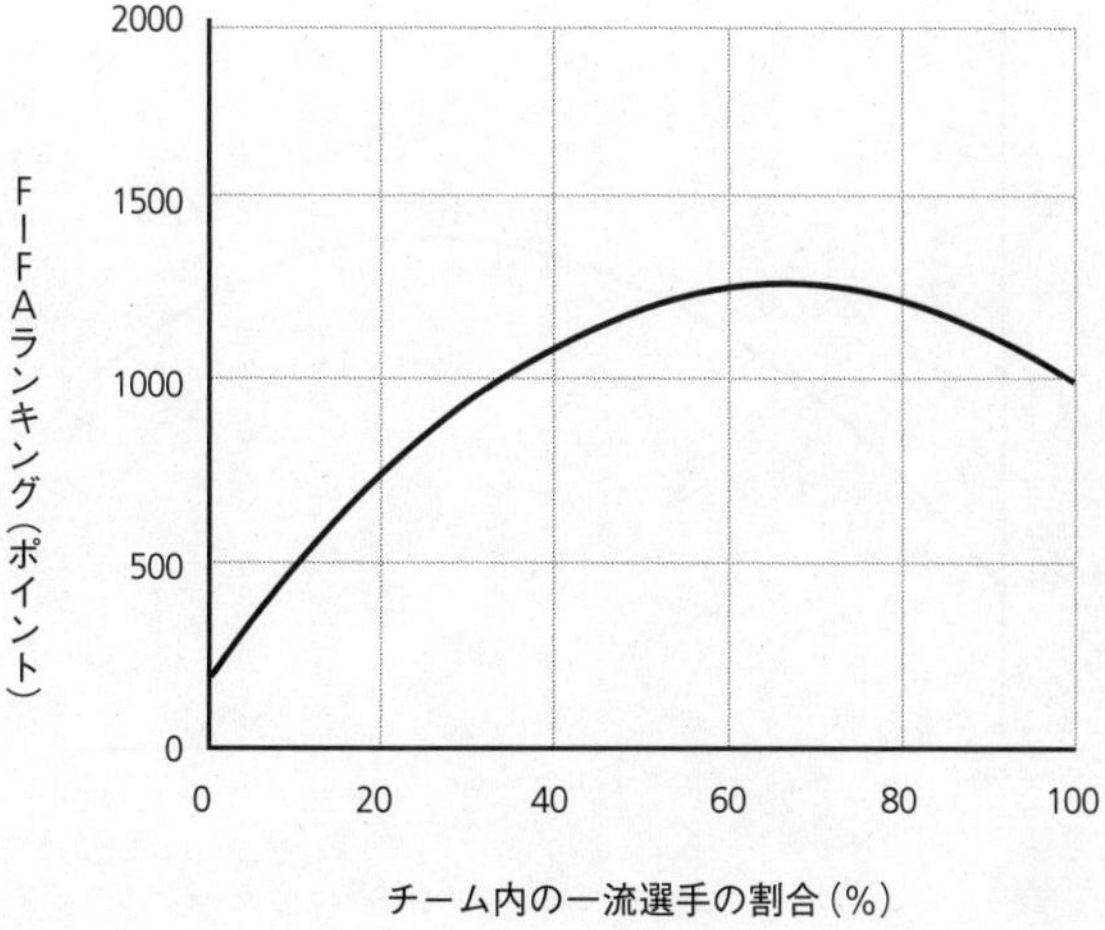

出典:Swaab, R. I., Schaerer, M., Anicich, E. M., Ronay, R., & Galinsky, A. D. (2014), 'The too-much-talent effect: Team interdependence determines when more talent is too much or not enough,' *Psychological Science*, 25(8), 1581-1591.

▪ バスケットボールにおける才能過剰効果

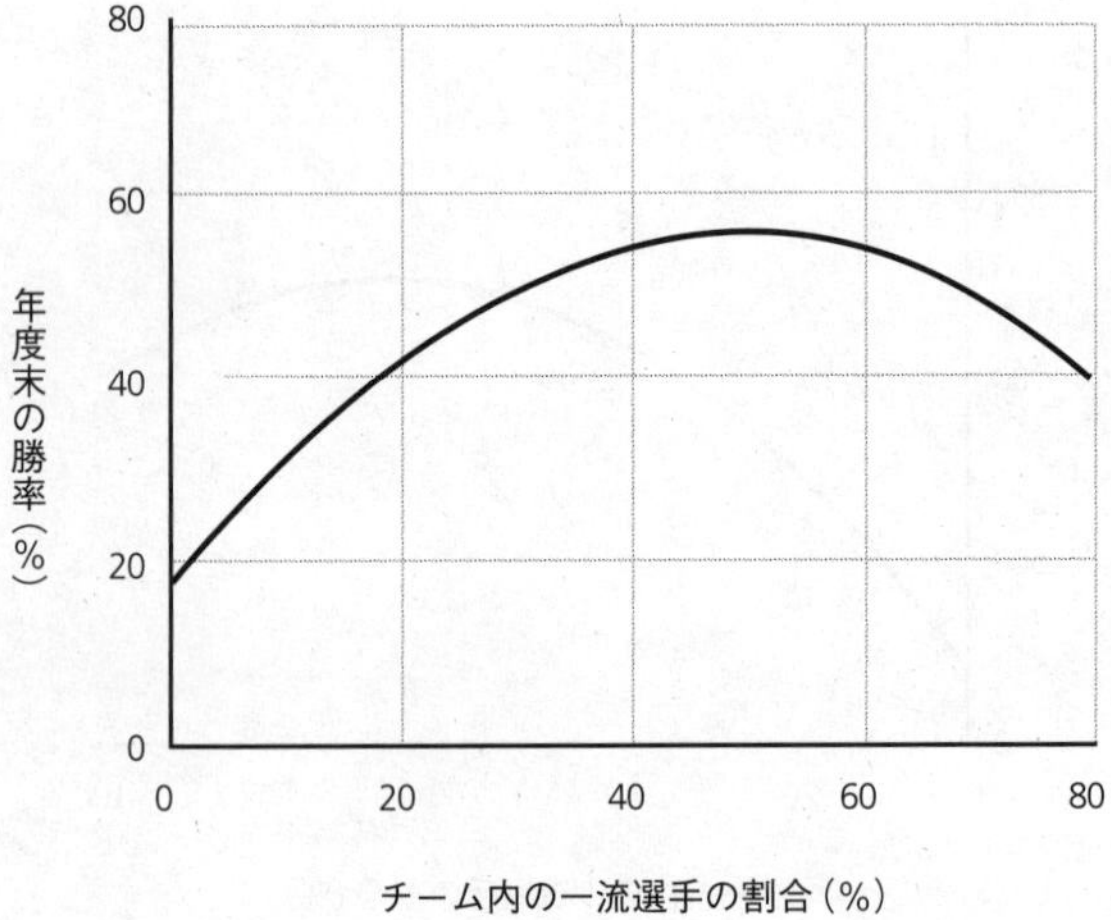

出典：Swaab, R. I., Schaerer, M., Anicich, E. M., Ronay, R., & Galinsky, A. D. (2014), 'The too-much-talent effect: Team interdependence determines when more talent is too much or not enough,' *Psychological Science*, 25(8), 1581-1591.

果だ。[20]野球のような、バスケットやサッカーと比べて相互依存性の低いスポーツでは、資金の許すかぎり一流選手を集めるのが理にかなっている。

ユーロ2016におけるアイスランドの対イングランド戦勝利を振り返ると、その成功にはさまざまな要因があった。アイスランドは長年トレーニングプログラムの改良に努めており、代表監督にはスウェーデンのラーシュ・ラーゲルベック、そのアシスタントはヘイミル・ハルグリムソンと指導者にも恵まれていた。個々のプレーヤーの資質もかつてないほど高かった。しかし、国際的なサッカークラブに所属する選手も多かったものの、当時デロイト・フットボール・マネー・リーグのトップ30チームと契約していたのは1人（ギルフィ・シグルズソン）だけだった。つまり選手たちは両刃の剣でもある国際的ステータスをまだ手に入れていなかったのだ。

対照的にイングランドは、23人の登録選手のうち21人を、スーパーリッチなトップ30チームから招集した。それは代表チームの90％を超え、最適水準をはるかに上回る。私自身の計算では、準々決勝に進出したチームでこれほどスタープレーヤーの比率が高いチームはなかった（一番近くてもドイツの74％）。対アイスランド戦敗北は、ガリンスキーの「才能過剰効果」モデルと完璧に一致する。

サッカー評論家たちはガリンスキーの科学的分析を目にしていなかったかもしれない

が、トーナメントの時点でイングランド・チームのダイナミクスが最悪であったことを指摘している。アイスランドが勝利した後、インディペンデント紙のスポーツ記者、イアン・ハーバートは「イングランドは個々の選手は才能にあふれていたが、チームとしてはそれほどでもなかった」と書いている。「イギリス国民がこうしたプレーヤーの多くに共感や同情を持てない理由は、エゴである。あまりにも有名で、大物で、金持ちで、傲慢な彼らは、ヨーロッパで最もちっぽけな代表チームと対峙したとき、ペースや戦い方をまったくつかめなかった。それが今回のイングランド代表だ」[*21]。最終的に優勝国となったポルトガルは、代表チームにデロイト・マネー・リーグのエリートクラブから4人しか招聘していなかった。もちろんサッカー界のトップスター、クリスティアーノ・ロナウドは擁していたが、全体としてガリンスキーの指摘した許容値を超えていなかった。

ニューヨーク州のレークプラシッドで開催された1980年冬季五輪の「氷上の奇跡」にも、まったく同じパターンが見られる。ソ連チームには非の打ち所がない実績があり、過去4度の五輪ですべて金メダルを獲得していた。29試合中、27試合で勝利していた。選手のうち8人は、過去の五輪に少なくとも1回は出場しており、母国でも名門チームに所属していた。一方アメリカ・チームは、平均年齢21歳の大学生の集まりだった。五輪に出場したチームのなかで最も若く、国際経験も乏しかった。

ハーブ・ブルックス・ヘッドコーチは、自分たちが「ゴリアテに立ち向かうダビデ」だなどという幻想はまるで抱いていなかった。それにもかかわらずダビデは勝利した。アメリカがソ連を4対3で下したのだ。続く決勝ではフィンランドと対戦し、金メダルを獲得した。

国際的なスーパースターがいなくても、このようなダイナミクスはどんな職場でも起こりうる。ヒルドレスが大学生を使った実験で明らかにしたように、集団が優れたパフォーマンスを発揮できるかは、私たちが他者と比べて自らの才能をどう認識するかによって決まる。

私にガリンスキーの研究を最初に教えてくれたのはアニタ・ウィリアムズ・ウーリーだったが、ウーリーは息子のアマチュア・サッカーチームにも同じダイナミクスが作用していた、と語る。「去年はとても良いチームで、州の大会で優勝もした。それで他のチームからも本当に優秀な選手が集まってきたら、バランスが崩れてしまった。今年に入ってすでに5試合負けている」

集団的知能と「才能過剰効果」を理解すれば、あらゆるチームのパフォーマンスを高めるシンプルな方法を学ぶ準備はほぼ整ったと言える。ただその前に、リーダーの役割についてもう少し詳しく見ていきたい。それに最適なケーススタディは、エベレストで起きた悲劇である。

1996年5月9日、ネパール側からエベレストに登頂するサウスコル・ルートで、標高7900メートル地点にある第4キャンプを2つの登山隊が出発しようとしていた。35歳のニュージーランド人、ロブ・ホールはアドベンチャー・コンサルタンツ社の公募した登山隊を率いていた。そこに合流したのが、ミシガン州出身の40歳、スコット・フィッシャーの率いるマウンテン・マッドネス社が公募したグループだ。それぞれのチームはリーダーのほか、2人のアシスタントガイド、8人の登山客、そして多数のシェルパで構成されていた。

2人のリーダーには、登山のプロとして申し分のない経歴があった。ホールはすでにエベレストに4度登頂し、39人の登山客を山頂に立たせていた。すべてを綿密に準備することで知られていた。フィッシャーはエベレストに登ったことはそれ以前に一度しかなかったが、世界で最も難しい山をいくつも制覇していた。そして自らの方法論に自信を持っていた。フィッシャーが「エベレストのことは完全に理解している。（中略）山頂への黄色いレンガの道はできている」と語っていたのを、生き残ったメンバーのジョン・クラカワーは覚えている。

それぞれ別の会社から派遣されていたが、ホールとフィッシャーは最終アタックに一緒に取り組むことにした。だがまもなく遅れやさまざまな困難に襲われた。シェルパの1人が登頂のガイドとなる「固定ロープ」を設置するのに失敗したため1時間の遅れが生じた。ロープが設置されるのを待つ間に、斜面の先では頂上を目指す登山客の渋滞が悪化していった。午後の早い時間には、暗くなる前に登山客の多くが頂上に到達して戻ってくるのが不可能なことは明白になった。数人が引き返すことを決意したが、ホールとフィッシャーを含む大多数がアタックを続行した。

結局この決断が命取りとなった。15時には雪が降りはじめ、17時30分には猛烈な吹雪となった。ホール、フィッシャーと3人の登山客が下山中に死亡した。

なぜ状況が悪化しているにもかかわらず、ホールらは頂上を目指すという判断をしたのか。フィッシャー自身もそれ以前に、日暮れまでに確実にキャンプに戻れるように、午後2時までに山頂に到達できなければ引き返すという「2時ルール」について語っている。それにもかかわらずアタックを続けた結果、命を落とすことになった。

ハーバード・ビジネススクールのマイケル・ロベルトは、ジョン・クラカワーのベストセラーを含む、この悲劇に関する証言を分析した。そして登山隊の意思決定には、いまや私たちにはお馴染みとなったさまざまな認知バイアスが影響したと見ている。たとえばサンクコストの誤謬（登山客はそれぞれ参加費として7万ドルを支払っているうえ、何週間もの努力が無駄になる）やホールとフィッシャーの自信過剰だ。[*22]

ただここで私たちが注目したいのは、集団のダイナミクスであり、特にホールとフィッシャーが自らを中心に構築したヒエラルキーだ。ヒエラルキーが集団内の地位争いや内紛を抑え、生産性を高める場合もあることはすでに見てきた。

しかしこのケースではヒエラルキーは凶と出た。登山隊にはホールとフィッシャー以外にも、サブガイドやエベレストを知り尽くした地元のシェルパが含まれており、ホールらの誤りを正せたはずだ。しかし集団には安心して懸念を表明できるような雰囲気はなかった。クラカワーは、ある種の厳格な「序列」があり、顧客はガイドに疑問を呈することを恐れ、ガイドはリーダーであるホールとフィッシャーに疑問を呈することを恐れていたと書いている。サブガイドの1人だったニール・ベイドルマンはのちにこう語っている。「私はガイドのなかでは明らかに3番目だったので、あまり自己主張をしないように努めていた。このため意見を言うべきときに常にそうしたわけではなく、今はそれを後悔している」。もう1人のガイドであったアナトリ・ブクレーエフも同様に、登山隊が薄い空気に適応できていないことへの懸念を伝えることを躊躇していた。「なるべく議論になるようなことは言わず、誤っているのは自分の直感のほうだと思い込もうとした」

クラカワーによると、ホールは出発前にヒエラルキーに対する自らの考えをはっきりと伝えていたという。「山に登ったら、反論は一切受けつけない。私の言葉が絶対であり、不服は認めない」

途中で引き返した登山客の1人、ルー・カシシケも同意する。「リーダーとフォロワーは互いに率直に接することが必要だ」と、PBSのインタビューで語っている。登山隊ではリーダーは隊員にフィードバックを求める必要があるが、ホールはそうした意見を一切受けつけなかった。「ロブは私たちとのあいだに、フィードバックを期待するような関係を醸成しなかった」[*23]。そうなるとヒエラルキーは生産的であると同時に、危険なものになりうる。

たった1つのケーススタディをもとに結論を出すのは避けるべきだが、ヒマラヤに挑戦した5104の登山隊の記録を分析したアダム・ガリンスキーも、同じ結論に達している。すべての登山者にインタビューをすることはできないため、ガリンスキーは権威に対する姿勢の文化的差異に着目した。さまざまな研究で、集団内のメンバーの立場を厳格に尊重すべきだと考える傾向がある文化もあれば、上司に異議を唱え、疑問を投げかけるのを許容する文化もあることを示している。たとえば広く使われている測定方法によると、中国、イラン、タイの国民は、オランダ、ドイツ、イタリア、ノルウェーなどの国民よりもはるかにヒエラルキーを重んじる傾向がある。その中間にあるのがアメリカ、オーストラリア、イギリスなどだ。[*24]

ガリンスキーがこのデータをエベレストの登山記録と照らし合わせたところ、ヒエラルキーを重んじる国の人々で構成される登山隊は、登頂に成功する確率が高かった。これはヒエラルキーが生産性を高め、チームメンバーのあいだの連携をやりやすくするという仮説を支持している。しかし重要なのは、このような登山隊では、メンバーが死亡する確率もまた高かったということだ。

ガリンスキーの研究チームは1000件以上の単独登頂のデータも調べた。登山隊の成功確率が、ヒエラルキーに対する文化的考え方（個人の意思の強さなど）と相関があるのか、成功の確率を高めるような別の属性を反映していないのかを確認するためである。その結果、文化による差異は確認されなかった。決定的な違いをもたらしていたのは集団の相互作用だった。[*25]

産業界の大失敗の多くも、背後では同じダイナミクスが作用しているのではないか。たとえばエンロンの幹部たちは、上司に対するある種の畏《おそ》れがあり、反対意見や疑念を呈するのは上司に対する重大な不忠行為と見なされた。生き残るためには「エンロンの水を飲みつづけなければならなかった」。

こうした研究結果は、一見矛盾をはらんでいる。チームメンバーが集団のなかでの自らの序列を明確に理解していれば、集団全体のパフォーマンスは高まるはずだ。しかし実際にそうなるのは、メンバーが自分の意見は尊重されており、問題が起きたときや誤った意思決定がなされたときにはリーダーに異を唱えられると感じるときだけである。

サンテティエンヌのサッカー競技場からウォール街、そしてエベレストと、ここまでさまざまな場所で集団の相互作用に影響し、その集団的知能を決定づける共通のダイナミクスを見てきた。この新たな研究は、あらゆる状況でのチームワークに共通する要因をとらえているようだ。

そして個人のインテリジェンス・トラップへの理解を深めることで、誤りを回避するシンプルな戦術が明らかになるように、このような研究からは集団思考に起こりがちな過ちを回避する、有効性の確認された方法が見えてくる。

ウーリーやガリンスキーの研究からは、新たなチームメンバーを選ぶ方法をどう変えるべきかがわかる。才能過剰効果を踏まえれば、傑出した能力を持つ人ばかりを採用するのはやめたほうがいい。チームにおいて「スター」プレーヤーの割合がすでに50〜60%という魔法の閾値を超えている場合は、特にそうだ。

今の段階でこの50〜60%という数字にこだわりすぎるのは、おそらく得策ではない。具体的な比率は、間違いなく集団のメンバーの性格によって、また必要とされる共同作業の量によって変わるからだ。しかし科学的研究は、少なくとも評価基準として対人関係能力を今以上に重視する必要があることを示唆している。それがチームの集団的知能を高めることにつながるからだ。ときには標準的な能力テストのスコアがはるかに高い人を不採用にする決断を迫られることもあるかもしれない。候補者の感情への感受性やコミュニケーション能力を評価する（たとえば他人の意見を聞くか、あるいは相手の話をさえぎって仕切ろうとするか）ことも必要だろう。多国籍のチームを率いる場合は、（第1章で触れた）文化的知能が高く、異なる社会規範にうまく対応できる人材を選びたい。[*26]

地位争いについての研究からは、既存の人材の相互作用を改善する方法も見えてくる。たとえばヒルドレスは、世界的なコンサルティング会社で働いていたとき、エゴのぶつかり合いを回避する方法を見いだした。その1つが会議の場で、参加者の専門分野を明確にして、それぞれがなぜその場にいるかを周知することだ。それによって各自が会議に役立つ経験を、共有しやすくなる。「実際にはせめぎ合いによって、そのような機会が失われることが多い」

もう1つヒルドレスが推奨する方法は、会議の冒頭に参加者1人ひとりに同じ時間を割り当て、自分の意見を語ってもらうことだ。発言内容は必ずしも会議のテーマと関連していなくてもいい。この時間を持つことで、全員が集団に寄与したという感覚を持つことができ、地位争いをやわらげ、その後の議論がスムーズになる。「より対等な議論が行われるようになり、誰もが貢献するようになる」とヒルドレスは語る。そして本格的議論を始める前に、いつ、どのように最終決定をするか、しっかり決めておくことを勧める。たとえば全会一致なのか、あるいは多数決なのか、といったことだ。そうすることで有能で経験豊富な人ばかりが集まったときに起こりがちな膠着状態を回避できる。

最後に、そして最も重要なこととして、リーダーは集団に期待する性質を、自ら体現しなければならない。そして反対意見を言うことをことさら奨励する必要がある。

集団的思考に関する研究と、「根拠に基づく知恵」の科学が交錯するのは、まさにこの点だ。組織心理学者のあいだでは、リーダーの知的謙虚さは個人としての意思決定の質を高めるだけでなく、身近な同僚に波及効果をもたらすという見方が広まっている。

香港理工大学のエイミー・イー・オウは、ハイテク企業105社の経営幹部チームを対象に質問票調査を実施した。その結果、より謙虚なリーダーの下で働く社員は、情報を共有し、プレッシャーの高い状況でも互いに協力し、共通のビジョンに貢献する傾向が強いことが明らかになった。そうした企業は集団的知能を活かし、困難や不確実性を乗り越え、翌年には年間利益を伸ばしていた。[*27]

残念ながら、CEOのあいだでも謙虚さの是非については意見が分かれている、とオウは指摘する。謙虚だと他の幹部から指導力を疑われないか、と考えるリーダーも多いのだ。謙虚な姿勢が評価される中国においてさえ、それは同じだったという。「中国の有力なCEOたちに話をしたときも、謙虚さという概念は拒絶された。『謙虚にふるまうと、チームをうまく管理できなくなる』と思うのだ。でも私の研究では、謙虚さはプラスに働くことが示されている」とオウは私に語った。

歴史にはこのようなダイナミクスが奏功したすばらしい例がいくつもある。エイブラハム・リンカーンは「ライバルの集まり」と評された政府内の反対意見に耳を傾ける能力が高く、それが独立戦争に勝利できた理由の1つだと考えられてきた。それはバラク・オバマの大統領としてのリーダーシップのあり方にも影響を与えたようだ。

中国のスタンダード・チャータード銀行で消費者向け銀行サービスの責任者を務めた崔晸圭《チョイ・ユンキウ》は、トップの謙虚さについての現代のお手本と言える。崔以前の経営トップは、支店を訪問するたびにレッドカーペット並みの丁重な扱いを受けるのを当然と思っていた。しかし崔は就任すると、まず現場でのミーティングをはるかにざっくばらんなものに変えた。事前予告なしに訪問し、社員と「膝を突き合わせて」どうすれば事業を改善できるか話し合った。

まもなく現場でのミーティングで会社にとってすばらしく有益なアイデアが出てくるようになった。たとえばあるグループでは、銀行は周辺の店舗に合わせて、週末も含めて営業時間を見直すべきだ、という提案が出た。それから数カ月もしないうちに、新たに営業を始めた数時間の収益が、それ以外の時間帯を上回るようになった。すべての社員が銀行の戦略に貢献できるようになったことで、サービスそのものが大きく変わり、顧客満足度は2年も経たずに50％以上改善した。[*28]

同じ発想はグーグルのCEO、スンダー・ピチャイにも見られる。ピチャイはリーダーの最も重要な役割は「他の人々を成功させること」だと言う。母校のインド工科大学カラグプル校でスピーチをした際には、こう説明している。「リーダーシップで重要なのは、自分が成功しようと努力することより優れた人材を確保することであり、リーダーの仕事は優秀な人材がそれぞれの仕事で成功するために障壁や障害を取り除くことだ」

優れたチームワークの原則の多くがそうであるように、リーダーの謙虚さもスポーツ分野で大きなリターンをもたらす。ある研究では、高校のバスケットボール・チームで最も成功していたのは、コーチが生徒と距離を置き、生徒の上に立つという考えを持っていたチームではなく、チームに「奉仕する者」と考えていたチームだった。[*29] 謙虚なコーチの率いる選手は意思が強く、失敗に対処でき、シーズンあたりの勝率も高かった。コーチが謙虚さを示すことは、選手にもう少し努力しよう、チームメートを支えようと思わせる効果があった。

史上最高の大学バスケットボール・コーチと言われるジョン・ウッデンのケースを考えてみよう。ウッデンはＵＣＬＡのコーチとして12年間で10回チームを全米王者に導いた。１９７１年から74年にかけては、88連勝という記録を作った。こうした輝かしい成功にもかかわらず、ウッデンは自分がチームの選手より偉いという態度は一切とらなかった。それは毎試合後、自らロッカールームを掃除したことにも表れている。

元教え子で、終生の友となったカリーム・アブドゥル・ジャバーは、著書『*Coach Wooden and Me*（ウッデン・コーチと私）』（未邦訳）のなかで、ウッデンのいつも変わらない謙虚さを伝えるさまざまなエピソードを紹介し、それは選手と意見が対立した難しい状況でも変わらなかったと書いている。「コーチは常に変わらず、選手の発言を真摯に受け止め、関係がこじれたときは修復し、われわれ全員に謙虚さを教えた[*30]」。ウッデンは自分を含めて、誰もがお互いから学べることをはっきりと伝えた。その結果チームはますます強くなっていった。

アイスランドがユーロ2016トーナメントで予想外の成功を収めると、多くの評論家が2人いたコーチの1人、ヘイミル・ハルグリムソンの堅実な生き方を称賛した。当時ハルグリムソンはナショナルチームを指導する傍ら、パートタイムで歯科医としても働いていた。他の立場に耳を傾け、理解しようと努め、そうした姿勢をすべてのプレーヤーに育もうとした。

「われわれのような国にとってチームビルディングは不可欠だ。大きなチームに勝つには、1つになって戦うしかない」と、スポーツチャンネルのESPNで語っている。「チームには（プレミアリーグの）スウォンジーで活躍するギルフィ・シグルズソンのような選手もいる。おそらく一番有名なのはギルフィだが、ピッチで一番努力するのも彼だ。ギルフィがそれだけ頑張っていたら、怠けていられる者などいなくなる」[*31]

「根拠に基づく知恵」のほかの要素と同じように、集団的知能の研究もまだ発展途上だ。しかしこうした原則を活用すれば、あなたのチームのメンバーにアイスランド流のプレーが増え、イングランド流のプレーは減るかもしれない。それによって1人ひとりが、周囲から最良の部分を引き出せるようになる。

第10章 バカは野火のように広がる

――組織が陥る「機能的愚鈍」

私たちは大海原に浮かぶ石油掘削施設にいる。静かな晩で、やわらかな風が吹いている。

技術者は掘削作業を終え、今は油井をセメント固定するところだ。固定箇所で圧力を確認すると、問題はなにもなさそうだ。まもなく原油の生産が始まり、多額の収入が入ってくるようになる。そろそろ祝杯をあげてもいい頃だ。

しかし圧力テストは間違っていた。油井底部の栓となるセメントに問題があったのだ。技術者が嬉々として職場を離れようとしていた頃、パイプの中には原油と天然ガスが蓄積し、急速に上昇しはじめた。技術者が祝杯をあげる頃には、泥と原油が掘削施設の床に吹き出しはじめ、乗組員は口の中にガスの味を感じた。すぐに対応しなければ、「大噴出」が起こるはずだ。

2010年の国際ニュースを覚えている人なら、次に何が起きたか想像がつくかもしれない。恐ろしい爆発と、史上最悪の原油流出事故だ。

しかしこのケースの展開は異なる。漏出が起きたのがエンジン室から十分離れた場所だった。あるいは風が吹いていたために空気の流れが生じ、漏れ出てくるガスが引火しなかったのかもしれない。あるいは地上のチームが圧力の上昇に気づき、事前に「噴出防止装置」を作動させたのかもしれない。具体的理由が何であれ、大災害は回避される。原油生産には数日間の遅れが出て、数百万ドルの利益が失われるかもしれないが、死者は出ない。

これは架空のシナリオでもなければ、過去に起きた出来事の希望的修正でもない。2010年4月にマコンド油井でディープウォーター・ホライズンの事故が起きるまでの20年、メキシコ湾だけで小規模な噴出は何十件と起きていた。だが風向きや風速といった偶然が重なり、大規模災害にはなっておらず、石油会社は損害を食い止めることができた。[*1]

掘削施設、ディープウォーター・ホライズンでセメント作業を請け負っていたトランスオーシャン社は、わずか4カ月前にも北海で驚くほど似たような事象を経験していた。技術者が複数の「減圧テスト」の結果を見誤った結果、油井の栓の破損を示すシグナルを見逃していたのだ。それでも爆発が起こる前に被害を食い止めることができ、数日作業が止まっただけで環境に甚大な影響を起こすことはなかった。[*2]

しかし2010年4月20日には、原油と天然ガスを拡散させるような風は吹いておらず、設備の欠陥のために乗組員は噴出を止めることはできなかった。漏出したガスはエンジン室に蓄積し、最終的に引火して複数の火球が生じ、施設全体に燃え広がった。その後のことは周知のとおりだ。作業員11人が死亡し、それから数カ月で490万バレル（7・8億リットル）の原油がメキシコ湾に流出し、アメリカ史上最悪の環境被害を引き起こした。BPは賠償金として650億ドルを支払うことになった。[*3]

なぜこれほど多くの人が、これほど多くの警告サインを見逃したのか。過去のニアミスや、爆発の起きた日の内部の圧力を読み誤ったことなど、従業員は大災害のリスクを意識していなかったように思える。

事故の調査に当たったアメリカ大統領諮問委員会の弁護士、ショーン・グリムズリーはこう結論づけている。「あの晩、原油は漏れ、天然ガスも漏れていたのに、どういうわけか乗組員は3時間後に減圧テストの結果は問題なし、という結論を出している。（中略）問題はなぜ掘削施設で作業していた経験豊富な彼らが、試験結果に問題はないと思い込もうとしたか、だ。誰も死にたかったわけではなかろうに」[*4]

ディープウォーター・ホライズンの爆発事故のような大惨事は、私たちがグループやチームからさらに視点を広げ、企業文化によって驚くほど個人の考えが歪められ、賢明な思考が阻害されるという事実に目を向ける必要があることを示している。まるで組織全体が、集団として「認知の死角」を抱えているようだ。

NASAのコロンビア号空中分解事故から、2000年のコンコルド機の墜落まで、悲惨な人災の多くには同じダイナミクスが働いている。

この研究が役に立つのは、多国籍企業のリーダーだけではない。働く人すべてにとって、目から鱗の落ちるような発見が含まれている。働く環境によって思考が鈍っているのではないかという懸念を抱いたことのある人なら、これから紹介する研究成果によって自らの経験を説明できるとともに、周囲の誤りを無批判に繰り返さないように自衛する方法が見えてくるかもしれない。

大惨事を分析する前に、まず一般的な職場での「機能的愚鈍」に関する研究を見ていきたい。これはスウェーデンのランド大学のマッツ・アルベッソンと、ロンドンのキャス・ビジネススクールのアンドレ・スパイサーが提唱した概念だ。組織が従業員になるべくモノを考えさせないようにするという、直感に反する現象を説明するものだ。

スパイサーは私に、この問題に興味を持ったきっかけはメルボルン大学の博士課程に在学中、オーストラリア放送協会（ABC）の意思決定を分析したことだったと語った。[*5]「彼らはとんでもない変更管理プログラムを導入したりする。結局何も変わらず、ただ危うさが増しただけだった」

多くの社員が、組織の意思決定に問題があることを認めていた。「非常に優秀な人材が組織に集まっているのに、組織がどれほど愚かであるかというグチを言うことに多くの人が膨大な時間を費やしている」。しかしスパイサーが一番驚いたのは、自分たちがやっていることの不毛さに気づかない人の多さだ。「非常に有能で知識も豊富なプロフェッショナルたちが、『これは優れている、これは合理的だ』と言いながら無意味な仕事をして、膨大な時間を無駄にしている」[†]

何年も後、スパイサーは学界のフォーマルなディナーの席で、アルベッソンとこのような組織的失敗について議論した。こうして始まった共同研究で、2人は組織的愚鈍の例を何十件も調べた。軍事組織やITアナリスト、新聞社、そしてそれぞれが所属する大学などが、スタッフの脳を最大限活かしているか調査したのだ。

2人の結論は、非常に厳しいものだった。2人は共著『*The Stupidity Paradox*（愚かさのパラドクス）』（未邦訳）にこう書いている。「政府は知識経済の創造に何十億ドルも投資し、企業は自らの優れた知性を誇示し、個人は立派な履歴書が書けるように何十年もかけてキャリアを磨く。それにもかかわらず、このような集団的知能は私たちが研究した多くの組織にはまるで反映されていないようだ。（中略）有名な組織の多くは『知識集約型』どころか、愚かさのはきだめになっている」[*6]

インテリジェンス・トラップの原因となる認知バイアスや認知的誤謬と同じように、スパイサーとアルベッソンの言う「愚鈍」とは、次の3つの重要な要素の欠けた狭量な思考である。基本的前提を問い直す姿勢、行為の目的への好奇心、自らのふるまいの長期的かつ広範な影響への配慮である。[*7] さまざまな理由から、個人はモノを考えることを奨励されていない。

愚鈍は通常「機能的」である。つまり何らかのメリットをもたらすこともあるのだ。個人が職場の流れに身を任せるのは、それによって手間と不安を抑えるためだ。特にそうする動機づけがあるとき、あるいは将来それによって昇進が期待できるときはそう

†同じ文化がBBCのオフィスにも見られる。BBC自体も自虐的なドキュメンタリー・シリーズ「W1A」でそれを描いている。本書執筆のためのリサーチをする傍らBBCで働いていた私は、自らの組織の問題点を直すどころか、3回シリーズのコメディ作品に仕立ててしまうというのは、まさに機能的愚鈍の最たる例かもしれないと思うようになった。

だ。このような「戦略的無知」に関する心理学的実験もある。被験者は賞金を求めて競争するが、たいていの被験者は自分の判断が他のプレーヤーにどのように影響するか、知らないことを選択する。知らないことによって、より自己中心的にふるまう「精神的自由」(科学的にはこう言う)を得るのだ。[*8]

社会的圧力も原因となる。結局のところ、むやみに質問をして会議を長引かせるトラブルメーカーは嫌われる。積極的に意見を述べるよう促されることのないかぎり、たとえ一時的に批判的能力のスイッチを切ることになっても、黙って周囲と一緒にうなずいているほうが長期的には自分の得になる。

このような偏狭で従順な姿勢は、個人にメリットがあるだけでなく、組織にもプラスに働くことがある。個人が自らの行動が賢明なものかどうか、いちいち疑問を持たなければ、短期的には生産性や効率性は高まる。この結果、意識的か無意識的かはわからないが、職場での機能的愚鈍を奨励する組織も出てくる。

スパイサーとアルベッソンは、過剰な専門化や責任分担といった職場の慣行や構造の多くが、組織の機能的愚鈍を支えていると主張する。たとえば今日の人事担当者は、性格テストを企画するといった非常に特異な業務だけを任されたりする。心理学の研究から明らかなとおり、外部の意見を聞いたり、異なる分野と比較することは、判断力や創造力を刺激する。毎日同じ仕事ばかりをしていると、微妙な差異や細かな部分に注意が向かなくなる。ドイツ語にはそんな状態を表す「Fachidiot」という単語がある。多面的問題にも常に同じ方法で対処しようとする、バカのひとつ覚え的な人物を指す。

だが機能的愚鈍の原因として最も多く、また最も強力なのは、組織に対して完全な忠誠心を求め、またポジティブであることを過度に重視する空気だ。そこでは批判することそのものが裏切りであり、落胆や不安を認めることが弱さと見なされる。スパイサーが特に憂慮するのがこの点だ。とどまるところを知らない楽観主義は、いまやスタートアップから巨大な多国籍企業まで多くの企業文化に浸透している、と言う。

それを示す例として挙げたのが、起業家に関する研究である。「前のめりに失敗する」「早く、たくさん失敗する」をモットーとすることの多い人々だ。こうしたモットーは「しなやかマインドセット」の表れのようで、将来の成功の確率を高めそうだ。しかし起業家は、自分のやり方のどこが誤っていたのか、それを将来どのように活かせるかと考えるより、失敗の原因を外部要因に求めることが多い（「世の中がまだ私のアイデアに追いついていなかった」）、とスパイサーは指摘する。個人的成長について、じっくり考えていないのだ。

現実は厳しい。初めて起業した人の75～90％は失敗に終わる。しかしひたすら陽気に、ポジティブであろうとする彼らは、自分の失敗に気づかないままだ。[*9]「『前のめりに失敗する』というのは、それをバネに向上していくことを意味しているはずだが、彼らはだんだん劣化していく」とスパイサーは話す。「自分に都合のよいバイアスのために、また新しいベンチャーを立ち上げ、まったく同じ失敗を繰り返すからだ。しかも自分では、それを美徳だと思っている」

同じ発想ははるかに規模の大きい、歴史ある大企業にも蔓延している。たとえば上司が部下に「私のところには良い知らせだけ持ってこい」と言ったり、ブレーンストーミングでは「悪いアイデアなんて1つもない」と言ったりする。これはスパイサーから見れば非生産的だ。議論の初期段階で幅広い批判を聞いたほうが、実際にはよりクリエイティブなアイデアが出てくるからだ。「アイデアを検証し、それを発展させるほうが、すべてのアイデアを受け入れて意見の差異をなかったことにするよりずっといい」

すでにインテリジェンス・トラップへの理解を深めた読者には、このような近視眼的アプローチの危うさがすぐにわかるはずだ。

好奇心や内省の欠如は、不確実な時代には特にマイナスが大きい。アルベッソンは新聞社の編集会議を観察した経験に基づき、このような硬直的で疑問を抱かない思考パターンが、経済環境の変化や増税といった要因が新聞の売上にどう影響するかを検討する妨げになっている、と指摘する。編集者らは一面の見出しを検討することばかりに気をとられ、記事の作り方、販売ルートなどを広い視野で考える必要性に思い至らないようだ、と。

機能的愚鈍が一見成功しているように見える組織の躓きの原因になることを示す最もわかりやすい例は、2010年代初頭のノキアの凋落だろう。

2000年代初頭、ノキアは携帯電話で圧倒的な存在だった。2007年には世界の市場シェアのほぼ50%を押さえていた。しかしその6年後には、顧客のほとんどは冴えないノキアのインターフェースに背を向け、アップルのiPhoneに代表される、もっと洗練されたスマートフォンに乗り換えていた。

当時の評論家は、ノキアにはアップルほど人材もイノベーションを生み出す力もなかっただけだ、iPhoneの登場を予見できなかったのだ、傲慢すぎて自社の製品がどこよりも優れていると思い込んでいた、などと主張した。

しかしフィンランドのティモ・ヴオリとシンガポールのクイ・フイという2人の研究者が、ノキアの凋落を徹底的に調査したところ、そうした批判はすべて真実ではなかったことがわかった。[*10] ノキアの技術者の水準は世界トップレベルであり、自分たちを待ち受けるリスクもはっきり認識していた。CEO自身がインタビューで「あらゆるライバルに怯えている」と語っている。それにもかかわらず、難局にうまく対処することはできなかった。

最も大きな問題の1つが、ノキアのオペレーションシステム（OS）「シンビアン」だった。アップルのiOSには見劣りし、高度なタッチスクリーン・アプリを扱うには不向きだった。既存のOSをオーバーホールするには、何年もの開発期間がかかる。しかし経営陣は新製品をすぐに出したがった。その結果、本来はじっくり将来計画を立てるべきときに、たくさんのプロジェクトを大急ぎで終わらせていた。

残念ながら、社員には会社のやり方に疑念を表明することが一切、認められていなかった。上級管理職に何か気に入らないことを言おうものなら、「声が枯れるまで」怒鳴られるということも日常茶飯事だった。疑問を呈するというのは、仕事を失うリスクをとることとだった。「ネガティブなことを言いすぎるのは、自分から処刑台に上がるようなものだ」と、ある中間管理職は2人の研究者に語った。「進行中のプロジェクトを批判すると、本気でそれに取り組んでいない証拠と見なされる空気があった」と語った者もいる。

その結果、社員は目の前の問題が理解できなくても、無知を認める代わりに自分はプロだという顔をしたり、絶対に守れないとわかっている締め切りを受け入れたりするようになった。外部に経営数値を良く見せるために、データに手心を加えるのも厭わなかった。社員が辞めると、意識的に「やればできる」的マインドを持った人材を採用した。現状に疑問を呈することなく、新たな要求に適当に相槌を打つタイプだ。外部のコンサルタントのアドバイスさえ無視した。あるコンサルタントは「ノキアほど横柄なクライアントはいなかった」と振り返る。外部の視点を取り入れるチャンスをすべて棒に振ったのだ。

社員を集中させ、クリエイティブな発想を奨励するための施策が、むしろノキアがライバルに立ち向かうのを一段と難しくしていた。

この結果、ノキアはOSを適切な水準にアップグレードすることに失敗しつづけ、製品の品質は徐々に低下していった。2010年に「iPhoneキラー」と銘打った新製品「N8」で最後の勝負に出たときには、社員のほとんどは心のなかで成功を信じていなかった。結局N8は失敗に終わり、さらなる損失を積み重ねた結果、ノキアの携帯電話事業は2013年にマイクロソフトに買収された。

機能的愚鈍という概念は心理学的実験ではなく、ノキアの凋落の分析をはじめ、包括的な観察研究に基づいている。しかしこのような企業行動は、合理性障害、賢明な論理的思考、批判的思考に関する心理学の研究に通じるところが多い。

たとえば脅威を感じると、「ホット」で利己的な感情プロセスが引き起こされ、自分の立場と矛盾するようなエビデンスを探そうとするより、自らを正当化しようとする。これは賢明な思考を妨げる（友人の色恋沙汰には賢明なアドバイスができても、自分の恋愛は泥沼に陥るのはこのためだ）。

頑なトップマネジメントが率いるノキアは組織として、不確実な状況に直面したとき、自尊心が脅威にさらされた個人のようにふるまいはじめた。それまでの輝かしい成功は「獲得されたドグマチズム」をもたらし、経営陣は社外の専門家の提案に耳を傾けなくなった。

社会心理学のさまざまな実験は、これがよくあるパターンであることを示している。脅威にさらされた集団は、体制順応的になり、1つのことしか見えなくなり、内向きになる。より多くのメンバーが同じ考えに染まっていき、複雑で細かなニュアンスを含む考えより、単純なメッセージを好むようになる。こうした現象は国家レベルにも見られる。たとえば国際紛争に直面した国では、新聞の社説が次第に単純になり、同じ内容を繰り返すようになる。[*11]

どんな組織にも、外部環境をコントロールすることはできない。常に何らかの脅威はある。しかし組織は、脅威に対する従業員の受け止め方を変えることはできる。別の視点を示唆したり、反証を探したりするのだ。できるだけ優秀な人材さえ集めれば、自然と業績は向上すると期待するだけでは不十分だ。彼らが能力を活かせる環境を創らなければならない。

こうした発想に反しているような会社でも、外部からはわかりにくいが、実は「根拠に基づく知恵」の要素をいくつか取り込んでいることもある。たとえば動画配信サービスのネットフリックスは「並の成果には十分な退職金を払う」というモットーで有名だ。一見、容赦なくクビを切る文化のようで、長期的なレジリエンスより、近視眼的なモノの見方や目先の利益追求を助長しそうだ。

しかしネットフリックスはこうした姿勢を、広範な心理学的研究が推奨する他の要素とうまくバランスさせているようだ。ネットフリックスの企業理念を紹介する有名なプレゼンを見ると、これまで本書で見てきたような優れた論理的思考の要素が重視されているのがわかる。たとえば曖昧さや不確実性を受け入れること、そして多数派の意見に抗うことの必要性などだ。これはまさに賢明な意思決定を促す文化である。[*12]

もちろん今後ネットフリックスがどうなるかはわからない。しかし今日までの成功を見れば、効率的で、ときには非情とさえ言われるような経営をしつつ、機能的愚鈍を避けるのは可能なようだ。

機能的愚鈍の危険は、こうした企業の失敗譚だけでは終わらない。クリエイティビティや問題解決能力を阻害するだけでなく、内省や組織内のフィードバックを奨励しない文化は、人命にかかわる悲劇を招く。それを示すのがNASAの事故だ。

「たいていそれは数多くの小さなミス、あるいは会社が注目すべき問題を誤り、本来は事後分析をすべきだった事柄を見逃すことにつながる」とスパイサーは指摘する。その結果、組織は外から見れば成功しているようでも、徐々に悲惨な結末に向かって坂道を転げ落ちていく。

2003年のスペースシャトル「コロンビア号」の事故では、打ち上げ直後に外部燃料タンクから断熱材の破片が剥落し、左主翼を直撃した。これで主翼に穴が開いたために、シャトルは大気圏に再突入する際に空中分解し、7人の乗組員全員が死亡した。

この事故が何の警告サインもなく、一度きりの偶然によって起きたものであったとしても、悲劇であることに変わりはない。しかしNASAの技術者は、断熱材がこのような形で剥落するリスクを以前から把握していた。過去の発射時にも毎回起きていたからだ。しかしさまざまな理由から、剥落による被害によってシャトルが墜落する事態には至らなかった。このためNASAのスタッフはそのリスクを無視するようになった。「当初は技術者やマネジャーも気がかりな事象ととらえていたのが、やがて日常的事象に分類されるようになった」。企業の大惨事を研究するワシントンDCのジョージタウン大学の経営学教授、キャサリン・ティンスレイは、私にこう語った。

驚くのは、1986年のチャレンジャー号の事故の原因も同じようなプロセスであったことだ。このときは欠陥のある密閉用部品がフロリダの寒い冬の気候のために劣化したことが爆発につながった。その後の報告では、部品は過去のミッションでもたびたび割れていたが、スタッフはそれを警告サインととらえず、安全に問題はないと思い込んでいたことが明らかになった。事故原因を究明する大統領諮問委員会のメンバーだったリチャード・ファインマンは、こう指摘している。「ロシアンルーレットをするとき、1発目を無事に切り抜けたからといって、次も安全だとは思わないだろう」[*13]。しかしNASAはこうした教訓から学ばなかったようだ。

ティンスレイは、特定の技術者やマネジャーを批判するつもりはない、と強調する。「本当に優秀な人々が、データを活用し、本当に良い仕事をしようと努力していたのだ」。しかしNASAの誤りは、リスク認識が気づかないうちにどれほど劇的に変わってしまうかを示している。組織として大惨事の可能性がまるで見えていなかった。

その原因は、認知的労力をなるべく避けようとする「結果バイアス」にある。私たちはある判断が実際に引き起こした結果だけに集中し、起こりえた他の結果はまるで顧みない傾向がある。本来有能な人々の足を引っ張る、他の多くの認知バイアスと同じように、その本質は想像力の欠如だ。私たちはある事象の最もわかりやすい結末（実際に何が起きたか）だけを受動的に受け入れ、当初の状況がわずかにでも違ったら、どんなことが起こりえたか、あえて考えようとしない。

ティンスレイはすでに多くの実験を通じて、「結果バイアス」はさまざまな職業で非常によく見られることを確認した。ある研究では、経営学を学ぶ学生、NASAの職員、さらには宇宙産業の請負会社の人々に、「クリス」という名の無人宇宙船の運行責任者を、3つのミッションから評価してもらった。最初のミッションでは、宇宙船の発射は計画どおり、完璧だった。2回目は重大な設計上の欠陥があったが、幸運に恵まれ（太陽との位置関係）、大過なくミッションを終了することができた。そして3回目では幸運に恵まれず、ミッションは完全な失敗に終わった。

当然ながら、被験者は完全な失敗に終わった3回目を一番厳しく評価した。しかし大部分は2回目の「ニアミス」シナリオで浮かび上がった設計上の欠陥をあっさり無視して、クリスのリーダーシップ・スキルに称賛を送った。注目すべきは、2回目のニアミスのシナリオを読んだ後、被験者の未来の危険に対する感度が低下したことだ。コロンビア号事故のような大惨事の原因は「結果バイアス」だとするティンスレイの理論を裏づける結果だ。これは組織がゆっくりと失敗に対して免疫を獲得していくケースがあることを示している。[*14]

ティンスレイによれば、誤りを見逃す傾向は他の数十件もの惨事にも共通して見られるという。「私たちが研究したすべての惨事や企業の危機において、それ以前に複数のニアミスが起きていた」と、2011年にハーバード・ビジネス・レビュー誌に掲載された記事で結論づけている。[*15]

自動車メーカー、トヨタの最悪の失敗の1つを見てみよう。2009年8月、カリフォルニアの家族4人が事故死した。アクセルペダルが動かなくなり、車は高速道路上で制御不能になり、時速193キロで土手に突っ込んで炎上したのだ。この結果、トヨタは600万台以上をリコールすることになった。それまでの10年間に寄せられた2000件を超えるアクセルペダルの故障報告にまじめに向き合っていたら、防げたかもしれない事態だ。2000件以上というのは、この種の問題に対して通常自動車メーカーに寄せられる苦情件数のほぼ5倍である。[*16]

興味深いのは、トヨタは2005年に、品質管理の問題に取り組むためのハイレベルの特別委員会を設立したものの、2009年初頭に解散していたことだ。品質管理は「トヨタのDNAの一部であり、それを徹底するための特別委員会は不要である」というのがその理由だった。上級幹部は部下からの具体的警告にも耳を貸さず、急激な企業成長に意識を集中させていた。[*17] これは外部からのインプットを歓迎しない、閉鎖的組織の明らかな特徴だ。そこでは重要な判断は、ヒエラルキーのトップにいる者だけが下す。ノキアの経営陣と同じように、トヨタ経営陣は会社全体の目標に集中することを妨げるような悪いニュースを、聞くまいとしていたようだ。

最終的なトヨタブランドへのダメージは、こうした警告を心に留めなかったことで節約できたコストをはるかに上回るものだった。2010年には、アメリカ国民の31%が、トヨタの自動車は安全ではないと考えるようになっていた。[*18] かつての同社は製品の品質と顧客満足度の高さで知られたことを思えば、劇的に不信感が高まったことがわかる。

あるいはパリからニューヨークへと向かった、エールフランス4590便の事故を振り返ってみよう。2000年7月25日、このコンコルド製旅客機は離陸滑走中に滑走路上で何か尖った破片を踏み、その衝撃で重さ4・5キロのタイヤ片が吹き飛び、主翼下面にぶつかった。その衝撃で燃料タンクが壊れ、離陸時に引火した。旅客機は近隣のホテルに墜落し、113人の死者が出た。その後の調査で、コンコルド機のタイヤが滑走路で破裂する事案がそれまでに57件発生し、4590便とほぼ同じ損傷があったケースも1件あったことが判明した。そのときはたまたま運よく、漏れた燃料が引火しなかっただけだ。しかしこうしたニアミスは、緊急の対策を要する重大な警告サインとは受け止められなかった。[*19]

ここに挙げた危機はいずれもリスクの高い産業における劇的なケーススタディだが、ティンスレイは同じ思考プロセスは他の多くの組織においても潜在的危険の温床となる、と指摘する。ニアミス1000件あたり重大な死亡・負傷事故が1件、そして少なくとも10件の軽傷事故が起きていることを示す、労働安全に関する研究データもあるという。[*20]

ティンスレイは自らの研究を「機能的愚鈍」の事例とは言っていないが、「結果バイアス」の原因も、スパイサーとアルベッソンが機能的愚鈍の原因に挙げた内省や好奇心の欠如のように思える。

そして企業の環境をほんのわずかに変えるだけで、ニアミスが発見される確率は大幅に高まる。ティンスレイは研究室の実験とNASAの実際のプロジェクトのあいだに収集されたデータに基づき、安全が企業文化の1つとしてミッションステートメントのなかで強調されると、人々がニアミスに気づき、報告する可能性が大幅に高まることを発見した。報告の件数が5倍近く増えたケースもあった。[*21]

彼らは、前述のNASAの無人宇宙船の運行責任者に関する2回目のミッションを説明する際に、被験者に異なるミッションステートメントを伝えてみた。「NASAは知識の境界を広げていく存在として、ハイリスクな、そしてリスクを許容する環境で活動しなければならない」と告げられた被験者は、ニアミスを発見する確率が低くなる傾向があった。一方、「NASAは社会から非常に注目される組織として、安全性の高い、安全第一の環境で活動しなければならない」と告げられた被験者は、潜在的危険を特定できた。被験者が自らの判断を取締役会で説明しなければならないと言われたときにも、同じ効果が見られた。「そう言われると、ニアミスは失敗と同じように認識された」

ここで私たちが問題にしているのは、無意識のバイアスである。被験者は比較評価したうえで、ニアミスを無視してよいと判断したわけではない。しかしきっかけがなければ、ニアミスについてほとんど考えが及ばないようだった。安全の価値は暗黙のうちに理解されていると想定する企業もあるが、ティンスレイの研究はそれをきわめて明確に伝える必要があることを示している。コロンビア号の事故に至るまでのほぼ10年間、N

ASAのモットーが「より速く、より良く、より安く」であったことは、それを雄弁に物語っている。

最後に、ティンスレイはリスクのなかには避けられないものもある、と強調する。危険なのは、私たちがその存在にすら気づかないことだ。NASAのセミナーで、技術者の1人がいらだって手を挙げたときのことをティンスレイは振り返る。「われわれにリスクをとるなと言うのか。宇宙開発というのは、本来リスクのあるものだ」と、この技術者は言ったという。

「それに対して、私はこう答えた。『私はみなさんのリスク許容度をどのレベルにすべきかを指示するために来たわけではない。ニアミスを経験するたびにみなさんのリスク許容度は高まること、しかも自分ではそれに気づかないはずだということを伝えにきたのだ』と」。チャレンジャー号、コロンビア号の命運が示すとおり、いかなる組織にもその死角はあってはならない。

今振り返れば、ディープウォーター・ホライズンが漏出事故に至るまで、不合理な言動が起こりやすい状況になっていたことは明らかだ。爆発事故があった時点で工期には6週間の遅れが出ており、1日あたり100万ドルの追加費用が発生していた。現場の職員からはプレッシャーへの不満もあがっていた。事故の6日前のメールに、技術者のブライアン・モレルは「あらゆるところに監視の目がある、悪夢のような油井」と書いている。

このようなプレッシャーの高い状況が内省や分析的思考を妨げることは、いまや周知の事実となっている。その結果、集団的死角が生まれ、ディープウォーター・ホライズンで働く人々（BPのほか、協力企業のハリバートン、トランスオーシャンから派遣された者も含む）の多くは危機が迫っていることに気づかず、驚くような誤りを積み重ねた。

たとえば膨れ上がる費用を抑えようと、油井にセメントで栓をする際には十分な固定効果があるか確認もせず、安価なセメントミックスを使うようになった。しかも（内規に反して）使用するセメントの総量も減らし、必要な資材も節約した。

事故当日には、セメントで栓がされていることを確認する一連の検査を完了せず、油井内部で圧力が蓄積されていることを示す異常値は無視した。[*22] さらにまずいことに、噴出が起きたときに被害の拡大を防ぐはずだった設備は故障中だった。

このようなリスク要因はどれも、事故が起きるずっと以前に特定できたはずだった。すでに見たとおり、小規模な噴出は何度も発生しており、それは潜在的危険の重大な警告サインとして、安全手続きの新設や更新につなげるべきものだった。しかし風向きなど幸運な偶然が重なり、致命的な事故につながったケースがなかったために、重大な手抜き作業や不十分な安全研修といった根本原因は調査されなかった。[*23] 幸運が重なるにつれて、誤った傲慢さが身につき、手抜きへの懸念も薄れていった。[*24] まさにティンスレイが指摘した「結果バイアス」の典型的なケースだ。しかもこの誤りは、石油産業全体に蔓延していたようだ。

事故の8カ月前、別の石油・ガス会社のPTTがオーストラリア沖のティモール海で噴出と原油漏れを経験した。ここでセメント作業を請け負っていたのが、マコンド油井でも活動していたハリバートンだ。メキシコ湾事故後の調査でハリバートン自体にほとんど責任はないとされたが、作業の危険性を改めて周知するきっかけとなってもおかしくなかった。しかし運営会社と専門会社のコミュニケーションは欠如しており、ティモール海の教訓はディープウォーター・ホライズン・チームではほとんど顧みられなかった。[*25]

ここからも明らかなように、災害は特定の従業員の行動が原因で起きるのではない。内省、当事者意識、批判的思考が集団全体に欠けていて、そのためにプロジェクトの意思決定者がそろって自らの行動の真の影響を考えられなくなる。

「組織とその従業員の行動を支配するのは、根底にある『無意識の思考』だ」と、カリフォルニア大学バークレー校の重大リスク管理センター（ＣＣＲＭ）の報告書は結論づけている。[*26]「これらの失敗は、数十年にわたる組織の機能不全と近視眼的視点の伝統のなかに深く根差している」。特に経営陣はさらなる成功に固執するあまり、自らが判断を誤る可能性や、自社が使っている技術の脆弱性を失念していた。「恐れることを忘れた」のだ。

ＣＣＲＭのディレクター、カーリーン・ロバーツは、私とのインタビューでこう語っている。「何か重大な災害が起きたとき、その原因となったミスを探す過程で、組織は責任者を特定し、責任を追及し、再教育か解雇処分にする。しかし事故の原因が、そのとき現場で起きたことであるケースはまれだ。たいてい原因は、何年も前に起こったことなのだ」

この「無意識の思考」が組織にとってのインテリジェンス・トラップであるならば、潜在的リスクを意識するにはどうすればよいのか。

ロバーツの研究チームは大惨事の調査に加えて、「信頼性の高い組織」に共通する構造や行動も調べてきた。たとえば原子力発電所、航空母艦（空母）、航空管制システムなど、とほうもない不確実性や潜在的リスクを抱えながら、きわめて低い事故率を維持している組織だ。

ロバーツらの研究結果は、機能的愚鈍の研究と非常に似通っており、自らを省みること、疑問を持つこと、そして長期的影響を考慮することの必要性を強調している。たとえば組織の方針として、従業員に「考える自由」を与えることなどが含まれる。

カール・ワイクとキャスリーン・サトクリフはこうした知見に基づき、信頼性の高い組織に共通して見られる、いくつかの中核的特性をまとめた。[*27]

・**失敗へのこだわり** 組織は成功に慢心せず、従業員は「毎日、悪いことが起こるかもしれない」という意識を持つ。組織はミスを自ら報告した従業員を評価する。

・**単純な解釈の忌避** 前提を疑い、一般通念を懐疑的に見る従業員を評価する。たとえばディープウォーター・ホライズンでは、多くの技術者やマネジャーが、セメント品質の低さに懸念を表明し、さらなる検査を要求してもおかしくはなかった。

・**業務への感度** チームメンバーはコミュニケーションと交流を絶やさず、目の前の状況への理解を常にアップデートし、異常値があれば根本原因を追究する。ディープウォーター・ホライズンでは、掘削施設の作業員は減圧テストの異常値を見たとき、最初の説明に納得せず、もっと掘り下げるべきだった。

- **レジリエンスの強化**　ミスが起きたときに最悪の事態を食い止めるための知識やリソースを強化する。たとえば頻繁に起こりうる失敗を予測してみる、ニアミスについて議論する、といったことだ。BPはディープウォーター・ホライズンで爆発が起こるはるか以前に、それまでの軽微な事故の背景にあった組織的要因を分析し、噴出が起きたときにすべてのチームメンバーが十分対処できるようにすべきだった。
- **専門的意見への敬意**　これは組織の異なる階層のあいだでコミュニケーションがあること、そして経営トップの知的謙虚さの重要性に関する項目だ。経営層は現場の意見を信頼する必要がある。たとえばトヨタやNASAはいずれも技術者の懸念に注意を払わなかった。同じようにディープウォーター・ホライズンの爆発後、BPの従業員は解雇されることを恐れて懸念を表明できなかったとメディアに報じられた[*28]。

レジリエンスを強化するうえでは、従業員の安全第一の姿勢を評価する、ささやかな意思表示が物をいう。空母カール・ビンソンで、ある乗員が甲板で工具をなくし、それがジェットエンジンに吸い込まれた可能性があると報告した。それを受けて、すべての航空機が着陸を命じられた。かなりのコストを伴う措置だったが、報告した乗員は不注意を叱責されることなく、翌日、その正直さによって正式なセレモニーで表彰を受けた。そこから伝わるメッセージは明確だ。誤りは報告すれば許容される、と。それによってチーム全体が、もっと小さなミスでも見逃さないようになるだろう。

アメリカ海軍は潜水艦の事故を減らすため、SUBSAFEと呼ばれる安全運用計画を採用している。きっかけは1963年の原子力潜水艦スレッシャーの喪失だ。配管システムの接合部の不具合から浸水し、海軍兵士112人、民間人17人の死者が出た。[*29] SUBSAFEは士官に対し、「慢性的不安」を抱くよう明確に指示しており、それは「信頼しつつ、検証せよ」という言葉に要約されている。導入から50年以上が経過したが、SUBSAFEを採用して建造された潜水艦が失われた例はない。[*30]

ワイクはエレン・ランガーの研究に触発され、ここに挙げた特性をまとめて「集団的マインドフルネス」と呼ぶ。その根底にあるのは、従業員が同じ行動をただ繰り返すだけでなく、注意力と積極性を持ち、新たなアイデアに心を開き、あらゆる可能性を疑い、過ちを発見してそこから学習するように、組織はあらゆる手を尽くすべきだという考え方だ。

このような枠組みを採用することで、劇的な改善がもたらされるという確かな証拠がある。最も顕著な成功例として、医療機関での集団的マインドフルネスの実践が挙げられる(個々の医師がどのように考え方を変えているかといった話はすでに見てきたが、ここでのテーマは集団全体の文化と集団的思考だ)。そのための方法とは、ジュニアスタッフには前提を疑い、与えられたエビデンスを批判的に見る能力を付与する一方、上級スタッフには積極的に部下の意見に耳を傾けるよう促すことによって、全員が全員に対して説明責任を果たすようにすることだ。またスタッフが定期的に「安全ミーティング」を開き、過ちを積極的に報告し、詳細な「根本原因分析」を実施して、あらゆる失敗やニアミスに寄与したと思われるプロセスを検討するという方法もある。

カナダのオンタリオ州ロンドンにある病院、セント・ジョセフ・ヘルスケアではこのような手法を使うことで、2016年第2四半期に行った80万件の投薬のうち、誤投薬をわずか2件に抑えることができた。ミズーリ州のゴールデンバレー・メモリアルでは同じ原則を使い、多剤耐性黄色ブドウ球菌の院内感染をゼロに抑えた。また病院内での患者の転倒を41%減少させた。[*31]

こうした取り組みによって業務は増えるが、マインドフルな組織のスタッフはこのプラスアルファの業務に満足感を抱くケースが多く、こうした方法を採用していない医療機関と比べて離職率は低い。[*32] 予想に反する結果かもしれないが、おざなりに仕事をするより、大義のために自分の頭でモノを考えている実感があるほうが、やりがいが感じられるのだ。

このように機能的愚鈍とマインドフルな組織に関する研究は、完全に相互補完的だ。環境は集団の脳に内省的で深い思考を促すこともあれば、危険なほど視野を狭め、メンバーの知能と専門知識を結集して恩恵を享受することを阻む場合もある。この2つの研究は、集団レベルのインテリジェンス・トラップと、「根拠に基づく知恵」を理解するためのフレームワークを提示している。

また2つの研究は一般原則を示すのに加えて、組織が誤りを減らすのに役立つ実践的方法も示している。たとえばティンスレイは、認知バイアスは時間的プレッシャーを感じると強まることから、組織が従業員に自らの行為を振り返り、「もっと時間とリソースがあっても、同じ判断をするだろうか」と自問するよう働きかけるべきだと言う。またリスクの高いプロジェクトに携わっている組織は「ひと呼吸入れて学習する時間」を持つべきだと言う。そこではニアミスの発見に意識を集中し、見つかった場合はその根本原因を考える。これは現在、NASAが採用している方法だという。このような組織では、ニアミス報告システムを導入し、「ニアミスを報告しなければ、責任を問われる」

ことを明確にすべきだ。

一方スパイサーは、チームミーティングに必ず振り返りの時間を設けることを推奨する。事前評価や事後評価をしたり、また「あえて反対意見を述べる係」を任命し、ミーティングの決定やその論理の欠陥を指摘させるのだ。「それによって関係者のフラストレーションは多少高まるものの、判断の質が向上することが多くの社会心理学の研究で明らかになっている」。もう1つスパイサーが勧めるのは、外部の視点の活用だ。たとえば他社から出向者を受け入れる、あるいは社員に他の組織や業界の人になった気分で意見を言わせる、といった方法だ。これは集団の「認知の死角」をあぶりだすのに役立つ。

要はあらゆる手を尽くして、組織内に「慢性的不安」を根づかせ、誰もが常に「もっと良いやり方があるのではないか」と考えるようにするのだ。

さらに広範な分野の研究から学ぼうとするなら、組織としてキース・スタノビッチのRQテストを取り入れてもいいだろう。リスクの高いプロジェクトにかかわっている社員のRQを測り、バイアスの影響を受けやすいか否かを確認し、必要であれば研修を追加する。社内で批判的思考力を鍛えるプログラムを立ち上げてもいい。

企業文化に埋め込まれたマインドセットを分析するのも手だ。組織はしなやかマインドセットを助長しているのか、それとも従業員に、能力は固定的なもので変わらない、と思わせているのだろうか。キャロル・ドゥエックの研究チームが、「フォーチュン1000」ランキングに入っている7社の従業員に、次のような文章にどれくらい同意するか尋ねた調査がある。「成功する能力について、会社は社員の能力は一定であり、それを大きく変えることはできないと考えている」(集団的硬直マインドセット)、あるいは「この会社は社員の能力開発と成長を本当に重視している」(集団的しなやかマインドセット)といった文だ。

心強いことに、集団的しなやかマインドセットを醸成する企業は、イノベーション能力や生産性が高く、チーム内の協業が活発で、従業員のコミットメントも高かった。重要なのは、従業員が手抜きをしたり、昇進するために姑息な手段を使ったりすることも少なかったという点だ。会社が望んでいるのは自分たちが成功することであると理解しており、そのため誤りを認識したときにごまかそうとしなかった。[*33]

企業研修では「生産的格闘」や「望ましい困難」を取り入れ、従業員が情報をより深く理解するよう促してもいいだろう。第8章で見たように、それによって必要なときに学んだ内容を思い出しやすくなるほか、基本概念への理解も深まり、新たな状況においても学んだことを応用しやすくなる。

突き詰めれば、組織が賢明な意思決定をする秘訣は、知的な個人が賢明な意思決定をするときのそれに非常に似通っている。あなたが科学捜査官なのか、医師なのか、学生なのか、教師なのか、航空技術者なのか、金融機関で働いているのかにかかわらず、自らの限界や失敗する可能性を謙虚に認め、曖昧さや不確実さを受け入れ、好奇心と新たな情報へのオープンな心を持ち、失敗を糧に成長できることを理解し、あらゆることに積極的に疑問を抱くことが、好ましい結果につながるはずだ。

ディープウォーター・ホライズン爆発事故について大統領諮問委員会がまとめた調査報告書に、アメリカの原子力発電業界全体のリスク管理意識を高めた改革を参考にした興味深い提言がある。[*34]

もうみなさんも想像がつくかもしれないが、原子力業界の取り組みのきっかけとなったのも重大な危機だった（ロバーツは「誰も罰を受けるまでは行動しない」と語っている）。1979年にスリーマイル島原子力発電所で起きた、炉心の一部溶融事故である。この事故によって新たな自主規制機関、原子力発電運転協会（INPO）が創設された。INPOには数多くの重要な特徴がある。

各発電所は2年ごとに査察を受け、その期間は5～6週間に及ぶ。査察官の3分の1

はＩＮＰＯの職員だが、それ以外の大多数は他の発電所からの出向者だ。それは事業者間の知識の共有を促進し、各事業者には外部の視点が定期的に入ることになる。またＩＮＰＯは定期的な査察活動を通じて、職位の低い従業員と上級幹部との議論を促進する。それによって日々の活動に関する細かな情報や問題点が、ヒエラルキーのすべての階層で認識され、理解されるようになる。

協会の加盟社への説明責任を果たすため、査察の結果は年1回の経営トップを集めた夕食会の席で発表される。大統領諮問委員会の報告書には「それによって全電力会社の経営トップの関心が、パフォーマンスの悪い発電所に集中することになる」という、ある加盟社のＣＥＯの発言が引用されている。ディナーに集まったＣＥＯが、他社の発電所のレベルを引き上げるために自らの専門知識を提供することも珍しくない。その結果、すべての事業者が常に互いの失敗から学びあっている。ＩＮＰＯが活動を始めて以降、アメリカの原子力発電所の作業員の事故は10分の1に減少した。[*35]

こうした構造は業界全体の働く人々の集団的知能を引き上げること、さらに個人の潜在的リスクへの意識を高め、大惨事につながりかねない小さなミスが気づかないうちに蓄積していく事態を回避するのに役立つ。ＩＮＰＯは、規制機関が企業の枠を超えて業界全体に意識の高い文化を広め、何千人もの従業員に内省と批判的思考を促す道筋を示した。

石油産業は原子力産業のような複雑な仕組みは（まだ）導入していないが、エネルギー企業にも業界標準の見直し、従業員教育や研修の改善、万一流出事故が起きた場合の封じ込め技術の強化に共同で取り組む動きが見られる。ＢＰもメキシコ湾の環境破壊に対処するための大規模な研究プログラムに出資した。事故による教訓は、多少は学習されたようだ。しかしそのために、どれだけの犠牲が払われたのか。[36]

インテリジェンス・トラップは、自らの予想を超えたところに何があるのか、思いをめぐらせる能力の欠如から生まれることが多い。それは世界を別の視点から眺めてみる、すなわち自分が正しいと思った判断が実は誤りだったという世界を想定してみることにほかならない。２０１０年4月20日に起きたのは、まさにそんな事態だったのだろう。自分たちがあれほどの大惨事を引き起こそうとしているとは、誰も夢にも思わなかったはずだ。

事故後の数カ月で、油膜は11万２０００平方キロメートルの海面を覆うまでに広がった。イングランドの国土の実に約85％に匹敵する。[37] 生物多様性センターによると、この事故によって少なくとも野鳥8万羽、ウミガメ６０００匹、海洋哺乳類2万６０００頭が死んだ。避けられたはずの過ちによって生態系が破壊されたのだ。それから5年が過ぎても、イルカの赤ん坊は肺が未発達の状態で生まれていた。海に流出した原油の有害な影響に加えて、親の健康状態が悪いためだ。妊娠したイルカのうち、子供を生きた状態で出産できたのはわずか20％だった。[*38]

そしてもちろん、人間も甚大な被害を被った。掘削施設で命を落とした11人や避難を余儀なくされた人々の想像を絶するトラウマに加えて、原油流出はメキシコ湾の漁業者の暮らしを破壊した。ルイジアナ州ポート・ソルファーでずっと漁師として生きてきたダーラ・ルックスは事故の2年後、こう語っている。「甲羅に穴の開いたカニ、足がすべて焼け落ちて、甲羅や爪のトゲがすべてなくなったカニ、甲羅の奇形、内部から死にかけているカニ。どれもまだ生きているけど、甲羅を開けると死んでから1週間は経ったような臭いがする」

この地域の鬱病の罹患率は事故後数カ月で25％増加し、多くのコミュニティが復興に苦労している。「幸せの拠りどころをすべて失うことを想像してみて。石油を海に漏らし、その上から石油分散剤をまく輩《やから》がいると、まさにそういうことになるのよ」と、ルックスは2012年にアルジャジーラに語っている。[*39]「ここの住民は絶対にこの海では泳がないし、ここでとれたものも食べない」

これは完全に防げたはずの悲劇だ。ＢＰとそのパートナー企業が、人間の脳の誤りやすさ、その誤謬を生み出すメカニズムを理解してさえいれば。誰も誤りを免れることはできない。メキシコ湾の黒いシミは、インテリジェンス・トラップの真の恐ろしさを私たちに示しつづけることだろう。

おわりに

私たちの旅は、キャリー・マリスの物語から始まった。占星術や幽体離脱にはまり、さらにはエイズ否認論者まで擁護した優秀な化学者である。マリスがあらゆる警告サインを無視するようになった背景に、「動機づけられた推論」のような要因があったことがご理解いただけたと思う。

同時に「インテリジェンス・トラップ」が、単なる個人の誤りにとどまらない話であることも明確になったはずだ。私たちが社会として重視するようになった思考スタイル、そして切り捨ててきた思考スタイルに鑑みれば、インテリジェンス・トラップは私たち全員にかかわる現象だと言える。

本書のために多くの優秀な科学者にインタビューをするなかで、私はそれぞれの専門家は自らが研究対象としている知能や思考パターンを体現していることに気づいた。デビッド・パーキンスは人並みはずれて思慮深く、対話の途中で何度も沈黙し、少し考えてから話を進めていた。ロバート・スタンバーグのメッセージの伝え方はこのうえなく実務的だった。イゴール・グロスマンはどこまでも謙虚で、自らの知識の限界をはっきり伝えることに心を砕いていた。そしてスーザン・エンゲルは尽きない好奇心で生き生きとしていた。

彼らは自らの思考をより深く理解したいという思いでそれぞれの研究領域に足を踏み入れたのかもしれないし、あるいは研究するうちに自らの思考スタイルも研究対象に沿うものになっていったのかもしれない。いずれにせよ私にとっては、これほど多様な思考スタイルが存在すること、そしてそれぞれが大きなメリットをもたらすことを改めて実感する経験だった。

ジェームズ・フリンは20世紀を通じたIQの上昇を「知の歴史」と表現する。そこからは知能が社会によってどのように形づくられてきたかがわかる、という意味だ。しかし一般的知能という概念が「賢さ」の定義として幅を利かせるようになる前の19世紀初頭に、本書に登場した科学者たちの研究成果が広まっていたら、「知の歴史」はまるで違ったものになっていたのではないか。現状ではIQテスト、SAT、GREのような試験が測る抽象的思考が依然として「知能とは何か」という私たちの理解の中核を成している。

それとは違うタイプの思考や学習の方法にも注意を向けるべきだ、という発想を受け入れるために、抽象的思考力の価値を否定する必要はないし、事実的知識や専門知識の学習をやめる必要もない。私が本書執筆の過程で学んだことがあるとすれば、他の資質を伸ばすことで、よりバランスのとれた賢明な思考ができるようになるだけでなく、標準的な知能テストが測るような力も高まる場合が多いということだ。

学習者に自らの問題を定義させること、異なる視点から考えさせること、さまざまな出来事について実際とは異なる結末を想像させること、主張の誤りを見つけさせることは、より賢明な思考方法の習得につながるだけでなく、学習能力そのものを高めることを示す研究成果が次々と発表されている。[*1]

特に強調しておきたいのは、このような学習方法は一般的知能の高低にかかわらず、あらゆる人にとってメリットがあることだ。きわめて知能が高い人には「動機づけられた推論」を抑える効果があり、知能が低めの人には一般的学習能力を改善する効果がある。ニューヨーク州立大学バッファロー校のブラッドレー・オーウェンズのある研究では、知的謙虚さはIQテストよりも学業成績の予測に有効であることが示された。知的謙虚さのスコアが高い人は総じてスコアが低い人より学業成績が良かったが、重要なのはIQが低い人のほうが恩恵は大きく、「地頭」で劣る分を完全に埋め合わせる効果があったことだ。[*2]「根拠に基づく知恵」の原則は、誰もが自らの可能性を最大限発揮するのに役立つのだ。

人間の思考や推論に関するこのような新たな理解が、今ほど重要な時代はない。ロバート・スタンバーグは2018年にこう書いている。「IQの急激な上昇が社会にもたらした恩恵は、期待を大幅に下回るものだった。20世紀が始まったときより、複雑な携帯電話など技術的イノベーションを生み出す能力は高まったかもしれない。しかし社会としての行動という点で、IQの30ポイントの上昇は感心するほどの改善をもたらしただろうか」[*3]

技術や医療といった分野ではそれなりの進歩はあったかもしれないが、気候変動や社会的格差といった喫緊の課題はまったく解決に近づいていない。さらにインテリジェンス・トラップの産物であることが多い、独善的な見方が幅を利かせるようになっている。それは異なる立場の人々が話し合い、解決策を見いだす妨げにしかならない。世界経済フォーラムは「政治の二極化」と「デジタルで野火のように拡散する虚報」[*4]の2つを、テロリズムやサイバー戦争と並ぶ今日私たちが直面する重大な脅威のリストに挙げている。

21世紀には、より賢明な思考を必要とする複雑な問題が山積している。そこで求められるのは、現在の知識の限界を認め、曖昧さや不確実性を許容し、さまざまな立場をバランスさせ、幅広い専門分野の知識を融合するような思考スタイルである。より多くの人がそのような資質を備えることの必要性は、一段と鮮明になっている。

甘い考えと思われるかもしれないが、歴代のアメリカ大統領を振り返ると、寛容さや他者の立場を理解する能力のスコアが高い人のほうが、紛争を平和的に解決する傾向が強かったことはすでに述べた。研究結果を踏まえると、指導者に学力や職業上の成功といったわかりやすい特性に加えて、このような資質を積極的に求めることは決して不合理ではないだろう。


みなさんがこうした研究成果を自らも活用したいと思うなら、その第一歩は問題を認識することだ。本書では「認知の死角」を回避し、合理的意見を形成し、虚報に振り回されず、効果的に学習し、周囲の人々と生産的に仕事をするうえで、知的謙虚さが役立つことを見てきた。現在シカゴ大学実践知センターで心理学者と共同研究に取り組む哲学者のバレリー・タイベリアスは、自尊心と自信を高めるために膨大な時間を割く人が多いと指摘する。「しかし私には、もっと多くの人が、自分が何を知っていて何を知らないかについて多少の謙虚さを身につければ、あらゆる人の人生が今よりずっと良くなるように思える」

この目的に向けて、本書の付録としてささやかな「用語集」を作成した。インテリジエンス・トラップの元凶ともいうべき多くの人が犯しやすい過ちと、それらに対処する最善の方法をまとめた。ときには自らの思考にラベルを付けるだけで、より本質的な思考への扉が開かれることもある。用語集に含めたさまざまな方法を駆使して、それまで当たり前だと思っていた先入観を捨て、自らの知性を問い直すのは、私にとっては非常に爽快な経験だった。それはベンジャミン・フランクリンやリチャード・ファインマンのような人々の原動力であった、子供のような発見の喜びを取り戻すことにつながる。

大人は学校を卒業した時点で知性のピークは過ぎたと思いがちだ。その後すぐに脳は衰えはじめる、と言われることも多い。しかし「根拠に基づく知恵」の科学は、私たちはみな、新しい思考法を学習できることを示している。NASAの科学者でも小学生でも、年齢や専門にかかわらず、洞察力と緻密さと謙虚さを持って知性を使うことは、あらゆる人にすばらしい恩恵をもたらす。[*5]

謝辞

本書が存在するのは、多く方々のおかげだ。まずは私のプロポーザルを評価し、以来ずっと支え、導いてくれたエージェントのキャリー・プリットにお礼を言いたい。また世界中に本書を広めてくれたフェリシティ・ブライアン・アソシエーツの方々、ニューヨークのゾーイ・パグナメンタ、そしてアンドリュー・ニュールンバーグ・アソシエーツの方々にも感謝している。

ホダー&ストートンのドラモンド・ムーア、W・W・ノートンのマット・ウェイランドという編集者と仕事ができたのは幸運だった。2人の賢明な判断と巧みな編集のおかげで本書はずっと良くなった。また私自身、2人のアドバイスから多くを学んだ。ホダーのキャメロン・マイヤーズには、さまざまな提案をしてくれたこと、そして編集作業をスムーズにしてくれたことに感謝する。

優れた洞察と知識を私と共有してくれた多くの専門家にも心から感謝している。デビッド・パーキンス、ロバート・スタンバーグ、ジェームズ・フリン、キース・スタノビッチ、ウェンディ・ブルーン・ドブルーン、ダン・カハン、ユーゴ・メルシエ、イティエル・ドロール、ロハン・ウィリアムソン、イゴール・グロスマン、イーサン・クロス、アンドリュー・ハフェンブラック、シルビア・マミード、パット・クロスケリー、ノバート・シュワルツ、エリン・ニューマン、ゴードン・ペニークック、マイケル・シャーマー、スティーブン・ルーアンダウスキー、ジョン・クック、スーザン・エンゲル、キャロル・ドゥエック、テネレ・ポーター、ジェームズ・スティグラー、ロバートとエリザベス・ビョーク夫妻、エレン・ランガー、アニタ・ウィリアムズ・ウーリー、アンガス・ヒルドレス、ブラドリー・オーウェンズ、エイミー・イー・オウ、アンドレ・スパイサー、キャサリン・ティンスレー、カーリーン・ロバーツ、さらに引用はしなかったものの、インタビューに応じ、本書の議論に貢献してくださった多くの方に感謝を申し上げる。

貴重な経験を話してくれたブランドン・メイフィールド、超予測者のすごみを垣間見させてくれたマイケル・ストーリー、そして図表を作成してくれたジョニー・デビッドソンに感謝する。私が訪問した際にどこまでも温かく迎え入れてくれたロングビーチのインテレクチュアル・ヴァーチューズ・アカデミーのスタッフの生徒のみなさんにも感謝している。

2015年に、私に「知能が高いことの弊害」について書くように最初に勧めてくれたのは、BBCフューチャーのリチャード・フィッシャーだ。ポールが転がりはじめるきっかけを作り、その後も私に激励と助言を与えつづけてくれたことに感謝する。そして多くの友人と同僚にお礼を言いたい。サリー・アディ、アイリーンとピーター・デービス夫妻、ケイト・ダグラス、スティーブン・ダウリング、ナターシャとサム・フェンウィック夫妻、サイモン・フランツ、メリッサ・ホゲンブーム、オリビア・ホウィット、クリスチャン・ジャレット、エマとサム・パーティントン夫妻、ジョー・ペリー、アレックス・ライリー、マシュー・ロブソン、ニールとローレン・サリバン夫妻、ヘレン・トンプソン、リチャード・ウェブ、そしてクレア・ウィルソンは、すばらしいサポートをしてくれた。みんなに一杯ごちそうしないといけない。マルタ、ルカ、ダミアノ、そしてステファニア、「グラッツィエ・インフィニテ」

両親のマーガレットとアルバートには、言い尽くせないほど感謝している。そしてこの旅路にずっと寄り添ってくれたロバート・デービス。君がいなければ、この本を書くことはできなかっただろう。

- **精神的代数(Moral algebra)**
  ベンジャミン・フランクリンが実践した、1つの考えのプラス面とマイナス面を数日かけて検討する方法。この時間をかけた体系的アプローチによって、入手可能性バイアス(最初に頭に浮かんだ情報に基づいて判断を下す傾向)を回避し、目の前の問題に対して長期的に有効で賢明な解を導き出すことができる。
- **事前分析(Pre-mortem)**
  判断を下す前に、起こりうる最悪のシナリオとその潜在的要因を意識的に検討すること。これは「認知的バイアス克服」の方法として、最も広く用いられているものの1つである。
- **内省的有能状態(Reflective competence)**
  専門知識の最終段階。判断を下す前に立ち止まり、自らの直感を分析する能力を身につけた状態。直感と分析の両方に基づいた判断ができる。マインドフルネスを参照。
- **ソクラテス効果(Socrates effect)**
  自分の問題を小さな子供に説明するところを想像してみるなど、別の立場から物事を見ること。この方法は「ホットな認知プロセス」を抑制し、認知的バイアスや動機づけられた思考を抑える効果がある。
- **曖昧さの許容(Tolerance of ambiguity)**
  目の前の問題に拙速な結論を出そうとせず、不確実性や微妙なニュアンスを受け入れようとする姿勢。

ジャック・アン・ジョージ問題の解答(12ページ)

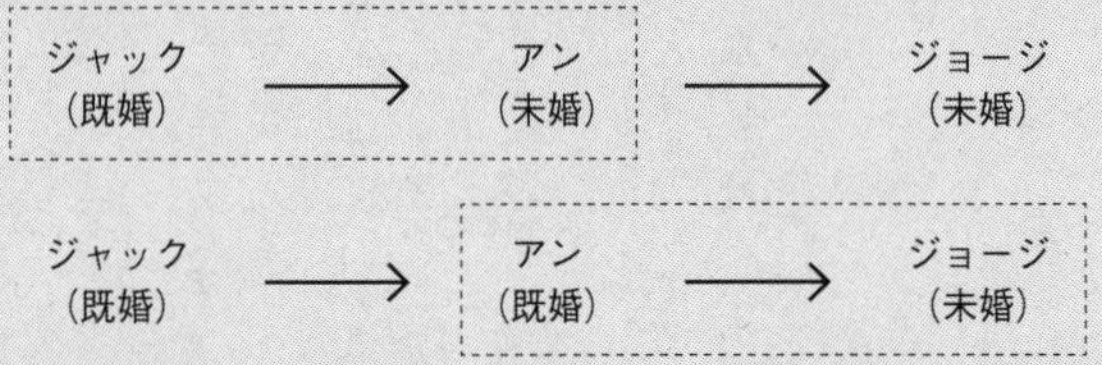

問題を解くコツは、可能性があるシナリオを両方、すなわちアンが既婚の場合と未婚の場合を考えてみることだ。上の図からもわかるように、いずれのケースでも1人の既婚者が1人の未婚者を見ている。

「賢さ」に関する用語

- **積極的なオープンマインド思考(Actively open-minded thinking)**
  自らの意見に疑問を呈するような別の視点や証拠を意識的に探し求める姿勢。
- **認知的接種(Cognitive inoculation)**
  自らの思考が偏るのを防ぐために、誤った主張の例に意識的にふれようとすること。
- **集団的知能(Collective intelligence)**
  集団全体の思考力。メンバーのIQとわずかに連動するものの、メンバーの社会的感受性のような要因のほうがはるかに影響は大きい。
- **望ましい困難(Desirable difficulties)**
  教育におけるきわめて重要な概念。当初理解するのが難しいと感じる教材のほうが、易しいと感じる教材よりも、学習は促される。しなやかマインドセットの項を参照。
- **感情という道しるべ(Emotional compass)**
  インテロセプション(身体的シグナルへの感受性)、感情的識別(自らの感情を詳細にラベル付けする能力)、感情のコントロールをうまく組み合わせると、認知的、感情的バイアスを防ぐのに役立つ。
- **知的正確性(Epistemic accuracy)**
  合理性や事実的証拠に裏づけられた考え方をする人は、知的正確性がある。
- **知的好奇心(Epistemic curiosity)**
  知識欲があり、興味や疑問を抱く姿勢。情報への渇望。好奇心は学習効果を高めるだけではない。最新の研究では、動機づけられた推論や認知的バイアスを防ぐ効果もあることが示されている。
- **外国語効果(Foreign language effect)**
  第二言語を話しているときのほうが合理的になる、という驚くべき傾向。
- **しなやかマインドセット(Growth mindset)**
  才能は伸ばしたり訓練できるもの、という考え方。マインドセットに関する初期の科学的研究は学力への影響だけに照準を合わせていたが、しなやかマインドセットは知的謙虚さのような属性も助長し、賢明な判断につながることが徐々に明らかになってきた。
- **知的謙虚さ(Intellectual humility)**
  自らの判断の限界を受け入れ、誤りを犯さないように対策を講じる能力。長らく軽視されてきたが、私たちの判断や学習の多くに影響を与え、特にチームのリーダーには重要な要因であることが科学的研究により明らかになってきた。
- **マインドフルネス(Mindfulness)**
  マインドレスネスの反対。瞑想だけではなく、内省的で意識的な精神状態全般を指す。マインドフルネスを実践することで、さまざまな出来事に反応して過度に感情的な反応をすることを避け、直感を客観的に意識し、検討することが可能になる。組織のリスク管理手段を意味することもある(第10章を参照)。

があると考える。

- **マインドレスネス(Mindlessness)**
  自らの行動や自らを取り巻く世界に対する注意力や洞察が欠如していること。児童教育のあり方を考えるうえで重要な問題。
- **モーゼの錯覚(Moses illusion)**
  文章に「流暢性」や「親密性」があるために、その矛盾点を見落とすこと。たとえば「モーゼは方舟に、1つの種から何匹の動物を乗せたか?」という問いに答えるとき、たいていの人は「2匹」と答える。このように読者の注意をそらせるのは、デマやフェイクニュースを拡散させる者の常套手段である。
- **動機づけられた推論(Motivated reasoning)**
  結論があらかじめ想定していた目標と合致している場合のみ、頭を使う無意識の傾向。確証バイアスあるいはマイサイド・バイアス(自分の目的に合致した情報を優先的に求め、記憶する)、非確証バイアス(自分の目的に合致しない証拠を特に懐疑的に見る傾向)を含む場合がある。政治の例で言えば、私たちは気候変動のような問題について、自分の既存の世界観と合致していない証拠について批判的になる傾向がある。
- **ピーターの法則(Peter principle)**
  昇進は通常、新たな職責ではなく、現在の職責への適性に基づいて決定される。これは管理職は必然的に「自らの能力を超える職位まで昇進する」ことを意味する。その後はチームを管理するのに必要な能力が欠如しているため、期待される役割を果たせなくなる(経営学者ローレンス・ピーターにちなんで命名された)。
- **一見深みのありそうなたわごと(Pseudo-profound bullshit)**
  深い意味のありそうな真実を述べているようで、よく読むと内容がない美文調の文章。モーゼの錯覚と同じように、内省を怠るとこうした文章を無批判に受け入れることがある。
- **ソロモンのパラドクス(Solomon' s paradox)**
  古代イスラエル王、ソロモンにちなんで命名された。他者の問題については優れた判断力を発揮するものの、自分自身の人生については賢明な思考ができない傾向を指す。
- **戦略的無知(Strategic ignorance)**
  居心地の悪い思いをしたくないために、新たな情報を学び、生産性を高める機会を意識的に避けること。たとえば昇進に不利になる可能性がある場合は、自らの行動の長期的影響について敢えて疑問を抱かないほうが得なこともある。こうした選択は無意識のうちに行われることもある。
- **才能過剰効果(Too-much-talent effect)**
  スタープレーヤーの割合が一定の閾値を超えたために、チームのパフォーマンスが予想外に悪化すること。たとえばイングランドのサッカーチームがユーロ2016で苦戦したのはこのためだ。

用語集

「愚かさ」に関する用語

- **認知の死角(Bias blind spot)**
  他人の欠点には目ざとい半面、自らの偏見や思考の誤りには気づかない傾向。
- **認知的倹約(Cognitive miserliness)**
  分析ではなく直感に基づいて判断を下そうとする傾向。
- **マインドウエアの汚染(Contaminated mindware)**
  土台となる知識が誤っており、それがさらに不合理な行動に結びつく状態。たとえば科学的証拠を信じないように育てられた人は、エセ医療や超常現象を信じやすい。
- **合理性障害(Dysrationalia)**
  アーサー・コナン・ドイルのエピソードに代表されるような、知性と合理性のミスマッチ。認知的倹約やマインドウエアの汚染が原因の場合もある。
- **獲得されたドグマチズム(Earned dogmatism)**
  自分に専門知識があると考え、偏狭になり、他者の視点を無視してもよいと思うようになること。
- **固定化(Entrenchment)**
  専門家の考えが硬直化し、凝り固まること。
- **ファシディオット(Fachidiot)**
  専門バカ。自分の専門分野については詳しいが、多面的な問題について狭量なアプローチしかできない専門家を表すドイツ語。
- **硬直マインドセット(Fixed mindset)**
  知能や才能は生まれつきのものであり、努力を弱さの表れとみなす考え方。学習能力を阻害すると同時に、偏狭さや知的傲慢さにつながると見られる。
- **機能的愚鈍(Functional stupidity)**
  内省や自らの前提に疑問を持つこと、行動の結果を推論することを忌避する傾向。短期的には生産性向上につながることもあるが(それゆえに「機能的」)、長期的には創造性や批判的思考を損なう。
- **「ホット」な認知プロセス('Hot' cognition)**
  刺激への反応として生じる感情的思考で、もともと抱いていた偏見に強く影響される。ソロモンのパラドクス(後述)の一因と見られる。
- **メタ健忘(Meta-forgetfulness)**
  知的傲慢さの一形態。自分がどれだけ知っているのか、どれだけ忘れたかがわからなくなること。現在の知識レベルがピーク時のそれと等しいと考える傾向がある。大学卒業者によく見られる傾向で、卒業から何年経っても、卒業試験を受けたときと同等の知識レベル

本書は2020年7月に日本経済新聞出版から刊行された
『The Intelligence Trap なぜ、賢い人ほど愚かな決断を下すのか』を
改題のうえ文庫化したものです。

Author photo © Olivia Howitt

［著者紹介］

デビッド・ロブソン (David Robson)

ケンブリッジ大学卒業(数学専攻)。ニュー・サイエンティスト誌の特集担当編集者、BBC Futureのシニア・ジャーナリストを経て、科学ジャーナリストとして独立。ガーディアン紙、アトランティック誌などに寄稿している。人間の脳、身体、行動が専門分野。

［訳者紹介］

土方奈美（ひじかた・なみ）

翻訳家。日本経済新聞、日経ビジネスなどの記者を務めたのち、2008年に独立。2012年モントレー国際大学院にて修士号(翻訳)取得。米国公認会計士、ファイナンシャル・プランナー。訳書にエリック・シュミット他『How Google Works』、ジョン・ドーア『Measure What Matters』、ジム・コリンズ『ビジョナリー・カンパニー　弾み車の法則』、ウォルター・アイザックソン『レオナルド・ダ・ヴィンチ』など多数。

［図表クレジット］

27頁：Courtesy of National Library of Medicine/NCBI

32頁：Wikimedia/Life of Riley. CC BY-SA 3.0 https://creativecommons.org/licenses/by-sa/3.0/deed.en

43頁：Our World in Data/Max Roser CC BY-SA https://creativecommons.org/licenses/by-sa/3.0/au/

91頁：Kahan, D. M. '"Ordinary science intelligence": a science comprehension measure for study of risk and science communication, with notes on evolution and climate change,' *Journal of Risk Research* 20, 995–1016 (2017).

128頁：Courtesy of the US Department of Justice's Office of the Inspector General's report 'Review of the FBI's Handling of the Brandon Mayfield Case' https://oig.justice.gov/special/s1105.pdf

220頁：Diagram and captions created by the author

363～364頁：Roderick I. Swaab, Michael Schaerer, Eric M. Anicich, et al. 'The TooMuch Talent Effect: Team Interdependence Determines When More Talent Is Too Much or Not Enough' *Psychological Science* 25 (8), 1581–1591 (2014).

Reprinted by Permission of SAGE Publications, Inc

日経ビジネス人文庫

知性《ちせい》の罠《わな》
なぜインテリが愚行《ぐこう》を犯《おか》すのか

2025年4月 1 日　第1刷発行
2025年4月18日　第2刷

著者
デビッド・ロブソン
訳者
土方奈美
ひじかた・なみ

発行者
中川ヒロミ
発行
株式会社日経BP
日本経済新聞出版
発売
株式会社日経BPマーケティング
〒105-8308 東京都港区虎ノ門4-3-12
ブックデザイン
鈴木成一デザイン室＋ニマユマ
本文DTP
朝日メディアインターナショナル
印刷・製本
中央精版印刷

Printed in Japan ISBN978-4-296-12445-9